旗 標 事 業 群

好書能增進知識　提高學習效率　卓越的品質是旗標的信念與堅持

Flag Publishing

http://www.flag.com.tw

STRENGTH TRAINING

DK | Penguin Random House

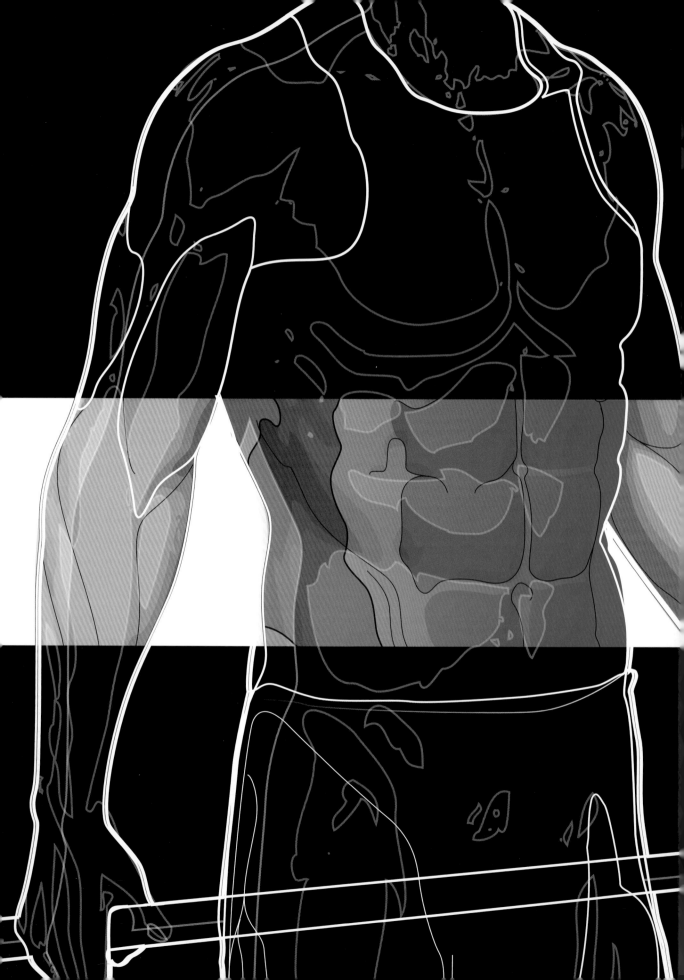

STRENGTH TRAINING

The Complete Step-by-Step Guide to a Stronger, Sculpted Body

DK | Penguin Random House

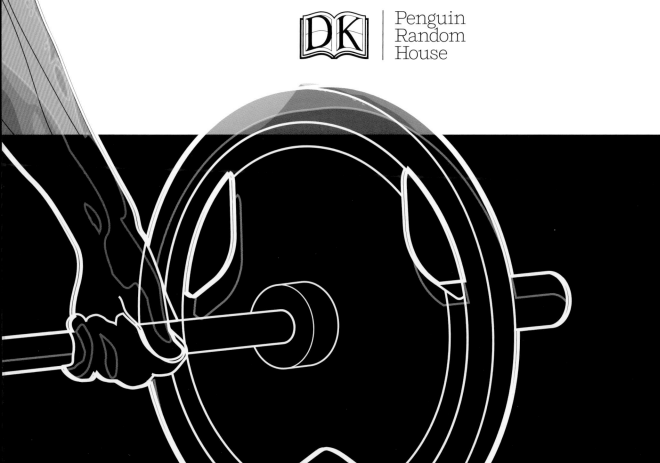

facebook：優質運動健身書

● FB 官方粉絲專頁：優質運動健身書

● 旗標「線上購買」專區：您不用出門就可選購旗標書！

● 如您對本書內容有不明瞭或建議改進之處，請連上
旗標網站，點選首頁的 聯絡我們 專區。

若需線上即時詢問問題，可點選旗標官方粉絲專頁
留言詢問，小編客服隨時待命，盡速回覆。

若是寄信聯絡旗標客服emaill，我們收到您的訊息後，
將由專業客服人員為您解答。

我們所提供的售後服務範圍僅限於書籍本身或內
容表達不清楚的地方，至於軟硬體的問題，請直接
連絡廠商。

學生團體　　訂購專線：(02)2396-3257 轉 362
　　　　　　傳真專線：(02)2321-2545

經銷商　　　服務專線：(02)2396-3257 轉 331
　　　　　　將派專人拜訪
　　　　　　傳真專線：(02)2321-2545

電　　話／ (02)2396-3257(代表號)

傳　　真／ (02)2321-2545

劃撥帳號／ 1332727-9

帳　　戶／旗標科技股份有限公司

監　　督／孫立德

執行企劃／黃昕暐

執行編輯／李依蒔

美術編輯／楊葉羲

封面設計／古鴻杰

校　　對／孫立德 · 李依蒔

新台幣售價：580 元

西元 2023 年 11 月 初版 39 刷

行政院新聞局核准登記 - 局版台業字第 4512 號

ISBN　978-957-442-908-0

版權所有 · 翻印必究

Original Title: Strength Training
Copyright © Dorling Kindersley, 2010
A Penguin Random House Company

國家圖書館出版品預行編目資料

肌力訓練圖解聖經 / DK Publishing 著；鐵克健身中心：
許育達、陳壹豪、劉皓敏、應充明、韓立祥 譯 .
-- 臺北市：旗標，西元 2011.01 面；公分
ISBN　978-957-442-908-0 (平裝)

1. 運動訓練 2. 體能訓練 3. 肌肉

528.923　　　　　　　　　　　　　99026557

譯者簡介

鐵克健身中心 Take's BodyGYM

http://www.takesport.idv.tw/

成立於 1999 年，歷經十餘載的苗壯成長，目前為國內健美運動的網路核心。網站成立的宗旨，在於推動健美運動，將更多的資訊匯集，讓更多有心於健美運動的人士參與並幫助他們達成目標。鐵克健身中心是以健美運動為中心主軸的專業網站，它並擴展至廣泛的健身運動，網羅涵蓋訓練、產業、賽事、職場與進修等大小訊息，它不但是健身資訊的樞紐，也是熱衷健美運動人士匯聚的中心。多年來匯聚國內及兩岸健身業翹楚，與鐵克健身中心共同打拼，期許為健美健身運動的推廣扎下更穩固的根基。

許育達 (Take) 鐵克健身中心 營運長

- 中華民國國家健美運動教練證書
- IPTFA 銅級國際專業康體私人教練證書

陳壹豪 (Andy) 鐵克健身中心 私人教練顧問

- AFAA 美國有氧體適能協會 私人教練教練認證 (PFT) 教育總監
- AFAA 美國有氧體適能協會 重量訓練教練認證 (WT) 教育總監
- 教育部 體適能指導員認證課程講師/考官
- 美國運動醫學學會 (ACSM) 教練（H/FI) 證照合格
- 2000 年台北市中正盃健美錦標賽第五級冠軍

劉皓敏 (Nuke) 鐵克健身中心 營養與重量管理顧問

- 世界健身中心私人教練
- AFAA 美國有氧體適能協會重量訓練認證 個人體適能顧問認證
- AFAA 美國有氧體適能協會重量訓練認證 墊上核心認證
- 2009 年全國運動會 健美比賽 90 公斤級銅牌

應充明 (Jimmy) 鐵克健身中心 重訓技術顧問

- 上海威爾士健身 高級培訓師
- 加州健身中心 體適能教練培訓師
- AFAA 美國有氧體適能協會教育總監
- NSCA 美國肌力與體能訓練協會 CSCS 認證
- 2007 年全國健美錦標賽第二量級亞軍

韓立祥 (Shawn) 鐵克健身中心 公共事務長

- 中華民國健美 C 級教練證

目錄

本書內容介紹

肌力訓練是一項在男女老少之間漸趨流行的活動，無論你想增加肌肉量、強健骨骼還是增加自信心，肌力訓練能讓你在達到目標的同時獲得健康。然而，坊間有這麼多不同的資訊，你該如何確認你能達到最好的訓練效果？

這是一本權威性的、完整的、並附上精美圖解的指南，本書集結 30 年以上教練經驗的肌力訓練專家們與 BWLA （大英舉重員協會；British Weight Lifter's Association) 共同著作，無論你的目標是增加肌力、雕塑體格，或是提升某項體育活動的表現，本書內容涵蓋你所需要的一切資訊，幫助你達到最高的訓練效率。

第一章為原理，介紹關於肌力訓練方式的所有基本細節，以及達到目的最好的方法。無論是健身房裡的經驗人士或是完全的新手都適用。

第二章開始是本書的主要部分，以超過 125 項訓練動作的詳解系統性地涵蓋全身的肌肉，外加一篇專為經驗者提供的動

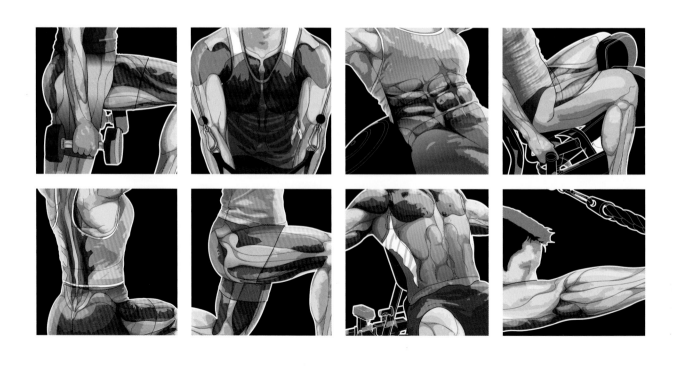

態舉重章節。各項動作以詳細的解剖插圖説明訓練到的特定肌肉，更以分解動作圖進行逐步的指導。內文解釋訓練動作的最佳技巧，並附有一系列輔助説明欄，介紹各種變化型與避免常見錯誤的訣竅等，以保護安全並達到最好的訓練效率。另外如果你僅知道某一項動作的型態卻不知其名稱，可以查閱第 8－11 頁的「圖像索引」。

最後一章務實而直接地切中訓練課表的主題，提供一系列特殊目標導向的課表範例，以及特定體育項目的訓練資訊。不論你的目標為何或經驗多寡，幫你量身訂作各種特定需求的訓練。

本書內容清楚、容易使用，加上許多專業的建議，肌力訓練圖解聖經是任何從事肌力訓練人士最終極的參考資源。

務必注意

進行任何體育項目或身體活動都伴隨有受傷的風險。在開始採用本書之任何訓練或課程之前，請先參閱本書最後關於運動安全的説明。

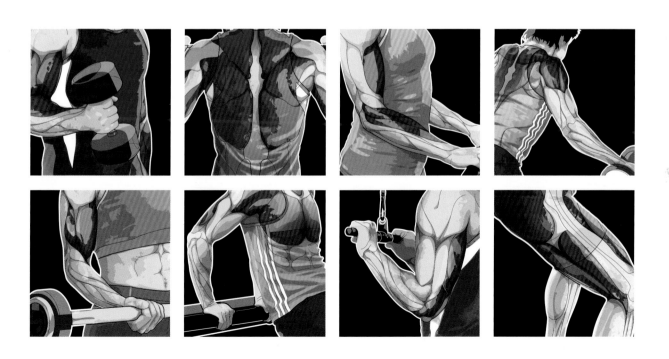

圖像索引

容易 ■■□□□□ 困難

保加利亞式啞鈴分腿蹲
Bulgarian Dumbbell Split Squat
71

槓鈴弓步蹲
Barbell Lunge
72

過頭槓鈴弓步蹲
Overhead Barbell Lunge
73

前跨步弓步蹲
Forward Lunge
74

側跨步弓步蹲
Lateral Lunge
75

槓鈴上跨步
Barbell Step-Up
76

45 度角腿推舉
45-Degree Leg Press
78

羅馬尼亞硬舉
Romanian Deadlift
88

背部

輔助引體向上
Assisted Chin-Up
92

滑輪下拉
Lat Pull-Down
93

引體向上
Chin-Up
94

坐姿划船
Seated Pulley Row
96

站姿划船
Standing Pulley Row
98

胸部

槓鈴仰臥推舉
Barbell Bench Press
110

啞鈴仰臥推舉
Dumbbell Bench Press
110

上胸槓鈴推舉
Incline Barbell
Bench Press
112

上胸啞鈴推舉
Incline Dumbbell
Bench Press
113

上胸飛鳥
Incline Fly
114

滑索胸飛鳥
Cable Cross-Over
116

直立划船
Upright Row
126

啞鈴聳肩
Dumbbell Shoulder
Shrug　128

懸掛式聳肩
Shoulder Shrug
From Hang　129

啞鈴肩前舉
Front Dumbbell Raise
130

啞鈴肩側舉
Lateral Dumbbell Raise
131

反向肩側舉
Rear Lateral Raise
132

稻草人外旋
Scarecrow Rotation
134

哑鈴肩外旋
External Dumbbell Rotation
134

滑索肩內旋
Internal Rotation
136

滑索肩外旋
External Rotation
136

手臂

板凳體撐
Bench Dip
140

雙槓體撐
Bar Dip
141

哑鈴肱三頭肌伸展
Dumbbell Triceps
Extension　142

槌式彎舉
Hammer Dumbbell
Curl　150

上斜哑鈴彎舉
Incline Dumbbell Curl
152

集中彎舉
Concentration Curl
p.152

斜板彎舉
Preacher Curl
154

滑索彎舉
Pulley Curl
154

反握槓鈴彎舉
Reverse Barbell Curl
156

反握滑索彎舉
Reverse Pulley Curl
156

90-90捲體
90-90 Crunch
166

抗力球捲體
Ball Crunch
166

抗力球旋轉
Ball Twist
168

抗力球伏地挺身
Ball Press-Up
169

抗力球屈體
Ball Jack Knife
170

抗力球背伸展
Ball Back Extension
171

側傾
Side Bend
172

動態舉重

爆發式上搏
Power Clean
182

爆發式抓舉
Power Snatch
184

懸掛式上搏
Power Clean
From Hang　186

懸掛式抓舉
Power Snatch
From Hang　188

下蹲式上搏
Squat Clean
190

前槓鈴深蹲
Heavy Front Squat
192

槓鈴肱三頭肌伸展
Barbell Triceps
Extension　143

仰臥肱三頭肌伸展
Prone Triceps
Extension　144

肱三頭肌屈伸
Triceps Kickback
144

窄握仰臥推舉
Close-Grip Bench
Press　146

肱三頭肌下拉
Triceps Push-Down
148

肱三頭肌過頭伸展
Overhead Triceps
Extension　148

肱二頭肌彎舉
Barbell Curl
150

腕伸展
Wrist Extension
158

腕彎舉
Wrist Flexion
158

核心・腹部

腹部捲體
Abdominal Crunch
162

仰臥起坐
Sit-Up
163

反向捲體
Reverse Crunch
164

4字形捲體
Figure-4 Crunch
165

羅馬椅側傾
Roman Chair Side Bend
172

俯身棒式
Prone Plank
174

側棒式
Side Plank
175

V字抬腿
V-Leg Raise
176

單手硬舉
Suitcase Deadlift
176

伐木
Woodchop
178

過頭蹲舉
Overhead Squat
194

挺舉接槓
Jerk Balance
196

抓舉接槓
Snatch Balance
198

分腿式抓舉
Split Snatch
200

急推
Push Press
202

壺鈴高拉
Kettlebell High-Pull
204

槓鈴蹲跳
Barbell Jump Squat
205

肌肉解剖位置圖

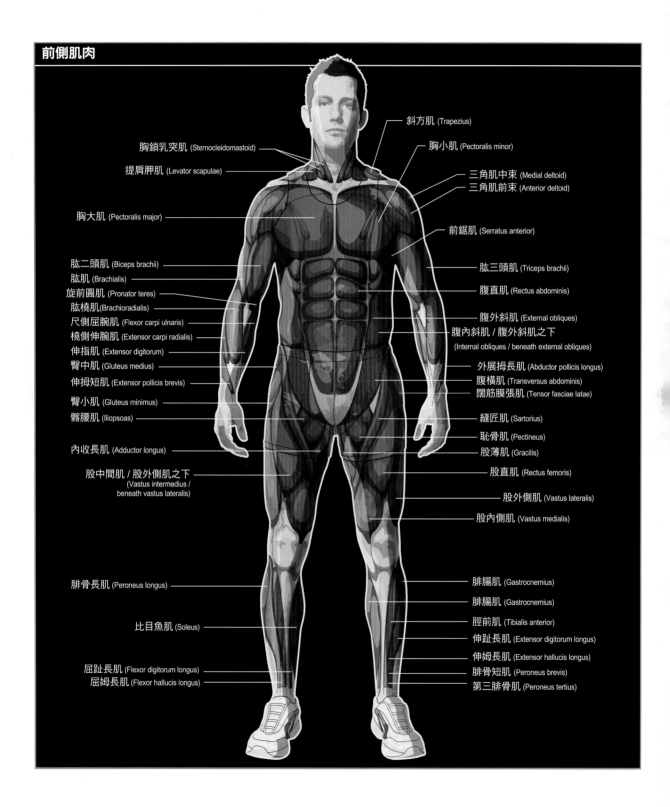

前側肌肉

胸鎖乳突肌 (Sternocleidomastoid)
提肩胛肌 (Levator scapulae)
胸大肌 (Pectoralis major)
肱二頭肌 (Biceps brachii)
肱肌 (Brachialis)
旋前圓肌 (Pronator teres)
肱橈肌 (Brachioradialis)
尺側屈腕肌 (Flexor carpi ulnaris)
橈側伸腕肌 (Extensor carpi radialis)
伸指肌 (Extensor digitorum)
臀中肌 (Gluteus medius)
伸拇短肌 (Extensor pollicis brevis)
臀小肌 (Gluteus minimus)
髂腰肌 (Iliopsoas)
內收長肌 (Adductor longus)
股中間肌 / 股外側肌之下
(Vastus intermedius /
beneath vastus lateralis)
腓骨長肌 (Peroneus longus)
比目魚肌 (Soleus)
屈趾長肌 (Flexor digitorum longus)
屈姆長肌 (Flexor hallucis longus)

斜方肌 (Trapezius)
胸小肌 (Pectoralis minor)
三角肌中束 (Medial deltoid)
三角肌前束 (Anterior deltoid)
前鋸肌 (Serratus anterior)
肱三頭肌 (Triceps brachii)
腹直肌 (Rectus abdominis)
腹外斜肌 (External obliques)
腹內斜肌 / 腹外斜肌之下
(Internal obliques / beneath external obliques)
外展拇長肌 (Abductor pollicis longus)
腹橫肌 (Transversus abdominis)
闊筋膜張肌 (Tensor fasciae latae)
縫匠肌 (Sartorius)
恥骨肌 (Pectineus)
股薄肌 (Gracilis)
股直肌 (Rectus femoris)
股外側肌 (Vastus lateralis)
股內側肌 (Vastus medialis)
腓腸肌 (Gastrocnemius)
腓腸肌 (Gastrocnemius)
脛前肌 (Tibialis anterior)
伸趾長肌 (Extensor digitorum longus)
伸姆長肌 (Extensor hallucis longus)
腓骨短肌 (Peroneus brevis)
第三腓骨肌 (Peroneus tertius)

後側肌肉

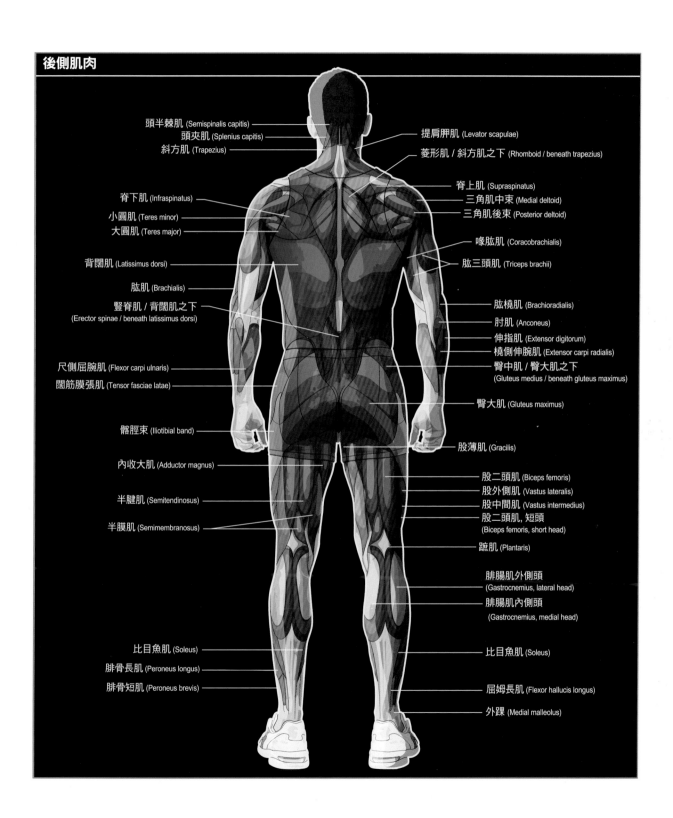

頭半棘肌 (Semispinalis capitis)
頭夾肌 (Splenius capitis)
斜方肌 (Trapezius)

脊下肌 (Infraspinatus)
小圓肌 (Teres minor)
大圓肌 (Teres major)

背闊肌 (Latissimus dorsi)

肱肌 (Brachialis)

豎脊肌 / 背闊肌之下
(Erector spinae / beneath latissimus dorsi)

尺側屈腕肌 (Flexor carpi ulnaris)
闊筋膜張肌 (Tensor fasciae latae)

髂脛束 (Iliotibial band)

內收大肌 (Adductor magnus)

半腱肌 (Semitendinosus)

半膜肌 (Semimembranosus)

比目魚肌 (Soleus)
腓骨長肌 (Peroneus longus)
腓骨短肌 (Peroneus brevis)

提肩胛肌 (Levator scapulae)
菱形肌 / 斜方肌之下 (Rhomboid / beneath trapezius)

脊上肌 (Supraspinatus)
三角肌中束 (Medial deltoid)
三角肌後束 (Posterior deltoid)

喙肱肌 (Coracobrachialis)
肱三頭肌 (Triceps brachii)

肱橈肌 (Brachioradialis)
肘肌 (Anconeus)
伸指肌 (Extensor digitorum)
橈側伸腕肌 (Extensor carpi radialis)
臀中肌 / 臀大肌之下
(Gluteus medius / beneath gluteus maximus)

臀大肌 (Gluteus maximus)

股薄肌 (Gracilis)

股二頭肌 (Biceps femoris)
股外側肌 (Vastus lateralis)
股中間肌 (Vastus intermedius)
股二頭肌, 短頭
(Biceps femoris, short head)

蹠肌 (Plantaris)

腓腸肌外側頭
(Gastrocnemius, lateral head)
腓腸肌內側頭
(Gastrocnemius, medial head)

比目魚肌 (Soleus)

屈姆長肌 (Flexor hallucis longus)

外踝 (Medial malleolus)

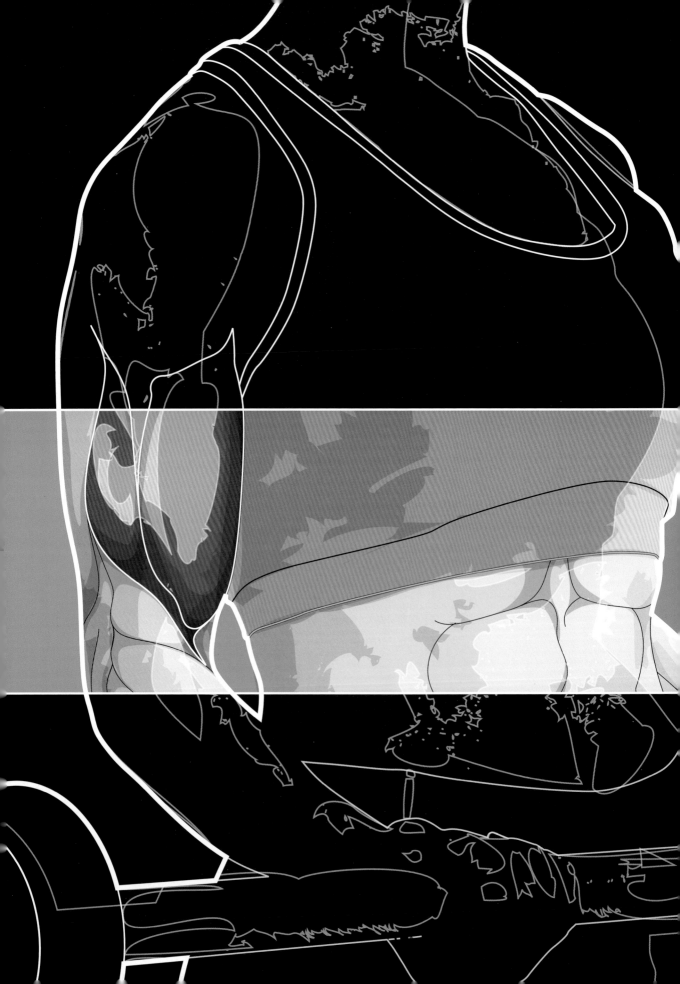

1

原理

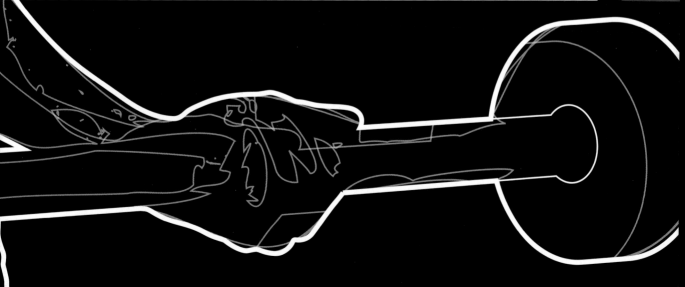

瞭解你的目標

讀者選擇本書的目的可能是想要增強肌力及體能，也許為了增加自信、舒緩每天的勞動、預防受傷或改善體態。有的人可能想要進一步改善外觀，追求健壯的、強化的身體輪廓；有的人則為了增進特定運動項目的表現，或者挑戰如舉重（weightlifting）、健力（powerlifting）等肌力運動。

上述目標皆可透過肌力訓練獲得一定程度的幫助，甚至得到一些始料未及的好處。例如，肌力訓練幫助增加骨質密度，改善骨質疏鬆等疾病；又例如提高基礎代謝率（人體在休息狀態時所消耗之能量）以幫助控制體重；再者，肌力訓練可以幫助對抗年過三十歲常見的肌肉流失。

健美與肌力訓練

相較於肌力訓練（strength training），健美（bodybuilding）這項運動（或者藝術）著重於肌肉量的最大化（促進肌肥大）並降低體脂肪，從而雕塑體格。因此對健美而言，肌力及體力的增加只是「副產品」而已。

健美這個目標毫無疑問地吸引許多人投入肌力訓練，並開始思考如何改善體能。這項運動提供壯觀的視覺刺激，尤其在最競爭的比賽等級。然而儘管有些人醉心於厚實的二頭肌及腹肌，仍有其他許多人將首要目標放在單純地維持身體健康及日常體能的最佳狀況。

什麼是肌力訓練（Strength Training）？

「肌力訓練」一詞經常與「阻力訓練」及「重量訓練」替換使用，但其實三者並非同義詞。

阻力訓練（Resistance Training）意指任何使用外在阻力讓肌肉收縮的運動。重量只是其中一種阻力工具，你還可以使用橡皮圈、自身的體重、滑索（cable）、水力學（hydraulics）、水、一起訓練的夥伴，甚至是震動式訓練機（vibration platform）作為阻力來源。

肌力訓練（Strength Training）意指可增加肌肉力量的任何形式的阻力訓練。

重量訓練（Weight Training）意指使用負重來訓練肌力的任何形式的阻力訓練。

為日常活動而訓練

你也許並不想成為健美先生、舉重選手或健力選手，只想純粹讓自己看起來賞心悅目些，增加一些肌肉量並減少體脂肪，又或者想讓自己能更有效應付各種日常生活的體力所需，並且持續此項運動到老。阻力訓練（resistance training）可以幫助你達到以上各項目標。

針對體育項目的訓練

目前廣泛接受的觀念是，運動員需要經由肌力與爆發力訓練以提升運動表現。體育項目的賽前訓練可能包括基礎肌力訓練（包括從物理治療的觀點）、舉重、健力、甚至健美（尤其在講求體重與身材優勢的運動）。關於體育項目訓練這個大主題將進一步詳述於第 40 - 45頁。

肌力運動

需要運用肌力訓練的另一個範疇是舉重及健力兩種肌力運動，這兩種運動之目的都是以特定方式舉起體能所及的最大負重。

舉重

舉重（**Weightlifting**）分為兩種方式：抓舉（snatch）及挺舉（clean and jerk）。抓舉是以迅速的一次動作將最大負重高舉過頭；挺舉則分成兩階段動作。兩種舉法都十分具有技巧性，需要強大的能量及爆發力。舉重為奧運指定項目之一，可以說是奧運最有力量的競賽。舉重選手需具備技巧、力量、速度、肌力、彈性及勇氣。雖然舉重獨立成為一項運動，但是其中抓舉及挺舉的技巧也被廣泛地運用在各種運動的訓練、全身性的肌力訓練，以有效提昇運動員的力量。

健力

健力（**Powerlifting**）包括臥推（bench press）、蹲舉（squat）、硬舉（deadlift）三種。與名稱「powerlifting」恰恰相反的是，健力主要需求的是大量的肌力而非爆發力，因為必需使用緩慢的動作以負擔相當強大的重量。傑出的健力選手可說是世界上最有力量的運動員。

同樣訓練計畫並非適用所有人

無論使用任何訓練計畫，為了達到成功的訓練，訓練者必須有一個清晰的目標，瞭解現況和瞭解自己。即使藉由同樣的訓練方式，不同的人可能獲得不同的訓練成果，原因列舉如下：

實際年齡： 即歲數。

生物年齡： 身體的成熟度，在早中期的青少年訓練者尤其重要。

訓練年齡： 投入某項訓練或運動的整體年數。

心理成熟度： 訓練過程的專注力，以及對於訓練效果不如預期時的情緒控制能力。

性別： 男性與女性在生理上及心理上對於肌力訓練的反應有所不同。

身體能力： 與遺傳及過去的訓練經歷（所發展出的技巧及體能）相關。

遺傳： 有些人與生俱來的肌力較強，或者能夠比較快速地增加骨質和肌肉量。基因也決定了慢肌纖維與快肌纖維的比例以及某些人格特質。

生活型態： 健身房之外的日常生活與訓練計畫相容的程度。

為了在長期的訓練之後能夠達到令人滿意的效果，確立你的訓練目標是極其重要的。

訓練生理學

身體是一部驚人的機器, 可以在身體上或心理上逐漸適應並滿足各式各樣的活動所需。例如, 當你習慣性地抬舉重物, 身體就會增加骨質密度作為回應; 又例如, 你持續地藉由外力進行肌肉收縮的運動, 肌力及爆發力將隨之增加。肌力訓練的原理就是循序漸進地反覆特定動作, 而促進身體的適應作用。

為了瞭解肌力訓練如何改變身體肌肉及組織, 我們必須先釐清幾個有關人體生理學的問題:

Q | 人體肌肉如何運作?

A | 人體肌肉可分為三類:1.心肌-組成心臟;2.平滑肌-組成胃、膀胱、血管等器官;3.骨骼肌-透過肌腱附著於骨骼, 是幾乎所有身體動作的力量來源。在三種肌肉中, 僅有骨骼肌可受意識控制, 是「可被訓練」的肌肉。

骨骼肌由個別的肌細胞或肌纖維組成, 由結締組織連結成束。每一單位的肌纖維包含許多片段的蛋白質, 當神經系統下達指令時, 這些蛋白質便互相拉近, 使肌肉收縮。

肌纖維只能提供互相間的「拉力」造成收縮, 不提供「推力」所以不會主動伸長。因此肌肉通常成對存在於肢體的拮抗位置;例如, 當肱二頭肌收縮時, 肱三頭肌便呈放鬆狀態使手臂彎曲, 反之則使手臂伸直。這樣的組合被稱為伸肌(extensors;使關節伸直的肌肉)及屈肌(flexors;使關節彎曲的肌肉)。

「肌力訓練使肌肉超負荷, 待適應之後, 再度進行超負荷」

Q｜肌力訓練如何運作？

A｜肌力訓練使肌肉或肌群超負荷（overloading）, 接著讓肌肉組織進行適應, 之後再度進行超負荷。從細胞層面來看, 超負荷使得肌細胞產生微小的撕裂, 身體會很快地修復這些損傷, 使肌肉再生而變得比先前更強韌。在每次的訓練之後, 睪固酮、類胰島素之生長因子、生長激素、蛋白質及其他營養素會被迅速地輸送至肌肉, 以幫助肌肉的修復與強化。

Q｜身體對訓練會有何反應？

A｜身體對於訓練會產生以下幾項反應。首先是中樞神經產生適應反應—生理學家稱之為神經適應（neural adaptation）。簡單地說, 適應之後對該項動作會變得更有效率以及協調。在這個技巧學習的時期, 肌力的增加會顯得快速而明顯, 但也很快地進步的速度就會趨緩。

持續訓練一段時間後, 肌肉會增大, 這是因為肌纖維的體積增加或肌肉周圍液體囊的擴大, 實際上並沒有長出新的肌纖維。訓練同時使得肌纖維的種類改變（見右表）。大部分的肌肉皆含有 type 1 及 type 2 兩種纖維, 兩型的個別比例則是由基因決定。訓練會促進其中一型的肌纖維轉換成另一型, 或至少改變了某些肌纖維的活動方式。上述肌肉的改變伴隨著酵素以及賀爾蒙濃度的變化, 身體儲存燃料以供給肌肉活動的方式亦隨之改變。

訓練促成的改變不只發生在骨骼肌。隨著訓練, 心臟變得較大, 心搏較慢, 單位心搏能夠推動更多的血液。逐漸在運動之後能夠比較快回復到正常心跳率。此外, 血漿的量增加, 微血管輸送充氧血到組織的效率也相對提升。

另外一項關鍵的反應是心理適應。讀者能學到如何訓練並傾聽你的身體（見次頁）。這往往需要經驗的累積, 而一位好的教練可以提供正確的指導。

肌纖維

骨骼肌的肌纖維並不是全都一樣。生理學家區別出為兩型肌纖維, 分別是 type 1- 慢肌纖維（slow-twitch fibres）, 以及 type 2 - 快肌纖維（fast-twitch fibres）

type 1 肌纖維

- 負責長時間、低強度的動作, 因為此類肌纖維能有效利用氧來「燃燒」身體能源, 以提供能量給長時間、重複性的收縮（有氧運動; aerobic activity）。
- 較慢感到疲憊, 適合需要耐力的活動。

type 2 肌纖維

- 快速產生強而具爆發力的收縮。
- 適合短時間、高強度的動作, 例如肌力訓練或舉重。
- 不利用氧（無氧的; anaerobic）並且很快就會感到疲憊。
- 可進一步分類為 2a, 2b, 2x 三種纖維。
- 2a 為快肌纖維, 但具有耐力的特性, 可被訓練成為 type 1 或者 type 2 纖維。
- 2b 為典型的快肌纖維, 爆發力、強度及力量兼具。
- 2x 為未定向的肌纖維, 可能發展成 type 1 或 type 2a 纖維。

大部分的肌肉都包含了此兩型的肌纖維, 但有些人的基因被賦予比例較高的 type2 纖維而在高強度及爆發力的運動中佔有優勢, 例如舉重或者短跑。有些人的基因則偏重於 type1 慢肌纖維, 許多長跑或者自行車選手就屬於這一類。

訓練心理學

為了讓你的訓練達到最高效率，充分瞭解身體因應外力的反應是重要的。無論是專業性或是玩票性質，你都必須理解新技巧的學習原理，以及心理層面對於訓練的回應。這就是訓練心理學的由來。

動作模式的學習

研究顯示，學習者在新動作模式的學習過程必須歷經以下階段。

無意識的不勝任　學習者不瞭解自己的無知及不足，甚至拒絕學習新技巧並且認為自己懂得較多。在此階段必須先理解新技巧的有用之處。

有意識的不勝任　瞭解自己需要學習的技巧，也瞭解自己還不能勝任。這是學習過程中一個危險的階段，學習者可能因為挫折感而在欠缺周詳考量下匆忙地做出決策。

有意識的勝任　已充分瞭解並且能夠勝任正確的動作，但是需要透過自我意識並花費許多時間先思考過這些動作與姿勢。這個階段對於消遣性的訓練已不成問題，但對於應付壓力下的狀況或者競賽則可能不足。

無意識的勝任　已具備高度的技巧性與純熟度，精通各種變化技巧並能夠加以應用或修改。能夠「傾聽」身體，隨時依據身體狀況選擇正確的訓練模式。

以上各階段的進展需要長時間練習、耐心、有力的動機並利用各種學習技巧（如視覺化技巧）。

正向的動機

為了成功達到訓練目標，你必須發自內心地「想要」訓練，如果是為了競賽的訓練則必須有很強的競爭意圖。達到目標自然是充滿難度的，唯有適當的動機才能支持訓練者做到所需的量與強度（見第32頁）。訓練者可能為了某項動機而開始訓練，卻往往需要其他的動機來克服訓練過程中的各種困境或瓶頸，例如說規律地上健身房這件事可能就是其中一項困境。

心理學家將動機區分為兩種類型：外在動機（Extrinsic motivation）與內在動機（Intrinsic motivation）。外在動機來自外部的驅動力，例如教練的指導、同儕團體或訓練夥伴的意見，或者來自比賽優勝或取得認證；內在動機源自內心，對某項技巧精通的自我滿足，例如從機械式器材（machine-based）成功轉換成自由重量（free weight）的訓練，或是感覺自己更能掌握人生並增加自尊的滿足感。外在動機能推動的程度是有限的，唯有內在動機能幫助訓練者持續努力並度過各種逆境，例如受傷或是訓練的瓶頸。

訓練的動機必須是正向的，著眼在強烈的成功慾望，而非失敗恐懼。你必須誠實地依據自己的能力，設定符合現實的目標。

別忘了訓練應該要有趣並且能夠適合個別的性格。因此對於訓練計畫及動機的持續與否，一個好的教練或指導者具有關鍵性的影響力。

動機過強？

水能載舟亦能覆舟，動機對於訓練或比賽可能是建設性的，也可能是毀滅性的。簡單來說，「想要」的意念太強未必有助於訓練。心理學家指出高度的動機可幫助達到最佳表現，但是當想要成功的動機太強、訓練太努力，過度學習可能造成學習失敗而混亂了訓練步調。

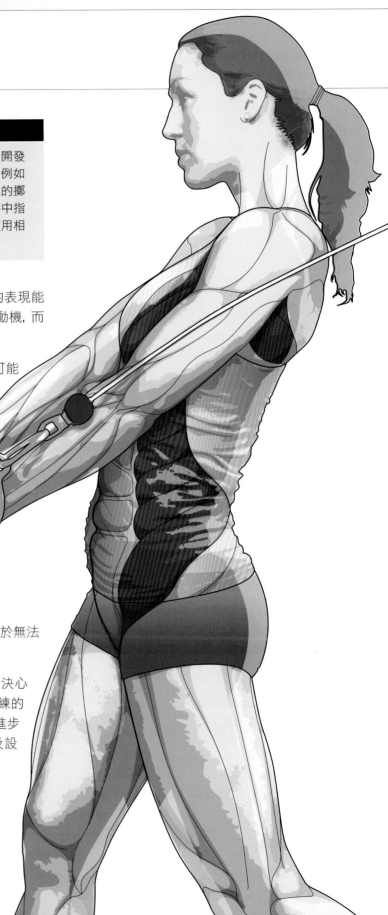

使用視覺化技巧

視覺化（visualization）是一種由心理學家所開發的技巧，運動員在精神上描繪出競賽動作，例如跳遠時從完美的助跑到起跳動作，或是理想的擲標槍動作。視覺化的過程裡，運動員在腦海中指揮達成動作所需的肌肉群，與實際動作時使用相同的神經途徑。

高等級的體育競賽中，選手在劇烈壓力下的表現能力將是左右勝負的關鍵。你需要最適當的動機，而不是最強的動機。這就是教練的技巧所在。

即便不是參加高等級競賽，過強的動機仍可能造成問題。例如在訓練時為了求好心切省略了重要的休息及恢復時間，而開始出現過度訓練症候群（見第 34 頁）。必須謹記並不是訓練愈多就效果愈好。雖說熟能生巧，然而錯誤的練習方式卻會妨礙運動表現，過度訓練更可能導致身體上及心理上的傷害。

動機不夠強

如同動機過強，更常發生的是動機不夠以致於無法投入達成目標所需的時間及努力。

許多人因為缺乏足夠的訓練動機和成功的決心而放棄肌力訓練。這種狀況尤其常見於訓練的瓶頸（相較於訓練初期的速效），瓶頸期的進步速度趨緩甚至停滯。這時候自我激勵以及設定符合現實的目標是避免此陷阱的關鍵。

S.M.A.R.T.E.R 目標設定要訣：

SPECIFIC 明確的	MEASURABLE 可測量的	ADJUSTABLE 可調整的	REALISTIC 實際的	TIME-BASED 有時程表的	EXCITING 興奮的	RECORDED 持續記錄
設定明確的目標，例如針對肌力、爆發力、練壯或是減脂。	量化所要達成的目標，如一週減重多少？改變多少BMI值？ 或是在增加多少負重下多做多少次數？	能因應環境變化而做調整。例如無法像原計畫般投入足夠的訓練時間時，則是否有替代方案？	目標是否合理？ 不要期望在四個月內達到健美選手的體格。	試著設定短程目標，作為逐步達成最終目標的里程碑。	興奮的感覺有助於堅持到底，在認真訓練的前提下也應該保持樂趣。	持續紀錄每次使用的重量，或在健身房所花的時間，這也是動力的來源。

建設性的目標設定

從節食計畫到商業領域，「目標的設定」在幾乎所有人類活動的領域都扮演著重要的角色，肌力訓練當然也不例外。如上表，常用於目標設定的 S.M.A.R.T 或 S.M.A.R.T.E.R 要訣亦適用於健身房的訓練。

獲得正確的指導

很多肌力訓練的新手，因為看到健身房裡其他人兩小時馬拉松式的訓練，便妄下結論認為訓練時間及訓練項目的多寡是進步的關鍵。事實上，許多健身房裡觀察到的都不是最佳的範例，永遠要考量每個訓練項目的性質及用途並選擇符合目標的項目，而不是一味追求量與強度。本書所附之範例課程（見第十章）提供廣泛的建議，讓讀者能夠運用各種訓練變化以達成各項特定的目標。

尋求建議

使入門者感到困惑的主要來源常是一些大眾的健身或健美雜誌。這些內容對於初學者可能太過艱深，容易遭遇挫折甚至有受傷的風險。應該實際衡量自身的目標、身體潛能、生活型態，並向合格而正統的教練或訓練師尋求建議。

「達成目標需要的是，最適合而非最強的動機」

來自教練的動機

教練或指導者也必須是充滿熱誠的，無論他們是否受雇於你。他們必須掌握你的狀況，瞭解適合你的動機，一起達成共識並設立實際的目標。如果你的訓練只是為了討好教練（甚至更糟的是怕教練生氣），或是證明自己在健身房的投資是值得的，那麼很可能你將無法達成目標。

夥伴的力量

與他人共同努力（特別是可信任的訓練夥伴），也是一項強而有力的動機。擁有夥伴同時為訓練帶來良性競爭、熱情、效法等愉快的要素，或許你的夥伴在體能上比你佔優勢，但也許你在精神上比他更容易專注；理想狀態下建議選擇能力互補的訓練夥伴。

訓練夥伴

謹慎選擇訓練夥伴, 並且在每階段的訓練後評估彼此的相容性。如果夥伴運動習慣不佳或者採用不正確的方式, 則可能不適合一同訓練。截然不同的體型差異也是夥伴間不相容的因素之一, 即便是目標相近的夥伴, 適合纖瘦體格的訓練計畫可能對短小結實體格的受訓者造成反效果, 反之亦然。

個性因素

訓練當中不同個性的人適用不同的動機來源。個性對於訓練情況的作用是複雜的, 並同時受到遺傳或經驗的影響。這個題材已經超出本書的討論範疇了, 然而概括地瞭解以下兩種個性傾向對訓練的反應, 仍是有幫助的。

個性外向

■　直率、善於交際並且有自信的人格特質。

■　不喜歡花太多時間對訓練進行思考, 或預先計畫。

■　無法保持專注太久, 而且如果沒有立即獲得成功的回報就很容易轉移注意力。

如果你屬於此類個性, 增加外在動機或直接尋求教練可能是比較有效的訓練方法。

個性內向

■　安靜, 喜歡沉思的人格特質。

■　不喜歡融入團體, 不喜歡引起注意。

■　在訓練或競賽中擁有較強的精神力量。

■　以比較長遠的視野安排訓練計畫及目標。

如果你屬於此類個性, 依循內在動機, 以及非指導性的訓練方法可能比較有效。

營養：訓練的基礎

吃得好並保持水分充足，這對於訓練計畫來說，與項目、強度及量的正確設定是同等重要的。營養計畫的目的在於培養並保持足夠的肌肉量以提供肌力、爆發力及持久力以應付日常生活、訓練及競賽的需求。人類的身體是一部複雜的機器，從科學研究我們得知各種不同營養元素是如何地幫助身體保持健康、變壯、增重或減重。

食物、卡路里及體重

人類的體重主要來自骨骼、器官、肌肉、脂肪，以及體內的水分。肌肉量的增加（而非肌纖維數量的增加）、體脂肪、骨質以及含水量都是可以透過訓練以及飲食來改變的。

體重增加或減輕的基本原理是顯而易見的。吸收的卡路里比消耗的多就會增重，反之如果吸收的卡路里還不足以供應基本的身體功能及運動所需，體重就會減輕了。

有些食物在每單位的重量下提供相當高的卡路里（即高能量密度，見下表），有些則僅提供少量或甚至零卡路里，但依然是飲食中必要的營養素，如礦物質、維生素等。

能量密度	
碳水化合物	每公克 4 大卡
蛋白質	每公克 4 大卡
脂質	每公克 9 大卡
水、維生素、礦物質	0 大卡

主要營養素的比例

碳水化合物

碳水化合物是主要的能量來源。營養學家進一步區分為兩種：出現在砂糖、餅乾、水果和果汁中的簡單碳水化合物，以及出現在麵包、麵條、馬鈴薯、米和全穀粒食品的複合碳水化合物兩種。

專家建議多吃複合碳水化合物並少吃簡單碳水化合物，因為複合碳水化合物需要比較長的時間進行消化吸收，可以減少血糖的驟升與驟降。

不同碳水化合物來源對於血糖的影響是有點複雜的。目前普遍使用的評估單位是 GI（升糖指數；glycaemic index）。GI 是用來評估碳水化合物影響血糖濃度的指數。GI 較低的食物可以緩慢地提供身體能量，防止血糖大起大落以及其對應的症狀，因此也被認為對於健康有多方面的益處（見第 30-31 頁）。

脂質

膳食中的脂質是豐富的能量來源，也是不可或缺的營養素。脂質幫助某些維生素在體內的吸收，這對於生物體正常的生長、發育及健康是重要的。脂質也增加食物的美味並提供飽足感。

脂質也可被進一步地分為幾類，而大部分的食物都包含數種脂質來源：存在肉類及動物副產品如奶油、豬油中的飽和脂肪酸，以及出現在油質魚、某些蔬菜以及堅果油中的不飽和脂肪酸。後者擁有較高的營養價值。

大量的飽和脂肪酸被發現與冠狀動脈心臟病的發生有關連性，因此需要控制其食用量。此外無論何種脂質，吃太多都可能造成肥胖。

蛋白質

蛋白質是身體構造的基本材料, 對於肌肉及其他組織的生長和修復是必要的元素。人人都需蛋白質, 尤其是運動員的需求可能比低活動量的人更多, 因為劇烈的運動需要更多的蛋白質以提供身體修復的能力。

蛋白質組成的化學單位為氨基酸, 而魚、肉及蛋類提供完整的必需氨基酸。其他如水果、蔬菜及堅果也含有蛋白質, 但僅靠此類來源可能不足以提供運動員的訓練所需。因此素食者或素食運動員在開始高等級訓練前, 最好先尋求飲食建議。

蛋白質並不容易在身體儲存, 因此需要固定地由食物中攝取, 然而即使是運動選手, 每日的蛋白質需求量是可以透過正常的健康飲食而達到的。

維生素

維生素參與身體功能相關的各種化學反應, 是具有生物活性的化合物。維生素只需要少量, 並分為兩種：脂溶性以及水溶性（水溶性維生素是需要定期補充的）。

礦物質

礦物質參與維持生命與成長所需的多種生化反應, 有鉀、鈉、鈣、鋅、鐵等。通常只要飲食平衡, 礦物質通常不會缺乏。

水

水對於健康的維持是很重要的。人類的身體構造含有大量的水, 水也是身體大部分化學反應的媒介。脫水是非常嚴重並可能導致死亡的。

主要營養素在膳食的比例

主要營養素的比例視個人狀況與生活方式而有不同, 沒有絕對「正確」的一套均衡標準。然而以下數字仍可以提供有用的參考：

60% 碳水化合物

25% 脂質

15% 蛋白質

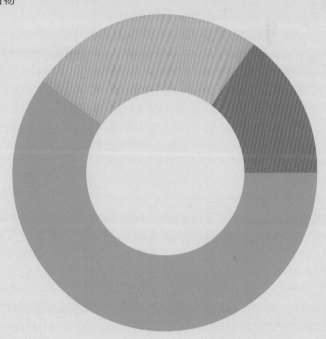

你的能量需求

基本能量需求（Basic Energy Requirement；BER）是休息狀態時，維持呼吸、血液循環等基本生命活動所需要的能量。除了 BER，你還需要額外的能量以提供個人的生活方式以及日常活動所需。工作性質是很重要的，例如勞動性工作的能量需求就與辦公桌前的工作不同。下表可以幫助你估計自己的日常能量需求。

能量需求的計算

首先將體重（公斤數）填入年齡性別所對應的方程式中計算出 BER，再乘以不同生活形態對應的係數：久坐的、中度活動性或高活動性。最後得到的數字就是維持目前體重所需要的卡路里攝取量。

性別		
男性	10-17 歲	（公斤數 x 17.5）　＋651
	18-29 歲	（公斤數 x 15.3）　＋679
	30-59 歲	（公斤數 x 11.6）　＋879
女性	10-17歲	（公斤數 x 12.2）　＋746
	18-29 歲	（公斤數 x 14.7）　＋496
	30-59 歲	（公斤數 x 8.7）　＋829

久坐	乘以 1.5
中度活動性	乘以 1.6
高活動性	乘以 1.7

如果你所吸收的卡路里多於日常能量需求（也要考量你的運動或訓練），體重就會增加。反之如果吸收的卡路里少於日常能量需求，體重就會減輕了。

Q｜如何能夠減輕體重同時增加肌肉量？

A｜ 大部分肌力訓練計畫的共同目標都是減輕體脂肪（導致體重減少）並同時增加肌肉量（導致體重增加）。單獨只依靠重量訓練或是飲食計畫是無法達到效果的，兩者必須並行。缺乏飲食調整的訓練計畫會讓你進度遲緩，甚至讓你生病。

Q｜如何能夠增加肌肉重？

A｜ 增加肌肉量，必須搭配運動計畫並增加卡路里的攝取。科學家計算，每天增加 300 大卡的熱量已足夠提供肌肉成長的能源。然而無論你的食量或運動量有多大，都不該期望短時間內就能大幅度地增加肌肉量，因為肌肉的成長還受到遺傳基因的限制。一年內最多能夠增加的肌肉重大約在 3.5 kg 至 8 kg 之間。

攝取大量的蛋白質或蛋白質補充產品對於肌肉增加的效用不大，因為身體一次只能吸收 25 g 至 35 g 的蛋白質，視體重及體格而異。因此如果一次喝下含有 40 g 蛋白質的補充飲品，多餘的蛋白質只會從尿液中排出，而多餘的熱量則囤積成為脂肪。真正有助於肌肉成長的飲食方法是保持均衡並少量多餐（每 3 - 4 小時），攝取優良的蛋白質來源如全穀粒、豆類、瘦肉、魚、蛋及低脂奶類食品等。

Q｜如何控制脂肪量？

A｜ 當身體攝取的卡路里超過維持健康及活動量所需時，就會產生脂肪。研究發現人類的身體會巧妙地將體重大約維持在理想體重的正負 12 kg 以內。如果你的體重低於理想體重的 12 kg 以上，身體就發出想吃東西的渴望；如果你的體重超過理想體重的 12 kg 以上，食物對你會愈來愈失去吸引力。

這表示身體是不喜歡變化的，身體會將內在環境保持在穩定的狀態，即生理學家所說的恆定狀態（homeostasis）。這個機制幫助身體保持平穩以達到自我保護。例如體溫降低時身體會發抖以產生體熱，太熱的時候就會流汗以降低體溫。這些反應並非意志控制的，而是由中央神經系統主導的自發反應。

恆定狀態也適用於體重的變化；變化愈是急遽的時候，身體抵抗此種變化的反應也愈強烈。因此如果你試著在短期內大幅度地減重，你的身體就會以「變慢」作為反應，基礎代謝率（basic metabolic rate；BMR - 即休息狀態中的能量消耗）會降低。

「缺乏飲食調整的訓練計畫會讓你進度遲緩，甚至讓你生病。」

什麼是正確的體脂肪比率？

一般人

一般認為男性的體脂肪應該佔體重的18% 以下，而女性應該在 23% 以下。一定比率的體脂肪對維持健康是必要的。許多證據都顯示體脂肪低於 5% 時免疫系統可能受損，人會容易生病或遭受感染。

體脂肪小於 23%　　體脂肪小於 18%

運動員

訓練中的運動員，尤其是選手型運動員含有較低的體脂肪，男性大約在體重的 8-10%，而女性約在 10-12%。較高的體脂肪對運動員來說是比較不利的，尤其在需要控制體重以進入特定量級的比賽中。

體脂肪介於 10-12%　　體脂肪介於 8-10%

高危險群

體脂肪較高的人不一定不健康，但是男性如果高到體重的 35% 以上，或女性 40% 以上，就屬於高危險群了。這個比率的體脂肪已屬於肥胖，是有害健康的。此外體脂肪過低的人同樣屬於高危險群，因為脂肪是身體有氧活動重要的能量庫。

體脂肪 40%　　體脂肪 35%

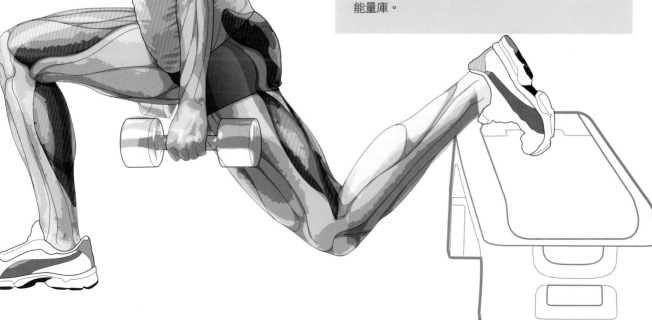

這種身體反應會降低訓練的表現，而且長期來說減重效果是更差的。研究並顯示一週內的減重如果多於 1kg，則減少的體重將大量的來自肌肉，而非脂肪。也就是說，減重太快將消耗肌肉而留下無用的脂肪。因此，為了保持健康以及高強度的訓練效果，減重的速度應該控制在每週 1kg 以下。

評估體脂肪的方法有許多，例如一般人所熟悉的 BMI 值（身體質量指數；Body Mass Index）。BMI 值的計算使用身高及體重的值，常用於判斷是否屬於肥胖。BMI 值的計算公式如下：

$$BMI = \frac{體重\,(kg)}{身高^2\,(m^2)}$$

BMI 值的缺點在於沒有進一步地考量體重中肌肉與脂肪的分佈，如果單純按照 BMI 值的標準作評估，許多健美選手或者肌肉發達的運動員都將歸類為肥胖了。因此雖然 BMI 值對於普羅大眾來說是個方便簡易的算法，對於肌肉量較大的人來說則應該謹慎參考。

比較準確的評估標準是實際的體脂肪比率，其測量方法很多，例如生物電阻、皮脂測量計、水中秤重法等。許多的健身房或俱樂部都提供體脂肪的測量服務。

Q | 何種運動能夠幫助減少體脂肪？

A | 規律的運動能夠固定地燃燒卡路里，愈活躍就能燃燒愈多的卡路里。能夠減下的脂肪多寡則隨運動的質與量而不同：例如減少 1kg 的脂肪通常需要燃燒接近 8000 大卡。何種運動才是最有效的減脂

運動？這個問題頗具爭議性，但能夠確定的是，低強度的有氧運動（心跳率控制在最高心跳率之 68-79%） 在比例上能夠消耗比較多來自脂肪代謝的能量。雖然高強度有氧運動所燃燒的能量也有一部分由脂肪提供，但因為整體能量的需求實在太大了，相對上只有很少的比例是來自脂肪。因此也有人主張偶爾透過低強度運動進行燃脂系統的訓練，以幫助身體成為更有效率的「燃脂機器」。

降低體脂肪的另一途徑是經由阻力訓練增加肌肉量，因為身體代謝率會隨著肌肉量而增加。肌肉是相當活躍的組織，有如身體的熔爐一般，肌肉量愈大，身體就會消耗愈多的卡路里來維持它。簡單來說肌肉量增加表示你隨時都消耗掉更多的卡路里，無論是休息狀態還是活動中。因此即使你的目的只是減脂，也不應該忽略肌力訓練的重要性，因為肌肉本身就是卡路里的燃燒工具。

你的減重策略

減重策略必須隨著需求而做調整，並考慮年齡、生理狀況、生活形態和訓練模式。每個人都是獨立的個體，代謝率也都不一樣，因此減重計畫是需要量身訂作的。

- 無論採用何種減重計畫，都應該持續檢測體重及體脂肪。
- 定期評估飲食與訓練計畫對於體重及體脂肪的效果。
- 不要太沈迷，一週量一次體重就夠了。
- 不要為區區一、兩公斤的體重波動患得患失。

身體能量系統

身體有 3 種主要的能量系統, 或稱之為生化途徑。不同型態的活動會從不同的系統中獲取能量。這 3 種系統分別為有氧系統、無氧系統與磷酸肌酸系統。

事實上, 身體活動通常會同時從三個系統獲得能量, 至於何者為主則視活動的強度與時間長度來決定。

有氧（Aerobic）

有氧系統應用在30分鐘以上、心跳率維持在最高心跳率之 60-80%, 兼具持續性與節率性的運動。有氧活動是長時間而低強度的, 例如長跑、自行車、交叉訓練機以及游泳。

無氧（Anaerobic）

無氧系統運用在短時間、高強度的活動。因為此時能夠獲得的氧氣已經不足以供給活動需求, 因此無氧運動的能量來源不像有氧運動一樣依賴呼吸中的氧氣, 而是來自儲存於肌肉中的肝糖。無氧運動包括短跑與間歇訓練。

爆發性（Explosive）

爆發性的無氧活動包括舉重、推鉛球、10秒內的短跑。此類活動的能量來自磷酸肌酸系統。磷酸肌酸（creatine phosphate） 是儲存在肌肉中的一種物質, 能夠透過化學反應分解, 供給高強度運動的能量需求。

「肌肉量愈大, 身體就會消耗愈多的卡路里來維持它」

營養與脂肪：常見問題

Q | 我能藉由訓練減少身體特定部位的脂肪嗎？

A | 不能。局部減脂是不可能的。針對特定部位的訓練的確可以幫助緊實肌肉層而改善局部外觀，然而並不會特別減少該處的脂肪，唯有透過適當的營養以及訓練才能減少全身皮下脂肪的囤積。所以如果你每天做 300 下腹部捲體，卻維持著高脂飲食，你的確會鍛鍊出強壯的腹肌，只是埋藏在脂肪層之下罷了。

Q | 如果我停止運動了，肌肉會變成脂肪嗎？

A | 肌肉是不會轉變成脂肪的，同樣地也沒有任何運動可以將脂肪轉化成肌肉。肌肉與脂肪是兩種截然不同的組織。如果你停止了高強度的訓練計畫卻仍然攝取高熱量飲食，你吸收的卡路里就會超過消耗量，因此不可避免地會增加體脂肪。更甚者如果你停止了健康飲食而開始吃垃圾食物，則脂肪的囤積也會更加快速。

Q | 我是否能夠藉由桑拿浴（sauna） 排汗而消耗脂肪？

A | 不能。你在桑拿浴或是蒸汽浴之後所減少的些微體重是來自水分的流失，而不是脂肪。這些流失的體重在喝水之後又會馬上回復了。

Q | 膳食纖維是什麼？

A | 膳食纖維有時也稱為「粗糧」，是所攝取的植物中不能被人類腸道消化的部分。每天攝取足夠的纖維（成人每天大約 18g） 是很重要的，因為纖維能幫助預防便秘及腸道疾病，也可以減少膽固醇的濃度並調節血糖。水果、蔬菜、豆類及全穀粒食品中含有豐富的纖維。

Q | 所謂「必需脂肪」以及「儲存性脂肪」的差別為何？

A | 體脂肪分為兩種，必需脂肪（essential fat） 與儲存性脂肪（storage fat）。必需脂肪幫助維持身體正常功能，尤其是內分泌以及免疫系統。必需脂肪出現在心、肺、脾、腎以及其他臟器中。必需脂肪具有性別特異，女性的含量高於男性，這種脂肪具有懷孕或是其他賀爾蒙相關的重要功能。儲存性脂肪是隨體重變化而增加或減少的脂肪，它囤積在身體的許多部位包括臀部、大腿以及腹部（量多時），以儲備不時之需。

Q | 所有膳食脂肪都是一樣的嗎？

A | 不是。從油質魚中攝取的脂肪（Omega-3脂肪）是重要的健康飲食成分，然而全脂牛奶及烤雞皮等食物中含有的飽和脂肪則應該儘可能避免。

Q | 什麼是高或低 GI 值（升糖指數）的食物？

A | GI 值（升糖指數；glycaemic index） 較低的食物會緩慢地釋放能量，是供給運動的優質能量來源，對於日常生活亦是。因為低 GI 值的食物在食用後，會以一種避免血糖激增的方式緩緩增加血糖濃度。高 GI 值的食物則會迅速地吸收並且在食用後造成血糖的高峰，又會在血糖降低後造成一個低谷區。高 GI 值的食物常會令人在攝取後感到昏沈而嗜睡，這種狀況也比較不利於訓練的進行。你可以在每段訓練之後補充少量高 GI 值的食物並搭配一些蛋白質。下表列出一些具有代表性的食物以及其 GI 值（見對頁表）。

GI 值

食物的 GI 值使用級數 0-100 表示, 純糖為 100。以下列舉一些食物以及其 GI 值

一般能量飲品	95 GI
柳橙汁	52 GI
白麵包	78 GI
全麥麵包	51 GI
玉米片	80 GI
麥片	30 GI
義大利麵（白麵條）	61 GI
義大利麵（全麥麵條）	32 GI
冰淇淋	61 GI

GI 值在 55 以下屬於低 GI 值的食物；在 70 以上屬於高 GI 值的食物

Q | 一天應該吃幾餐？

A | 由低 GI 值的豐盛早餐開始, 試著每 3 小時進食一次, 以保持身體隨時儲備足夠的能量。你可以吃一些低卡路里的食物當作零食, 例如水果、優格或低熱量的蛋白質來源, 但是儘量不要略過正餐不吃。不吃或是飢餓的感覺會激發身體的自我保護而開始儲存脂肪。

Q | 肝糖是什麼？

A | 肝糖（glycogen） 是身體主要的能量來源之一, 也是身體長期儲備碳水化合物的形式。肝糖主要的儲存位置在肌肉與肝臟。

Q | 正確比例的礦物質與維生素對健康重要嗎？

A | 是的。缺乏礦物質可以引發嚴重的問題。例如, 很多人也許都經歷過大量流汗後的肌肉抽筋, 若是這種礦物質流失的情況再合併脫水, 則可能造成心臟功能失常甚至死亡的嚴重後果。

維生素則是體內健康相關化學反應的必要元素。有些維生素是脂溶性的, 因此需要一些脂質的攝取以幫助吸收。

Q | 訓練之後是否需要特別的補充？

A | 如果是娛樂性質的訓練並採用合理的強度與量, 那麼只要攝取健康、均衡的飲食就足夠了。然而如果你進行的是高強度、高負重的訓練, 訓練後的 30 分鐘內將是營養補充的關鍵時間。在這個時段內, 你應該攝取大約 50g 高 GI 值的食物以補充肝糖的儲備量, 此外也要補充蛋白質以修復訓練造成的組織緊迫。

Q | 營養相關文章經常使用「份」為單位, 一份到底有多大？

A | 「份」(portion) 是常用的營養學單位。實際上, 一份的食物相當於一個撲克牌盒子的尺寸, 即一般人手掌可以抓取的大小。

結語

營養學是一門複雜的課題且伴隨著源源不斷的新知, 本書僅提供相當基本的營養介紹。對於大多數人的生活形態以及訓練目標, 攝取自然、未經加工且適量的「均衡」飲食已經足夠, 一般業餘的、消遣為主的訓練大眾很少真正需要額外的營養補給品或藥物。

規劃你的訓練

專業的運動員會在教練的協助下規劃數月至數年期間周詳的課程計畫表，藉由強度與負重模式的控制幫助運動員在預定時間達到最佳狀態。然而即使是一般業餘的訓練，一定程度的計畫仍是很需要的。唯有在正確的量、強度與頻率下進行漸進式的超負荷，並在每一段訓練之間安排充足的恢復時間，才能獲得最好的訓練效果。

肌力訓練的領域有許多專用術語，因此在談及規劃的主題之前，應該先認識一些主要概念以及專有名詞：

重要專有名詞

重量/質量：所要舉起的重量。

次數（rep）：完成一下動作稱為一次。

組數（set）：一個動作連續操作數次為一組。例如，做 3 組（sets），每組 9 次（reps）。

1RM（一次最大反覆）：某項訓練動作能夠舉起一次的最大重量。

%1RM：某個重量相對於 1RM 的百分比：例如你只能舉起一次的最大重量為 100 kg（220 lb），則 80 kg（176 lb）代表 80% 1RM。

每組訓練間隔：每個組數之間讓身體恢復的時間，通常為幾秒或幾分鐘。

每回訓練間隔：每回訓練之間讓身體恢復的時間，通常為幾小時或幾天。

訓練/休息比率：訓練時，每組訓練時間與休息時間的比率。例如，一組動作進行了 20 秒而休息 3 分鐘，則其訓練/休息比率為 1：9。基本上，當 %1RM 愈低，每組間休息的時間也愈短。

> 「以溫和的重量進行多次多組的高總量訓練，是非常好的動作練習。」

訓練強度

訓練強度即一次所舉起的重量，重量愈重，訓練強度就愈強。強度通常以一次最大反覆的百分比表示（%1RM，見左表）。雖然各家意見不盡相同，但普遍認為 70-80% 1 RM 是增加肌力所必須的。

強度除了以 %1RM 表示，還有如 3 RM 或 10 RM 等表示法。3 RM 表示你在力竭前最多能夠完成 3 次的重量，10 RM 則表示最多能夠完成 10 次的重量。這種表示方法通常比 1 RM 更為實用。

測量你對於某項動作的 1 RM 的方法是，熱身後選擇一個能力範圍內的重量並完成一次動作，經過至少幾分鐘的休息後，增加重量完成一次動作。重複這個步驟，直到能夠以標準動作完成的重量極限。這就是你的 1 RM。注意準確值必須在肌肉過度疲勞之前測出。

訓練量與恢復

訓練量是訓練過程中所有動作重量的總合，即操作一個次數的重量乘以次數與組數。量與強度的關係並不是直截了當的，但基本上當訓練強度增加時，訓練量就會減少，反之亦然。以溫和的重量進行多次多組的高總量訓練非常適合動作練習，但是因為負重缺乏挑戰性，此法對於爆發力與肌力是沒有幫助的。反之，高強度訓練如果進行的週數過久也可能有負面影響。

訓練原則

你的訓練計畫必需根據目標與效率, 考量特殊的需求及個人情況而適當地設計。開始規劃課程之前應該先瞭解以下肌力訓練的基本原則:

特殊性 (specificity)

如果你的目的是增加肌肉量, 花費長時間在跑步機或腳踏車是不太有意義的。同樣地, 如果爆發力是首要目標, 你就不應該採用只能讓動作緩慢進行的高負重訓練。特殊性的意義在於隨目標而調整訓練計畫。這是一個簡單但是經常被忽略的概念, 尤其是對初學者而言。

如果你的訓練是為了某個體育項目, 則特殊性更形重要：你應該選擇與這項運動相似的訓練動作以及相關的負重與速度。你的訓練也必須針對正確的肌肉群、關節角度, 以及肌力訓練過程採用的身體姿勢與位置。訓練動作不一定需要與該項運動完全一樣, 但是必須包含同樣的動作、順序與速度。

超負荷 (overload)

訓練必須讓身體承受比日常生活更高的負重需求, 換句話說, 訓練必須對身體有挑戰性。對於超負荷的標準有許多不同的看法, 但普遍認為 70-80% 1RM 是增加肌力所必須的 (見對頁表)。

漸進 (progression)

訓練的目的是藉由超負荷讓身體感覺到需求與挑戰而產生適應作用。如果今天你舉 40 kg (88 lb) 的啞鈴而感覺困難, 身體便會開始對此產生適應。下一次再舉起相同重量時, 你會覺得難度降低了。再經過幾次的訓練後, 你的身體已經產生相當程度的適應了, 同樣的組數與次數不再能夠促成身體的進步。此時你必須增加重量、組數或次數以刺激肌肉更進一步的生長。然而並不是每一次的訓練都必須增加負荷, 適度地放緩負重需求以長期來說可能會獲得更有效的進步。

恢復 (recovery)

恢復是訓練中經常被忽略的重要元素。身體是在恢復的時間進行訓練後的修復與強化。如果缺乏足夠的休息, 小則效果停滯, 大則因為訓練過度反而造成負面影響 (見第 34 頁)。

持續不間斷的訓練不一定比較好, 許多健身房常客進行太高頻率、太高強度的訓練, 卻忽略了最重要的進步因素—睡眠！

恢復期對於肌力訓練的重要性並不亞於訓練本身，不足或過多的恢復期都將阻礙進步。一般建議是每次訓練後要給予肌肉 48 小時的恢復時間，即每週訓練 2-3 次最為理想。但實際上恢復能力是因人而異的，有些人即使每天訓練也能充分恢復並適應，有些人則只能負荷一週一次的訓練。要找到最適合自己的訓練頻率是需要相當程度的嘗試錯誤而學習到的，因此訓練的一開始最好還是採用較低的訓練量及較長的恢復時間。

身體需要休息以進行組織的修復與能量的補充。如果訓練的頻率、量與強度都太高，而恢復期又太短，體力就會逐漸衰弱而降低了訓練的效果。這種所謂的「過度訓練症候群（overtraining syndrome）」也可能導致睡眠品質低落、休息心跳率增加、容易遭受感冒或是其他病毒感染、四肢疼痛、精力減少與爆發力不足等。充足的恢復期對於心理層面也同樣重要，你必須適時地「關機」以保持你的熱忱，並避免重複性的訓練所導致的乏味感，尤其在高強度的訓練或競賽後更是如此。此外，一些好習慣例如訓練

「肌肉的成長是在休息狀態下發生的，你所花費在健身房的時間只是給予肌肉成長的推動力。」

後的緩和運動（見第 47 頁）是不可或缺的，它能讓身體當下開始從訓練或競賽的緊迫狀態中恢復。

使用簡單的課表

對於無論是肌力訓練的初學者，或是中等程度的訓練者，最簡單的課程通常也是最好的。許多人常犯的錯誤是採用專業選手的健美課程，而這些資訊通常來自健身雜誌的介紹。你必須理解這些優異的選手通常是凡人中的例外，他們被賦予了良好的基因而能夠訓練得如此傑出。所以請收起驕傲，承認自己在基因上只是一般人，並踏實地從簡單的課表做起。

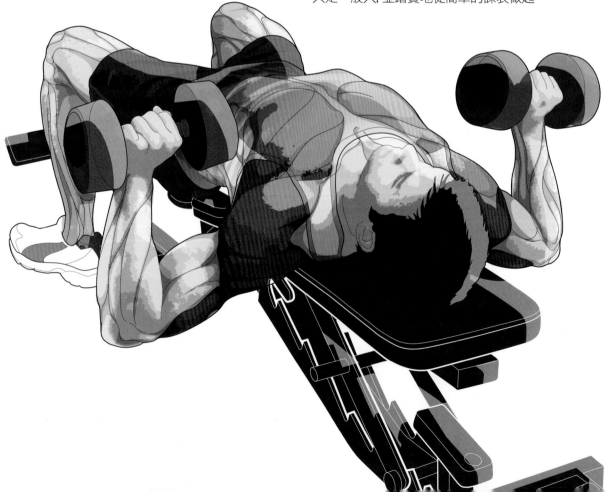

很多初學者都知道先採用總量低、動作項目少、動作模式單純的簡單課表。但是他們往往在獲得良好的成果之後,就會開始想改成更複雜一些的課程以求進步。「複雜」並不代表效果比較好,這樣做的結果通常是進入停滯期,甚至開始退步。因為他們不但放棄了現階段比較有效的初學者課程,還增加了次數與組數而花費更多的時間在健身房,卻減少了恢復時間,結果他們只能獲得很緩慢的進步甚至造成運動傷害。

上述的錯誤觀念常因為坊間健身業者過度鼓吹訓練動作經常替換的重要性而變本加厲。改變課表在某些情況下是有幫助的,但是必須基於合理的原因,而不是一味地假設改變是尋求進步的萬靈丹。變化對於長期訓練有其重要性,但主要的變化應該在於次數、組數與負重的調整,而不是訓練項目的種類。

訓練計畫的基本原則

以下是對於肌力訓練課表的 5 項基本建議。

項目少、效率高的動作:選擇大動作、多關節、複合式的項目作為訓練的核心。例如蹲舉、硬舉、仰臥推舉、引體向上、屈體划船與站姿肩推等動作能夠活動到大量的肌肉,並且激發肌肉生長荷爾蒙的反應。此外應該避免針對同部位進行三到五種不同的訓練項目,因為這種多樣化的訓練非但不會進一步刺激肌肉成長,反而會造成傷害。

簡單課表的重點項目	
胸與三頭肌	仰臥推舉
背與二頭肌	引體向上或屈體划船
腿與下背	蹲舉或硬舉
肩	站姿肩推
二頭肌	站姿肱二頭肌彎舉
三頭肌	窄握仰臥推舉

休息比訓練更重要:不要豪邁地覺得自己彷彿非住在健身房裡不可。比照上述的重點項目(見表)進行一週兩次的訓練已經足以獲得相當好的成果。實際上,這樣做的效率遠高於一週四次甚至每天在每個部位進行多樣化的訓練。請記得肌肉的成長是在休息狀態下發生的,你所花費在健身房的時間只是給予肌肉成長的推動力。

不要超過課表預定的組數：對任何男性或女性的訓練者來說，針對單一項目或身體部位進行大量的組數都是有不良影響的。訓練的目的在於提供肌肉成長的刺激，一旦達到這個目的，就應該暫停並讓身體進行恢復。一般來說在兩組熱身之後，再做兩組或至多三組的實際訓練就已經足夠了。

交替訓練：做到力竭的訓練動作與舒適範圍內進行的動作應該在時間上交替進行。肌肉力竭是在某個重量下，已無法再完成下一個次數的臨界點。一般相信訓練到力竭能夠有效促成肌肥大，對於肌力則幫助不大，甚至在操作過量的狀況下可能損害肌力。肌力訓練過程中，動作開始不規律顫抖，你必須儘量避免這種狀況。

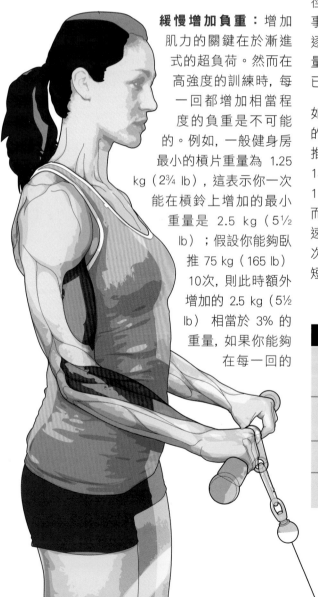

緩慢增加負重：增加肌力的關鍵在於漸進式的超負荷。然而在高強度的訓練時，每一回都增加相當程度的負重是不可能的。例如，一般健身房最小的槓片重量為 1.25 kg（2¾ lb），這表示你一次能在槓鈴上增加的最小重量是 2.5 kg（5½ lb）；假設你能夠臥推 75 kg（165 lb）10次，則此時額外增加的 2.5 kg（5½ lb）相當於 3% 的重量，如果你能夠在每一回的

「選擇如蹲舉、硬舉等大動作，多關節複合式的運動作為訓練的中心。」

訓練成功地增加此重量，以一週兩次的訓練頻率一年後你將能夠臥推 335 kg（737 lb）連續 10 次，這樣豈不是成為世界上最強壯的人之一？顯然上述情況是不太可能發生的。

實際上，逐漸小幅度地增加負重才能穩定地進步，可能的話儘量使用小的、輕的槓片。對於一般標準直徑的重訓槓鈴，找到 0.5 kg（1¼ lb）的槓片並非難事，這些槓片同時也適用於奧林匹克槓。即使每週逐漸地在槓鈴上增加 0.5-1kg（1¼ - 2½ lb）的重量，一年下來總共也會增加 26-52kg（57-115 lb），已是非常充份的進步。

如果找不到比較輕的槓片，還有另外一個有效的技巧能夠幫助你循序漸進。假設你能夠肩推 16kg（35lb）的啞鈴 10次，而你打算增加到 18kg（40lb），即雙手總共增加 4kg（8¾ lb）或 12.5%。你不太可能馬上使用新的重量肩推 10 次，而是必需緩慢增加負重（見下表）。如果你適應的速度比表格的計畫更快，試著每週增加 2 次而非1次。請不用急躁，肌力訓練的過程是馬拉松，而不是短跑。

緩慢增加負重	
第1週	以 18kg（40lb）推舉 1 次後，緊接著以 16kg（35lb）推舉 9 次
第2週	以 18kg（40lb）推舉 2 次後，緊接著以 16kg（35lb）推舉 8 次
之後的週數如此類推，直到	
第10週	以 18kg（40lb）推舉 10 次

總合以上

利用這 5 項原則, 你應該已經知道如何幫自己量身訂作課表了。本頁列舉一個設定為每週兩次到健身房的課表 (見右表) 以供參考, 此外在本書的最後一章你也可以也找到更多實用的課表。別忘了在設計課表時, 最重要的是必須考量個別的目標以及限制因素。

重量與漸進

為了讓訓練的效果最大化, 請根據以下計畫逐漸地增加負重。

前 6 - 8 週的訓練

■ 選擇在力竭前能做 12-14 個次數的重量, 但是只做 10 次。

■ 每一回的訓練增加 1.5-2kg (3¼ - 4½ lb) 的重量。

■ 每組之間休息 3-5 分鐘, 每項動作進行 3 組。

在這幾週你將增加次數範圍在 12-14 以內的肌力。藉由比較容易操控的重量, 專注於每一項動作的正確技巧以促進神經適應 (見第 19 頁)。

接著 4 - 8 週的訓練

■ 每週至少一回將每一組的訓練做到力竭。控制重量讓第 1 組的力竭出現在第 11 次的動作途中, 第 2 組則可能更早出現。

■ 每週少量地增加負重, 也許在大動作的項目增加 1kg (2½ lb), 在比較獨立的動作則增加 0.5kg (1¼ lb)。

■ 每組之間安插較短的休息時間, 大約 1-2 分鐘。每回只進行兩組到力竭, 這已足夠刺激肌肉的成長。

訓練項目, 次數 與 組數	
胸與三頭肌	仰臥推舉: 10 次做 2-3 組
背與二頭肌	屈體划船: 10 次做 2-3 組
腿與下背	槓鈴蹲舉: 10 次做 2-3 組
肩	站姿肩推: 10 次做 2-3 組
二頭肌	站姿二頭肌彎舉: 10 次做 2-3 組
三頭肌	槓鈴仰臥推舉: 10 次做 2-3 組

在這幾週你能夠充分利用前面 6-8 週所增加的肌力, 所以相較前 6-8 週此時你能承受較大的負重並做到力竭。

訓練進行至力竭能夠真正增加肌力, 然而這是挑戰性相當高的, 並且持續在極限遊走的結果很可能導致訓練過度。

在此 4-8 週的期間之後, 你已經累積了顯著的肌肉量, 接下來請重新開始 12-14 次數範圍的訓練, 但是使用較大的負重, 如此類推。

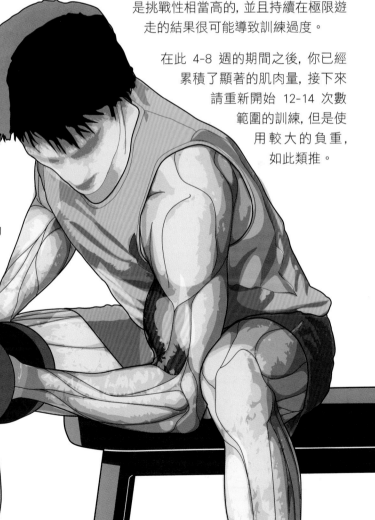

機械或是自由重量？

今日大部分的健身房都提供各式的阻力訓練器材。這些器材可廣泛地分成兩種：機械與自由重量（free weight）。你會見到的是自由重量通常放置在健身房中的固定區域，而且都是一些身型巨大的人們在使用，至於機械器材則佔據了大部分的地板空間，似乎也比較平易近人。究竟哪一種器材能讓寶貴的健身時間發揮最大的效能呢？以下針對兩種器材的優缺點進行比較。

機械	自由重量
機械器材的操作比較容易。你只需要坐在器材上，用插梢選擇所要舉起的重量，操作方式通常也很容易學習。你能夠輕易地轉換鐵片的重量(因此很適合遞減訓練法，見對頁)，器材上通常附有訓練動作的圖解。	**自由重量**需要學習。相同重量下看似微小的動作差異可能產生完全不同的訓練結果，因此你需要花一些時間學習不同訓練項目的正確動作。
機械器材讓你以坐姿進行訓練。然而現實世界中很少身體活動或運動項目是以坐姿進行的。坐姿機械幾乎無法訓練在現實生活中平衡與穩定所需的肌力。	**大部分的運動項目與日常活動中**，你是使用站姿以全身來承受外力的。這種自然狀態的活動能夠充分反映在使用自由重量的訓練，而比較無法反映在機械器材的訓練。
機械器材提供固定的活動方向及活動範圍。只要你的施力大致上符合所設定的方向，器材就會順著固定的軌道活動。	**自由重量沒有**固定的活動軌道，你必需適當地修正並穩定移動路線。如果你的操作不正確，重量會從軌道上偏離而你將無法完成動作。
機械器材只訓練動作所需的主要肌肉，因此訓練結果對於現實生活的表現未必足夠，更甚者可能有受傷的風險。此外使用範圍受侷限的動作進行訓練，長期來說可能會降低柔軟度。	**自由重量訓練的**不只是主要肌肉，還包括用來穩定關節動作的其他肌群。這樣的訓練是相對安全的，能夠避免主要肌肉強健而穩定所需的周邊肌群卻太弱的狀況。
機械器材的設計只針對一般人的體型而無法顧及個別差異，某些情況下可能對關節產生過多剪力（shearing force）而造成危險。	**自由重量讓使用者**自然地活動而不需要受到機械軌道的限制。在正確使用下，自由重量不但比較有效率，也比較安全。
機械器材讓你在使用機械器材時變得更強壯。	**自由重量**讓你在真實生活中變得更強壯。

如第 37 頁所描述, 簡單而不複雜的的課表被普遍認為是訓練肌力最有效的方式。然而肌力訓練的領域還是充滿著許多能夠增加訓練程序的方法, 讀者或許已多有涉獵。以下介紹幾種訓練方法, 並說明其優點與限制。

分段訓練法
（split routines）

這個方法將原本一次完成的全身訓練分段進行。分段的依據可以是身體部位如上半身與下半身, 或是不同類型的動作例如推與拉。

分段訓練法如果謹慎地執行, 通常是不至於造成傷害的。它的危險在於訓練者太想要增加整體訓練量, 而不是最適合的量。例如, 你把一週兩回、每回 6 個動作的課程, 分成一週四回、每回 3 個動作, 你可能會想在每回的訓練中多增加一個動作, 果真如此, 你的訓練量可是增加了紮實的 33%！別忘記疲勞與恢復的過程並不只是發生在局部的肌肉, 你的全身都會因為局部的訓練而需要恢復期。

超級組訓練法（Supersetting）

這個方法是在做完某項運動的一組之後, 馬上再針對拮抗肌或相同肌肉做另一項運動。例如做完啞鈴彎舉之後做肱三頭肌伸展, 此為肱二頭與肱三頭拮抗肌的超級組訓練。或者是仰臥推舉後做啞鈴飛鳥, 此為對同一塊肌群（胸肌）做超級組訓練。理論上這種練法是可以增加強度, 但支持此論點的證明還很少。

預先疲勞訓練法
（pre-exhaustion training）

這是超級組訓練法的其中一種形式, 先以孤立性的運動把單一肌肉練到疲勞, 再馬上進行包含同一部位的複合式運動。例如, 以仰臥推舉訓練胸肌時, 三頭肌通常會先疲勞而無法徹底鍛鍊胸肌, 此時如果

先進行啞鈴飛鳥至力竭, 再使用已經疲勞的胸肌做仰臥推舉, 就可以達到足夠的胸肌刺激。

這個訓練方法或許有其價值, 但是要達到同樣目的還有一個更簡單的選擇：專注地進行仰臥推舉讓三頭肌的成長趕上胸肌, 如此便能夠同時訓練這兩種肌肉的肌力與肌肉量。

遞減訓練法
（drop sets）

這個方法是先訓練某一肌肉至力竭, 接著稍微減輕重量並馬上再做到力竭。理論上你可以持續做到負重歸零而達到「完全肌肉力竭」 的狀態。遞減訓練法的理念是將肌肉全面地訓練到極致, 以徹底鍛鍊並充分刺激每一束肌纖維而獲得最完全的成長。事實上, 這個方式主要訓練的是耐力型的肌纖維, 在外型上是沒有太大成長空間的, 此外你也最好先重新確認訓練目標, 你最終想要獲得的是肌肉的持久力, 還是肌力與肌肉量？

以上這些比較複雜的訓練方式到底有沒有實際價值呢？目前仍然缺乏有力的證據, 因此答案是見仁見智的。偶爾採用這樣的訓練方式或許能為課程提供一些變化而進一步刺激成長, 但是如果長期執行也可能會造成過度的疲乏。在大部分的情況下, 基礎動作以外的試誤學習以及持續寫訓練日誌永遠是幫助自己找到最適合的訓練方法的關鍵。

體育特殊性訓練

運動員也是需要肌力訓練來增加運動表現的，這是目前已經廣泛接受的觀念。然而橄欖球與游泳顯然需要不同類型的訓練，一如專為棒球所設計的訓練課程未必符合自行車的需要。關鍵在於運動員的肌力訓練必須針對不同運動項目的需求進行調整。

肌力訓練的特性

以下是一般運動員需要藉由肌力訓練所增強的特性：

爆發力（explosive power）：例如從事短跑或是網球的運動員。比起純粹的、緩慢的肌力，這些選手需要較多的爆發力。

肌耐力（muscular endurance）：例如槳手或自行車手等。相較於短時間釋放高強度的力量，他們更需要適當強度、能夠維持長時間的肌力。

最大肌力（maximal strength）：例如需要龐大肌力以舉起負重的健力選手。此類運動成功的關鍵在於純粹的肌力。又例如橄欖球正集團（scrum）的 1至 5 號前鋒（又稱緊密的五人；tight five）也需要大量的肌力以保持與對手推擠中的優勢。

- 爆發力運動也不應該忽略肌力的重要性。爆發力（P）是施力（F）與速度（V）的乘積，公式為：$P = F * V$。根據公式，無論速度有多快，施力的大小會直接影響爆發力的值。基於這個原因，即使是依賴爆發力的舉重選手也仍然需要提升肌力以求增加爆發力。
- 最大肌力與肌耐力也息息相關。一次能夠舉起的重量越大，承受此範圍內任何施力的能力也越強。因此如果你在仰臥推舉的 1RM 是 300kg（660 lb），比起 1RM 是 120kg（265 lb）的人，你能夠將 100kg（220 lb）推舉比較多的次數。

肌肥大（hypertrophy）：例如美式足球或是橄欖球選手。對這一類的運動員來說，肌肉量是應付激烈的肢體碰撞所必要的。然而對於其他運動而言，肌肉量過多可能反而是阻礙。

訓練動作，而不是肌肉

在健身房應該經常會聽到如下的訓練計畫：「星期一練胸與二頭肌，星期三練背與三頭肌，星期五練腿。」對於健美或甚至休閒性質的訓練，這種以肌肉為重點的方式也許是合理的，但是如果訓練的目的是為了增進某個體育項目的表現，誰會在乎是否有發達的二頭肌？或是大腿伸展能夠舉起多少重量？運動員在體育項目的當下只會依賴單一肌肉的表現嗎？答案當然都是否定的。

與體育項目直接相關的是動作，而訓練的目的應該是讓這些動作的執行更有能力、更有效率與更有力量。如果只是採用孤立性的訓練來個別強化某個動作中應用到的肌肉，未必能夠增加真正動作時的力量。要強化蹲舉式的動作，你必須靠蹲舉來訓練；要讓轉體的動作更有力量，你就必須訓練旋轉的動作。這些都是符合常理的。

因此每個動作都必須透過原本的動作來訓練。唯有如此，才能增加這個動作模式在肌肉或是肌肉之間的協調性、技巧學習與神經適應，而真正增加動作執行時的力量。除非你讓身體有大量的機會執行這個動作，否則只能有限度地改善實地動作的表現。總合以上必然的結論是，你必須訓練動作，而不是肌肉。

體育項目的基本動作

雖然每個體育項目都有其特定的動作方式，不同的項目間可能應用類似的動作模式。例如大部分的團體競賽項目都會涉及到使用髖、膝、踝三關節的伸展動作（如跳躍或直線加速的相關動作），單腳的肌力與爆發力（如跑步、改變方向等），核心與身體的肌力與穩定力，及軀幹旋轉等。這表示體育項目的訓練可以歸類成幾種基本動作類型(見對頁表)，而並非各自獨立的。

基本動作模式

旋轉

這是運動中常見的動作模式, 但經常在訓練中被忽略。很少體育項目是不需要轉體動作的, 而最主要的旋轉型運動有推鉛球、擲鍊球與鐵餅、拳擊與高爾夫球。旋轉的訓練針對兩種模式: 軀幹旋轉 (trunk rotation) 與全身旋轉 (full-pillar rotation)。軀幹旋轉時, 肩膀相對於身體作旋轉, 髖關節則幾乎不動, 例如高爾夫。全身性的旋轉則是整個身體相對於腳的位置旋轉, 例如網球。

三關節伸展

運動員的一種重要的條件反射, 表示踝關節、膝關節與髖關節幾乎同時伸展, 例如跳躍、跑步、抬舉, 以及某些拋擲的動作。有些運動只涉及單腳動作, 有些則是雙腳, 而這些動作通常都是爆發性的。運動員也會使用單腳的三關節伸展在動作較小的、反射式的運動, 例如在轉換方向時。

推

許多體育項目如美式足球與橄欖球等, 都應用到推的動作, 這些動作大多使用單手, 但有時也使用雙手。因此這一類運動都需要推力的訓練。然而在健身房訓練的推舉動作 (例如仰臥推舉) 未能必真正符合體育項目進行時的動作模式, 因為運動場上推的動作通常還合併了旋轉。通常你需要同時訓練推舉以及旋轉, 以免忽略了任何能夠在運動場上對抗力矩的相關肌肉。

拉

如武術與獨木舟等體育項目運用各種不同的拉力動作。在傳統的肌力訓練中, 動作只存在單一平面上 (向前與向後), 然而在運動的當下動作通常是多向性的, 並伴隨側向或旋轉的動作。對於競賽項目拉力的訓練還必須包括平衡元素, 即在拉力動作的過程保持身體穩定的能力。

重量的轉移、加速與減速

重量的轉移在拳擊、高爾夫與擊劍等體育項目是一項關鍵技巧。加速與減速是短跑、跳躍、投擲與抬舉等動作的關鍵, 包括以最快的速度讓物體開始運行或改變方向 (剪) 的技巧。雖然許多運動員都能夠自覺地訓練加速的能力, 卻常常忽略減速的能力。其實這也是運動員常有的掙扎, 因為在減速進行剪的動作時也是最容易受傷的時候。

蹲舉

這種動作模式運用在大量的體育項目中, 包括自行車、跑步、與划船。無論大動作或小動作的, 單腳或雙腳的, 身體加速或減速, 抑或是改變方向的運動都會運用到蹲舉的技巧。蹲舉也同時是三關節伸展的關鍵元素 (見上述三關節伸展), 因此這個動作的訓練對於提升許多運動的表現也是很重要的。

「運動員的肌力訓練必須針對不同體育項目的需求進行調整：你應該訓練動作，而不是肌肉。」

體育項目的動作與身體需求

想要找到最適合運動員的訓練計畫，必須能夠先理解這個體育項目所採用的動作模式，並知道它是如何進行的（見第 41 頁）。

速度：很多人都忽略了速度的重要性，而採用不正確的方式訓練體育動作。例如拳擊手可能使用健力或健美選手的訓練方式，然而這種方式所鍛鍊的肌力通常僅適用於緩慢舉重，對於拳擊手所需兼具速度與爆發力的動作可能幫助不大。目前關於拳擊手是否需要純肌力的訓練尚有許多爭議，然而可以肯定的是拳擊手的肌肉訓練首重爆發力動作，例如舉重的技巧以及採用特定運動模式的推進動作如推鉛球或壺鈴等。

又例如，橄欖球正集團中的支柱用來推檔的力量是相當強大而緩慢移動的，有時甚至是一種靜止的力量（肌肉等長收縮），因此比較適合高強度而等長收縮（抵抗不移動的施力）的訓練。至於新一代的橄欖球賽規定支柱必需同時以爆發性的速度帶球奔跑，也要負責在最快時間回到防守位置，支柱角色的改變代表訓練計畫也必需隨之調整。

以上的敘述似乎明確地區分了動作的快速與緩慢、爆發力與肌力，然而在現場的運用上則未必是如此壁壘分明的。前東歐集團國家在肌力訓練中對於「爆發力（power）」一詞的解讀各有不同，因此改用另外兩個不同的詞彙：「肌力速度」(strength-speed)，與「速度肌力」(speed-strength)。「肌力速度」代表負重大與中等程度加速的動作，而「速度肌力」(speed-strength) 則形容非常快速移動輕重量的物體。顯然挺舉與棒球投擲所使用的力量是不盡相同的，這種差異也應該反映在針對不同體育項目的訓練中。

頻率：有的運動需要單一而獨立的力量，例如舉重、健力、拋擲性的運動以及高爾夫等；有的運動則需要頻繁的施力，例如球拍運動、拳擊以及划船。由於這一類的體育項目需要多次而持續的施力，因此耐力元素也應該涵蓋在訓練課程當中。

以純肌力或純爆發力為主的體育項目，很多時候也同樣需要肌耐力（strength endurance）與爆發耐力（power endurance）。例如拳擊手需要純爆發力的同時，也需要在比賽的過程中不斷再生爆發力並儘可能保持力量的強度：這就是爆發耐力。另一方面，划船手必需能夠在比賽過程中持續地提供高強度的肌力，這就是肌耐力。

現今運動員訓練的趨勢是採用耐力型運動員的訓練方式培養肌耐力，而透過健身房中跑步、自行車飛輪、划船或任何體育項目進行訓練。文中舉出的例子（見表）說明這種訓練方式的優點。對於耐力飛輪這種自行車訓練來說，作用在腳踏板上的每一次施力都如同一次迷你蹲舉，那麼如果每一次迷你蹲舉的力量都僅佔最大蹲舉負重的一小部分，則選手比較不易疲乏，不僅經濟效益提高，還能提升肌肉持久性。

肌力與持久力	
運動員 A	能夠蹲舉 250kg（550 lb）一次
運動員 B	能夠蹲舉 150kg（330 lb）一次
兩位同時	被要求蹲舉 120kg（265 lb）到極限次數
對於運動員 A	此重量僅佔最大一次反覆（1RM）之 48%
對於運動員 B	此重量佔最大一次反覆（1RM）之 80%，已屬於具有挑戰性的重量，對於運動員所能蹲舉的次數（即肌耐力）造成相當的限制。

施力的方向以及重力的影響：如果高爾夫球手想要增加擊球的力量，是否應該使用桿頭加重的球桿進行揮桿訓練呢？又例如拳擊手想增強直拳的力道，是否應該手握沈重的啞鈴進行揮拳練習呢？以上兩種例子的確都屬於阻力訓練，但也都不是正確針對該項運動的訓練方法。讀者可以想像一下這兩例中重力的作用方向，再思考：重力作用的方向是否與體育項目進行時施力的方向是一樣的？答案當然是否定的。

回到上述的例子，高爾夫球的施力方向是沿著揮杆曲線，而在桿頭與球接觸的瞬間，施力是平行地面的。如果使用加重的桿頭進行訓練，重力的施力方向則是垂直地面的，這使得球桿比較難以舉起而不是難以揮動，如此是無法訓練水平施力的。倘若使用這種錯誤的方式訓練，小則無正面幫助，大則反而會破壞原本揮桿的動作。

功能性訓練

任何從事健身或為體育競賽作準備的人都不免需要採用近來強調的「功能性訓練」。這種訓練模式能夠同時增進體育以及日常生活適用的動作能力。功能性訓練是劃時代的運動員訓練方法。

有人可能會用比較簡單的方式定義功能性：例如健美屬於非功能性，而針對運動員的訓練屬於功能性；這並沒有完整解釋功能性的意義。的確大部分的健美訓練會針對單獨的肌群，而採用無法幫助體育項目表現的訓練動作，但是許多健美者仍然會採用可以運用在「動作」而不限於「肌肉本身」的訓練，例如蹲舉及屈體划船等。功能性肌力訓練的關鍵在於考量每一項訓練在比賽或是運動現場的實用性，包括其速度、頻率及方向。有時這種考量代表著對於一些訓練動作的正統性的質疑。

例如，長年以來腹部捲體都是運動員訓練課表中的基本項目。這項平躺的捲體動作由於上半身的重力作用而需要較大的力量使髖關節與脊椎彎曲，但如果以站姿進行捲體動作則幾乎不需費力。比較這項動作與實際應用的偌大差異，不難發現，除非對於主要採水平姿勢進行的運動如摔角、柔術、體操等，腹部捲體動作的功能性其實是可質疑的。腹部捲體並非無用，只是除了強化軀幹之外也許並不是廣泛地符合各種需要。

規劃體育項目的訓練

相較於一般肌力訓練, 針對體育項目的訓練課程可能是更難規劃的。這種訓練計畫無法使用精確的科學性評估, 需要大量的個別詮釋, 小心監控, 以及試誤學習。體育項目訓練的技術面在於訓練年度的計畫, 如何適當調整強度以及負重模式, 評估何時與如何把重心從肌力轉移到爆發力, 或從耐力轉移到敏捷度, 並且在正確的時間安排休息與恢復期。規劃訓練時必須考量的是, 任何運動員都不可能在同一週的課程同時顧及爆發力、肌力、爆發耐力、肌耐力、速度、速度耐力、有氧耐力、無氧耐力、敏捷度與柔軟度訓練的最佳表現, 此外大部分的運動員都需要在一年的某一時刻或某一季達到表現的顛峰期。

線性／典型分期

分期 (periodization) 經常被當成「訓練計畫」的同義詞, 這不完全正確。分期只是其中一種訓練計畫的模式, 是將訓練劃分成不同階段的過程。線性分期的概念源自於 1950 年代的前東歐集團國家, 而現在大部分的高階運動員訓練都沿用這項技巧的某些形式。以拳擊為例, 選手在比賽前可能需要三個月密集的訓練, 賽後則需要進入一段僅需少量訓練或甚至不訓練的轉換時期, 而在進入下一次密集的賽前訓練前, 他可能要先經過一段輕度的、基礎的訓練時期。相同的, 棒球選手也會以類似的方式安排比賽季節前後的訓練。

如何使用線性／典型分期的訓練: 線性/典型分期的本質是將訓練年度劃分成數個區塊或週期, 每個區塊或週期針對不同的訓練重心如爆發力、肌力、或耐力等而安排不同的訓練形式、負重、收縮速度、強度等。

在停賽期, 訓練重心在於全身性的鍛鍊以矯正比賽後無可避免的偏重與失衡, 並培養達到最大爆發力所必需的純肌力。

之後, 針對純肌力的訓練開始大幅度減少而增加爆發力訓練的份量 (見對頁表格)。一般簡單而適用於所有運動員的方式, 是在訓練週期的一開始以二比一的比例進行肌力與爆發力的訓練, 之後逐漸將兩者的重要性對調而增加爆發力訓練的份量, 直到比賽日。隨著比賽季節或日期的接近, 訓練課程的重心將逐漸移至特定肌群的持久力與特定運動的速度。要達到良好的運動表現, 自然需要規劃得宜的訓練課程, 而訓練課程也永遠需要來自合格教練的規劃與指導。

結合性／波動性計畫

典型/線性的訓練模式特別適合針對單一重要比賽而訓練的運動員, 例如為了參加奧運。然而對於多數體育項目, 只安排單一體能顛峰的訓練是不夠的。足球或者美式足球的單一賽季可能有多達 40 場比賽, 而且每一場都具有同等的重要性。這種類型的競賽需要同時將肌力、爆發力、肌耐力、爆發耐力、速度、敏捷度等表現維持在良好水準 (甚至顛峰水準)。結合性的計畫同時針對上述的幾項元素訓練, 應用「波浪型」或是波動性的變化, 將不同最大反覆的負重訓練安排在同一週 (見對頁右上表)。

線性分期

下圖說明線性分期的基本概念。注意隨著比賽日的接近,以四週為一階段逐漸增加的訓練強度(重心逐漸由純肌力移至爆發力的訓練)。

第 1 週 第 2 週 第 3 週 第 4 週	肌 力
第 5 週 第 6 週 第 7 週 第 8 週	
第 9 週 第 10 週 第 11 週 第 12 週	
第 13 週 第 14 週 第 15 週 第 16 週	
第 17 週 第 18 週 第 19 週 第 20 週	爆發力
	比賽日

波動性計畫的例子

以下波浪型課程的基本範例顯示如何在一週的課程間由低強度變化至高強度的訓練;在第一回的訓練中使用力竭前可進行 12-15 次的重量, 如此類推。如果錯過了某一回訓練, 就在下一回接續。

訓練	強度
第一回	12-15 RM
第二回	8-10 RM
第三回	4-6 RM

直覺性的計畫表示由運動員選擇當日想要進行的訓練項目。這種方式的問題是主觀的感覺未必能夠反映真正的身體狀態。運動員可能在感覺疲勞時達到個人最佳表現, 也可能在感覺身體狀況極佳時表現不足, 這種例子並不罕見。

組合式的計畫方法

運動員通常會合併不同的訓練模式。對於許多團隊競賽, 停賽期與比賽前期比較適合線性分期訓練法以便在比賽季節達到最佳狀態。然而賽季一旦開始, 每一週的比賽都需要達到諸多領域的最佳體能, 此時則適合結合性模式。至於各階段的訓練當中, 都可能穿插無計畫或者甚至直覺性的訓練模式。

總結以上, 針對體育項目的訓練與一般健身有很大的不同。運動員肌力訓練的目標在於達到該體育項目的最佳表現, 同時在降低受傷風險的前提下試著提升表現的層級。體育項目有著各式的賽程, 而勝利是唯一的目標, 有誰會記得贏得奧運之前的其他小勝利呢?運動員訓練的其中一項真正技巧就是在重要比賽的當下完美地達到顛峰狀態。

無計畫以及直覺性的計畫

無計畫並不代表完全不按照訓練計畫, 而是考量運動員有時候當下的狀況並不適合按照課表進行訓練。通常在簡短的熱身之後, 運動員會進行垂直跳躍的體能測驗, 如果他們無法達到個人最佳成績的90%, 則不進行當日原訂的高強度及爆發力訓練, 而改為高量低強度的課程。

熱身, 緩和

熱身及緩和經常在許多訓練課程中被忽略。時間
的壓力迫使人們略過熱身的步驟, 然而這是很危險
的。熱身是相當必要的, 它幫助你的身體為高強度
的訓練做好準備, 同時減少受傷的風險並強化身體
學習和進步的能力。

熱身需要的時間約在 20 分鐘以內, 由 10 分鐘的跳
繩、慢跑或交叉訓練機開始, 之後再進行 10
分鐘的柔軟度運動（見對頁）。固定進
行熱身有助於增加訓練的表現。

熱身的優點

■ 增加心跳率, 為之後的訓練做好準備。

■ 增加活動組織的血液灌流量以幫助代謝。

■ 增加肌肉收縮與鬆弛的速度。

■ 減少訓練前的肌肉僵硬。

■ 提升肌肉對氧的利用率。

■ 提升肌肉動作的表現與流暢性。

■ 較高的體溫能幫助神經傳導以及肌肉的代謝。

■ 特定的熱身動作能幫助達到生理學上所謂「運動單
　位徵召反應（motor unit recruitment）」。運動單位由
　神經纖維及其相對應的肌肉纖維組成, 熱身能夠增
　加參與動作以及燃燒（收縮）的運動單位量。

■ 增加對於訓練或是競賽的心理專注力。

柔軟度運動

亦稱為動態伸展，或準備運動。柔軟度運動由一系列固定型式的動作組成，進行時需要連續不間斷地完成全部動作（見第 50-61 頁）。

柔軟度運動是理想的訓練準備動作，它減少肌肉僵硬並幫助降低受傷的風險。當你達到充分的柔軟度之後，可以在柔軟度運動中增加適度的彈震動作以更進一步擴大肢體的活動範圍。彈震的力量可以逐漸增加但是不宜過當。

熱身的時機並不適合進行靜態伸展（static stretches）（見第 208-213頁）。靜態伸展是維持某種身體姿勢，以讓目標肌肉感覺到緊繃的伸展方式。在訓練前進行靜態伸展可能會降低身體的爆發力，對於運動傷害的預防也不甚有幫助。

緩和與恢復技巧

在訓練結束之後，你需要控制步調將身體回復到運動前的狀態。訓練後的身體處於肌肉損傷與廢物堆積的緊迫狀態，此時良好的緩和動作能夠有效幫助身體自癒。

緩和動作並不用花費太長的時間。首先進行 5-10 分鐘溫和的慢跑或步行以降低體溫並幫助勞動後的肌肉排出廢產物。接著，5-10 分鐘的靜態伸展能夠幫助肌肉放鬆，讓肌纖維重新排列並回復到休息狀態的長度與正常的活動範圍。靜態伸展的方法（見第 208-213頁）是在舒適範圍內儘可能地伸展目標肌肉，然後保持姿勢約 10 秒鐘。

「熱身幫助你的身體為高強度的訓練做好準備，同時減少受傷的風險」

關於訓練後進行靜態伸展其實是有爭議的。有些人認為緩和運動是進行「延伸性伸展」的理想時機。延伸性伸展（developmental stretching）能夠增加肌肉柔軟度以及肢體的活動範圍。延伸性伸展的開始動作與靜態伸展是一樣的，然而在保持靜態伸展的姿勢約 10 秒鐘之後，稍微更進一步地伸展（約 1cm - 2cm），並維持姿勢約 20-30 秒鐘。

然而另外一種說法是，訓練後進行延伸性伸展可能會增加肌肉的損傷並延遲復原。如果將肌肉比喻成一雙絲襪，在高強度的訓練之後肌肉上充滿微小的撕裂傷，就如同絲襪上出現微小的裂孔。此時如果進一步地伸展肌肉，就如同拉扯已出現裂孔的絲襪，可能造成進一步的傷害。因此，中庸的作法可能是在訓練後針對感覺特別緊繃的肌肉進行少許溫和的延伸性伸展。最後要注意的是，有些人天生柔軟度是比較好的，伸展時並不需要和健身房中的其他人比較。

緩和的優點

■ 幫助心跳率回復到休息狀態。

■ 減少血液中的腎上腺素濃度。

■ 可能減少遲發性肌肉酸痛（delayed onset muscle soreness；DOMS）：通常在高強度訓練後一至三日開始經歷的酸痛。

■ 幫助減少血液中的廢產物，如乳酸。

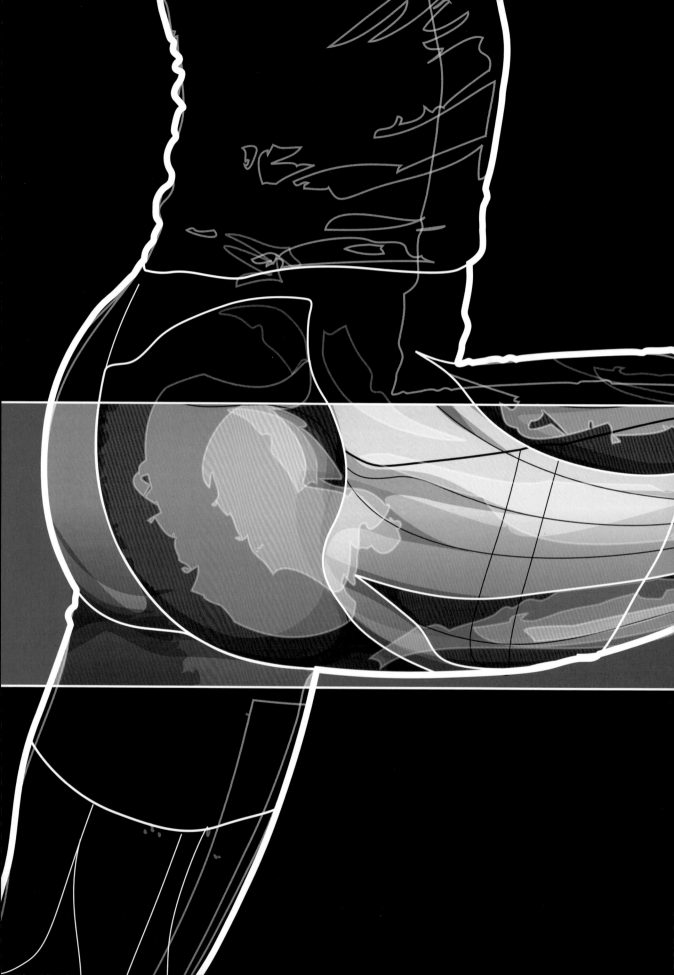

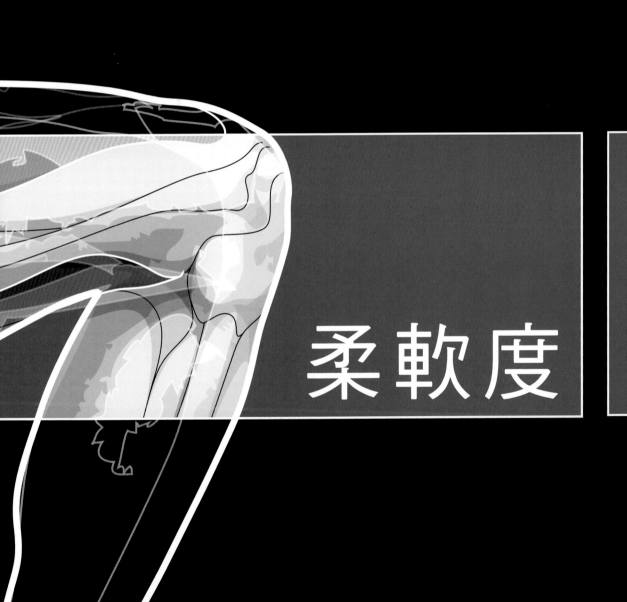

2

柔軟度

頸部伸展與彎曲 Neck Extension and Flexion

這項簡單的動作可以使用站姿或是坐姿來施行, 它可以幫助改善頸部僵硬, 與強化某些在需要頭部姿勢與動作的運動項目, 例如需要注視一顆快速移動的球或是其他物體。

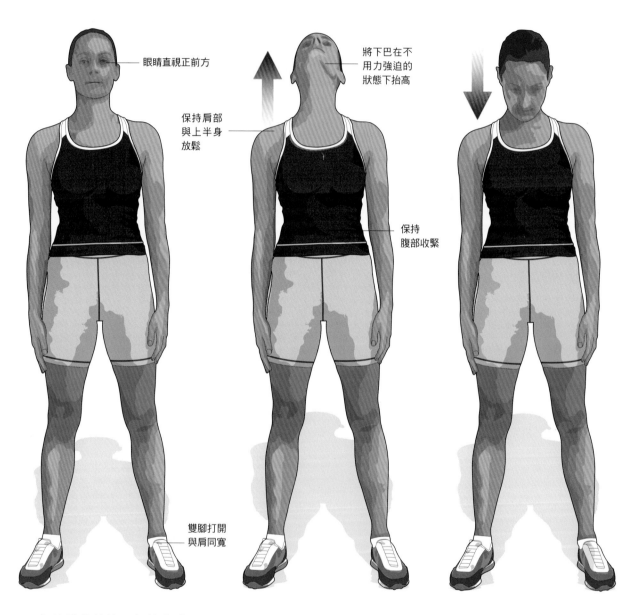

眼睛直視正前方

保持肩部與上半身放鬆

雙腳打開與肩同寬

將下巴在不用力強迫的狀態下抬高

保持腹部收緊

1 在放鬆的狀態下保持身體正直, 雙手自然下垂或是緊貼在身體兩側以防止聳肩。直視正前方並保持脊柱在中立位置。

2 將下巴慢慢抬高至可以目視到天花板的角度來伸展頸部肌肉並維持數秒。在舒適範圍內進行動作。

3 收縮頸部肌肉, 把頭慢慢放下, 但是不要過度用力。將頭慢慢回復至開始姿勢, 並且以緩慢的節奏重複整個過程。

頸部旋轉 Neck Rotation

這是**舒緩頸部疼痛**的重要動作。它有助於維持頸部柔軟度，並且可以延後或是預防因年齡增長所引起的頸部僵硬。你的頸部應該朝左右兩邊都能旋轉70度，不需用力拉扯也不會聽到頸骨發出聲音。

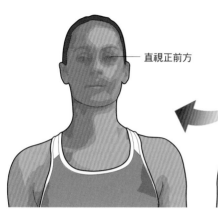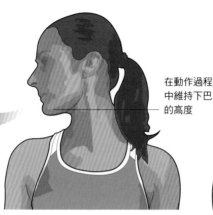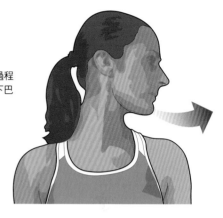

直視正前方

在動作過程中維持下巴的高度

1 開始時直視正前方，保持脊柱在中立位置。保持上半身放鬆，雙手自然下垂於兩側。

2 慢慢的將頭側轉至可以看到你的右肩。在舒適範圍內盡量旋轉，然後停住幾秒。

3 將頭反向旋轉通過中心線，直到可以在沒有壓力的狀態下看到左肩。回復至預備位置。

頸部側曲 Neck Side Flexion

頸部與肩部**肌肉不平衡**可能來自睡姿不良或是體態不正確，會引起肩頸痠痛甚至頭痛，特別常見於經常坐著的上班族。實用的柔軟度運動對於紓緩上背與頸部疼痛是很有用的。

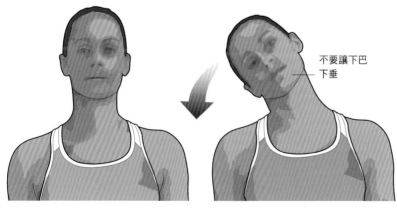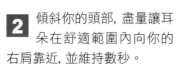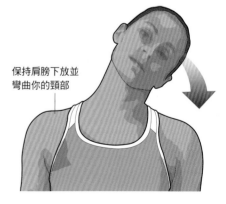

不要讓下巴下垂

保持肩膀下放並彎曲你的頸部

1 站立保持身體正直，將身體維持在放鬆的姿勢，放鬆肩膀，目視正前方。

2 傾斜你的頭部，盡量讓耳朵在舒適範圍內向你的右肩靠近，並維持數秒。

3 將頭部往反方向彎曲，越過預備的位置，一直到極限為止，維持數秒。

手臂迴旋 Arm Circle

很多的肌力訓練運動都包含了手臂與肩膀，因此完全把它們伸展開來是必要的。借由持續與平順的肩部迴旋動作可以增加血液流動，提高肌肉溫度，並增加關節活動的流暢性。

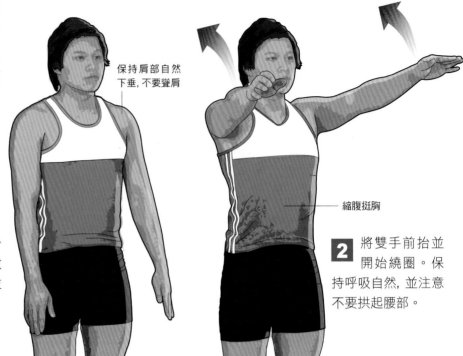

保持肩部自然下垂，不要聳肩

縮腹挺胸

1 讓雙手自然放鬆於體側，保持肩部放鬆放下。直視正前方，並保持脊椎在中立位置。

2 將雙手前抬並開始繞圈。保持呼吸自然，並注意不要拱起腰部。

肩部旋轉 Shoulder Rotation

肩關節的**穩定**來自於周圍的肌肉以及韌帶。這項運動提供訓練之前放鬆肩膀與斜方肌的方法。

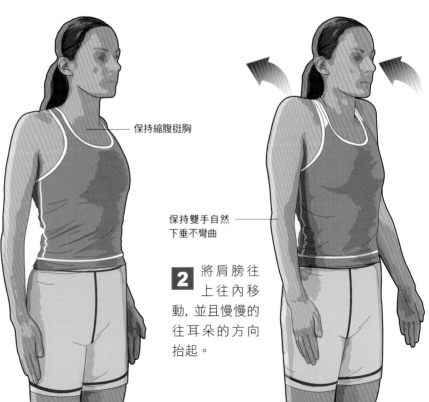

保持縮腹挺胸

保持雙手自然下垂不彎曲

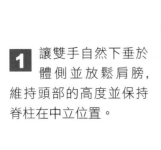

1 讓雙手自然下垂於體側並放鬆肩膀，維持頭部的高度並保持脊柱在中立位置。

2 將肩膀往上往內移動，並且慢慢的往耳朵的方向抬起。

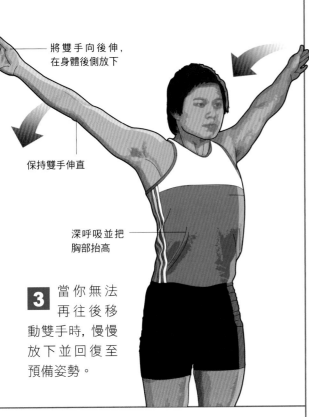

將雙手向後伸，在身體後側放下

保持雙手伸直

深呼吸並把胸部抬高

3 當你無法再往後移動雙手時，慢慢放下並回復至預備姿勢。

腕部旋轉 Wrist Rotation

手腕的動作是許多上半身運動的基礎。這個動作將確保你的腕關節柔軟度，並做好運動的準備。也可以用於避免腕關節運動傷害，例如腕道症候群。許多坐辦公室的上班族，就蠻需要做這個動作。

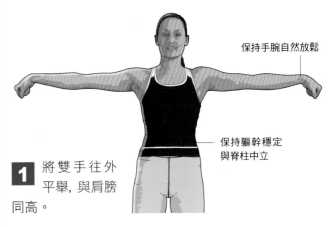

保持手腕自然放鬆

保持軀幹穩定與脊柱中立

1 將雙手往外平舉，與肩膀同高。

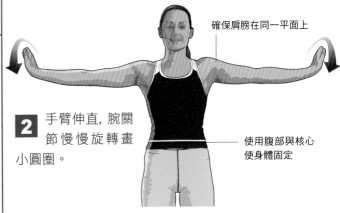

確保肩膀在同一平面上

使用腹部與核心使身體固定

2 手臂伸直，腕關節慢慢旋轉畫小圓圈。

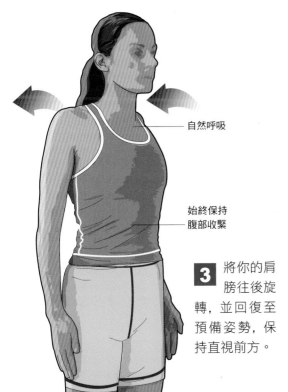

自然呼吸

始終保持腹部收緊

3 將你的肩膀往後旋轉，並回復至預備姿勢，保持直視前方。

在自然的活動範圍下轉動腕關節

3 持續旋轉的動作約 20 秒，再往反方向旋轉。

髖部迴旋 Hip Circle

軀幹的核心肌群在肌力訓練的許多動作中都會參與，因此也是較容易僵硬之處，特別是需要站立起來的動作。這個旋轉髖部的動作就有如你在擺動呼拉圈，可以用來幫助放鬆核心肌群，以增進其柔軟度。

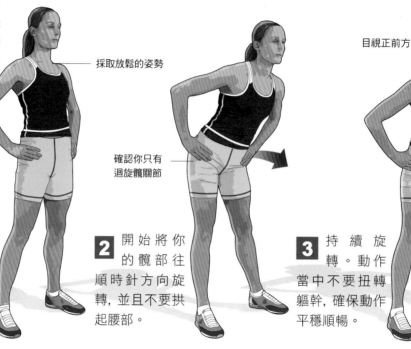

採取放鬆的姿勢

確認你只有迴旋髖關節

目視正前方

1 身體保持正直，並將雙手置於髖部。雙腿打直，分開與肩同寬或是略寬。

2 開始將你的髖部往順時針方向旋轉，並且不要拱起腰部。

3 持續旋轉。動作當中不要扭轉軀幹，確保動作平穩順暢。

軀幹旋轉 Torso Rotation

這個動作配合髖部迴旋，可以伸展你的核心肌肉。髖部保持不動，僅旋轉上半身。

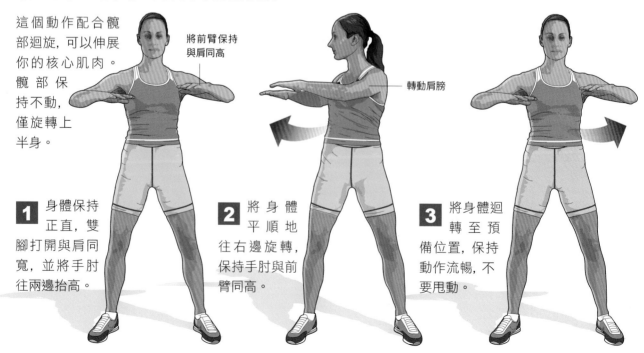

將前臂保持與肩同高

轉動肩膀

1 身體保持正直，雙腳打開與肩同寬，並將手肘往兩邊抬高。

2 將身體平順地往右邊旋轉，保持手肘與前臂同高。

3 將身體迴轉至預備位置，保持動作流暢，不要甩動。

軀幹側曲 Trunk Flexion

運用到**髖部迴旋與軀幹旋轉**上半身往兩側彎曲的動作。而軀幹側曲的動作則是從另一個角度來活動核心肌群。

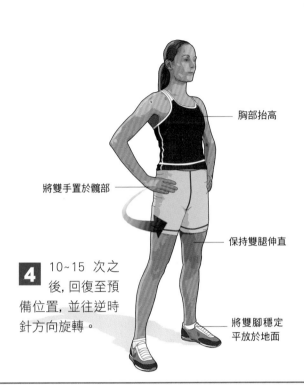

胸部抬高

將雙手置於髖部

保持雙腿伸直

將雙腳穩定平放於地面

4 10~15 次之後，回復至預備位置，並往逆時針方向旋轉。

1 身體保持正直，雙手平放於體側，並保持肩膀放鬆。

只移動上半身

將雙腳平放於地面

只向兩側移動

2 往側邊彎曲你的上半身，將左手順著大腿往下滑動儘可能伸遠。身體不要往前或往後傾，在動作結束時也不要快速彈回來。

3 重複右邊同樣的動作，將手儘可能往下移動。然後回復到預備位置。

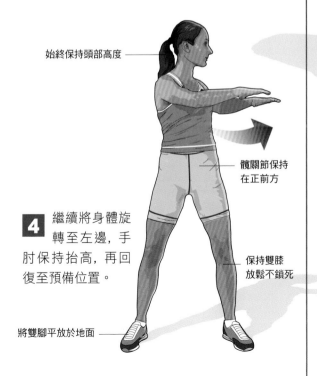

始終保持頭部高度

髖關節保持在正前方

4 繼續將身體旋轉至左邊，手肘保持抬高，再回復至預備位置。

保持雙膝放鬆不鎖死

將雙腳平放於地面

跨步前抬腿 Frankenstein Walk

這個動作可以伸展你的**臀部以及腿後肌**。可用站姿原地操作或是往前跨步,保持穩定的節奏是非常重要的。在穩定站立的狀態下將前腳抬起,而不要用甩動的方式。

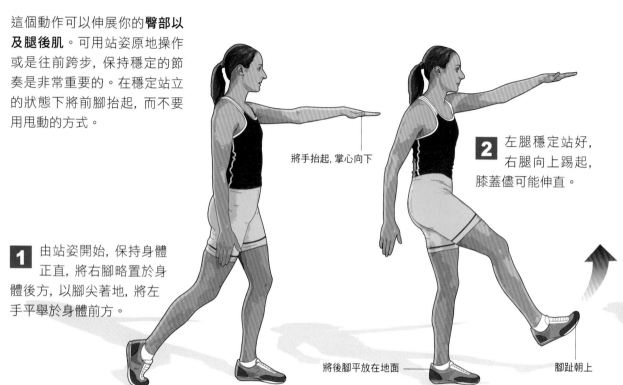

將手抬起,掌心向下

2 左腿穩定站好,右腿向上踢起,膝蓋儘可能伸直。

1 由站姿開始,保持身體正直,將右腳略置於身體後方,以腳尖著地,將左手平舉於身體前方。

將後腳平放在地面

腳趾朝上

俯撐前移 Pike Walk

這是個具有**挑戰性**的動作,運用到小腿、腿後肌以及下背的核心肌群。經過練習後,有些人甚至可以彎曲到身體一半的長度。但是假如你的身體活動範圍較受限的話,動作就保守一點,不需要逞強。

保持脊柱在中立位置

在髖關節處彎曲,上身與下身挺直

保持髖關節與身體軸線在一條直線上

腹部收緊

以腳趾支撐體重

1 準備動作跟伏地挺身的開始姿勢相同,雙手打開與肩同寬,並平撐於地面。

2 將雙手稍微前移到超過頭的位置,並在雙腿打直的狀態下,慢慢往手的方向走動。

不要降下手臂來碰腳

保持後腿
伸直和穩定

3 在柔軟度可及的
情況下, 將前腳
儘可能提高去觸碰到
手。然後換成另一隻
腿來重複此動作。

臀部伸展 Hip Walk

臀部保持**良好的柔軟性**, 可有助
於體態正直與較佳的平衡感。
此動作很容易操作, 又可以有效
提升臀部肌肉的柔軟性, 是一項
很好的暖身運動。

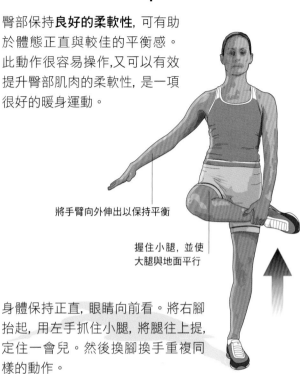

將手臂向外伸出以保持平衡

握住小腿, 並使
大腿與地面平行

身體保持正直, 眼睛向前看。將右腳
抬起, 用左手抓住小腿, 將腿往上提,
定住一會兒。然後換腳換手重複同
樣的動作。

始終保持下背正直

保持手臂伸直

確保雙腿伸直

雙手平放在地上

3 當你走到再也無法前進的時候,
雙腳再慢慢向後走回開始位置。

大腿伸展 Quad Stretch

此動作**伸展大腿前側**,
有拉直膝關節的功用。
因為是用站姿操作, 因
此也可以調整體態以及
增進平衡感。

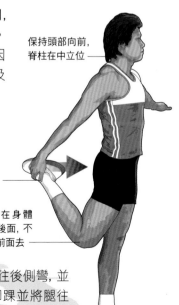

保持頭部向前,
脊柱在中立位

用手抓住腳踝, 向身體靠近

膝蓋要在身體
中線的後面, 不
要伸到前面去

身體保持正直, 將右腳往後側彎, 並
保持膝蓋往下, 抓住腳踝並將腿往
後移動。並伸出另一隻手臂來保持
平衡。換用左腳重複此動作。

徒手蹲舉 Squat

此為**下半身與核心肌群**的基礎動作，同時也是所有蹲舉相關肌力訓練之前重要的暖身動作。保持動作正確的關鍵在：儘可能下蹲來增加動作範圍，同時在最低點不要用 "彈振" 的方式猛然站起來。

將雙手平舉並與地平行

保持挺胸

雙手維持平舉, 掌心向下

臀部向下向後移動

雙腿站直, 雙腳腳尖稍微轉向外側

下蹲時, 膝蓋保持與腳尖同一個方向

1 開始時身體保持正直，脊柱在中立位置，雙腳約比肩膀略寬。

2 吸氣並開始彎曲膝關節與髖關節，讓臀部往後移動。保持脊柱正直並直視正前方。

大腿彎曲 Leg Flexion

這個動作的目標是在**臀部與腿後肌**。與前面介紹過的跨步前抬腿（Frankenstein Walk）動作類似，但跨步前抬腿需要同時用到手臂與腿，而這個動作只需要動到腿，比較容易操作。

1 左手掌扶在牆壁或是穩固的器材上以維持平衡。將重心放在左腿，並將右腿放在身體中線之後，右腳腳尖著地。

2 左腿站直，並將右腿向正前方伸展出去，儘可能保持右膝伸直。

保持核心肌群緊縮以提供支撐

盡量保持後腿伸直

微微屈膝以維持平衡

大腿外展 Leg Abduction

這個動作與大腿彎曲不同之處在於**大腿的移動方向**。大腿彎曲的移動弧線是前後方向，而此動作的移動弧線是左右方向。可放鬆臀部與腹股溝附近的肌肉。

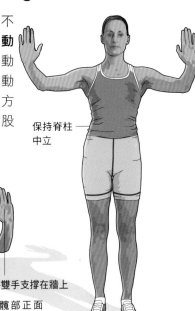

保持脊柱中立

始終保持軀幹正直，不要向前倒

抬頭並保持平視正前方

3 下蹲至大腿與地面平行（若柔軟度許可，可以蹲更低，但不要坐下去休息）。回復至開始姿勢。

將雙手支撐在牆上

保持髖部正面向前，不要歪斜

1 雙手支撐在牆上，身體微微向前，將重心放在左腿。

將腿橫跨過身體

2 右腿慢慢向內移動越過身體中線，完成動作時腳尖向外。

3 將右腳在能控制的狀況下儘可能伸直並抬高，維持數秒後放下。換腿再重複。

儘量把腿伸直

保持膝關節微彎

將腳平放在地板上，勿晃動

腳尖向外

3 右腿伸直向外擺動，儘可能伸展開（勿猛然用力，以免摔倒），重複數次後換腿再做。

弓步下蹲 Lunge

這是弓部蹲的基本姿勢, 是發展臀部與大腿柔軟度非常好的動作。你可以使用變化動作 (像是分腿蹲舉, 請看第 68~69 頁), 或是交換腿, 往前跨步。弓步蹲同時考驗你的平衡與協調, 對各項運動都是一個非常好的動作。

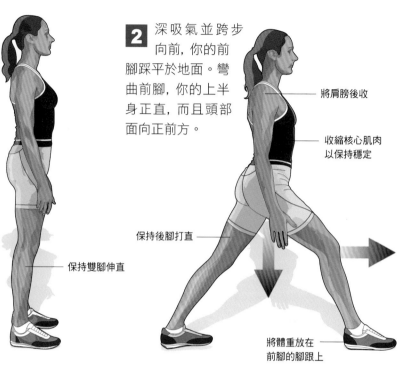

1 開始時身體保持正直, 雙腳與肩同寬, 放鬆雙手於體側, 雙腳踩平於地面, 挺胸並保持脊柱中立。

保持雙腳伸直

2 深吸氣並跨步向前, 你的前腳踩平於地面。彎曲前腳, 你的上半身正直, 而且頭部面向正前方。

將肩膀後收

收縮核心肌肉以保持穩定

保持後腳打直

將體重放在前腳的腳跟上

轉體弓步蹲 Rotational Lunge

這是另一項非常好的臀部與大腿伸展運動。你可感覺到後腳髖屈肌與前腳臀部的伸展。這個動作也會使用到你的軀幹, 轉頭時一面旋轉身體。先作一邊, 再換另一邊操作。

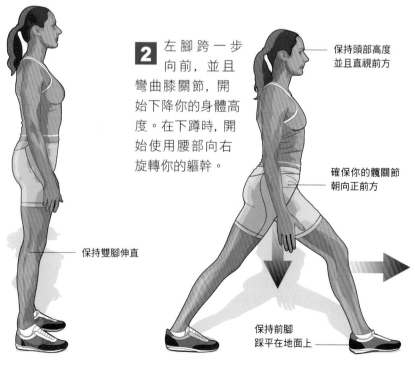

1 保持與基本弓部蹲同樣的預備姿勢。確保膝蓋與腳尖都朝向正前方。

保持雙腳伸直

2 左腳跨一步向前, 並且彎曲膝關節, 開始下降你的身體高度。在下蹲時, 開始使用腰部向右旋轉你的軀幹。

保持頭部高度並且直視前方

確保你的髖關節朝向正前方

保持前腳踩平在地面上

3 彎曲前後腳，讓你的後腳膝蓋向下接近地面。使用前腳跟把你的上半身推回開始位置。

維持軀幹打直與脊柱中立

後腳膝蓋不要接觸到地面

將膝蓋伸展至你的腳尖上方

3 旋轉你的頭部，伸展左手橫跨過你的身體，並且扭轉你的腰部。回復到開始姿勢，並換邊重複同樣的動作。

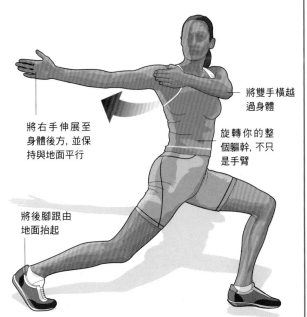

將右手伸展至身體後方，並保持與地面平行

將後腳跟由地面抬起

將雙手橫越過身體

旋轉你的整個軀幹，不只是手臂

過頭弓步蹲

Overhead Lunge

這是一個對於臀部與大腿柔軟度要求性更高的弓步蹲版本。手握輕重量高舉過頭，會訓練到你肩關節的穩定肌，並且更強調臀部與下背的柔軟度。

1 保持與基本弓步蹲同樣的預備姿勢。並以輕重量的槓鈴寬握高舉過頭。

收縮核心肌肉

手持槓鈴高舉在肩關節上方

2 將右腳跨出下蹲，握住槓在身體重心之上，重量落在兩腳之間。回復至開始姿勢並重複左腳。

保持挺胸與肩膀後收

將腳跟從地面抬起

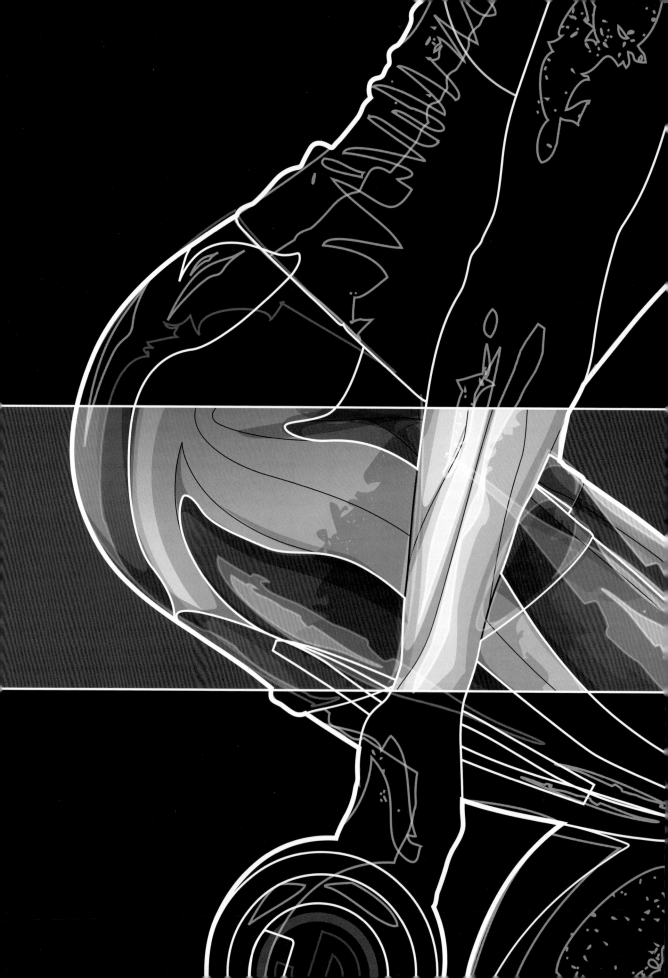

3

腿部

槓鈴蹲舉 Back Squat

目標肌群

■ 股四頭肌 (Quadriceps)
■ 臀肌 (Gluteals)
■ 腿後肌 (Hamstrings)

這個多關節動作對於發展腿部肌肉有非常好的效果, 這也是一個對於發展全身肌力與爆發力最好的基礎運動, 但前提是動作要非常標準。

肱二頭肌
(Biceps brachii)

肱肌
(Brachialis)

肱三頭肌 (Triceps brachii)

豎脊肌
(Erectorspinae)

三角肌 (Deltoids)
・三角肌前束
・三角肌中束
・三角肌後束

背闊肌
(Latissimus dorsi)

腹外斜肌
(External obliques)

股四頭肌 (Quadriceps)
・股直肌
・股外側肌
・股中間肌
・股內側肌

臀肌
(Gluteals)
・臀大肌
・臀中肌
・臀小肌

腿後肌 (Hamstrings)
・半膜肌
・半腱肌
・股二頭肌

腓腸肌 (Gastrocnemius)

比目魚肌 (Soleus)

動作變化

有些舉重選手會使用一種「相撲式」蹲舉動作。如下圖, 雙腳打開比肩寬非常多, 腳與膝蓋微向外開。這種相撲式蹲舉會更加強調大腿的內側肌肉。然而, 它需要非常好的柔軟度因此不適合初學者。

務必注意

當蹲舉時, 切勿圓背與過度前傾, 這樣會對於下背造成過多的壓力而導致傷害。保持你的視線水平, 不要看地上, 或是內八字站立。

兩腳比肩
略寬站立

目視正前方

保持脊柱中立

挺起胸部

1 從槓鈴架上以平均的寬度握住槓鈴，往下方扛住槓鈴，並站起來。雙腳應在槓鈴正下方。後退一步並保持身體直立，讓槓扛在你上背部的中央。

2 深吸氣，並收緊腹部與臀部，開始下蹲。保持兩腳腳尖微微向外，當屈膝時，讓腳尖與膝蓋同一方向，並慢慢讓臀部往後移動。

維持軀幹在
穩定的角度上

感覺到背部
穩定，並收
縮腹肌保持
身體支撐

保持槓鈴在
腳掌位置的
中央

保持脊柱中立

保持槓鈴
平衡與水平

3 保持在下背打直的狀態屈膝往下蹲。讓身體高度在緊密的控制之下繼續往下移動，並讓臀部位置同時往後。保持膝蓋在腳趾正上方。

4 持續屈膝，把臀部往後移動，直到你的大腿與地面平行。你的上半身現在應該是約45度的角度。回復至開始姿勢，往上站起時吐氣。

前槓鈴蹲舉 Front Barbell Squat

目標肌群

- 股四頭肌 (Quadriceps)
- 臀肌 (Gluteals)
- 腿後肌 (Hamstrings)

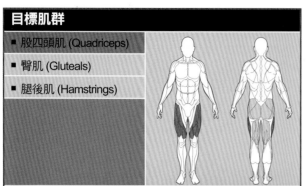

這一個多關節的複合動作將槓鈴置於肩部前方，跟置於背後比起來更需要維持上半身的姿勢正確。同時這個動作更強調於核心與股四頭肌。

穩定你的臀部，同時收緊核心肌肉

胸肌 (Pectorals)
・胸大肌
・胸小肌

三角肌 (Deltoids)
・三角肌前束
・三角肌中束
・三角肌後束

背闊肌 (Laissimus maximus)

前鋸肌 (Serratus anterior)

肱二頭肌 (Biceps brachii)

臀肌 (Gluteals)
・臀大肌
・臀中肌
・臀小肌

股四頭肌 (Quadriceps)
・股直肌
・股外側肌
・股中間肌
・股內側肌

腿後肌 (Hamstrings)
・半膜肌
・半腱肌
・股二頭肌

比目魚肌 (Soleus)

腓腸肌 (Gastrocnemius)

握住槓鈴置於鎖骨與三角肌上方

手肘朝向前方

屈膝並與打開的腳掌同方向

1 將槓鈴從架子上舉起，雙手在肩部外側，或是利用上搏姿勢提起到你的肩膀（請參考182 頁）。上半身保持正直，雙腳略寬於肩，腳尖微微向外打開。

2 抬頭挺胸，深吸一口氣，並開始屈膝下蹲。將臀部往後移動，並保持手肘朝前。

保持上半身在非常穩定的姿勢下

直視正前方

當屈膝時，同時將臀部往後移動

務必注意

始終保持你的軀幹在同一個角度下，不要將腳跟從地面提起。確保你的手肘高度不要降下來，當蹲到最低點時也不要讓手肘觸碰到膝蓋。姿勢與技巧一定要正確，千萬不能為了增加重量而犧牲正確性。

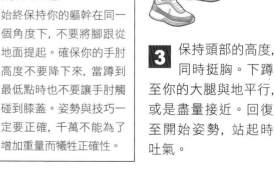

3 保持頭部的高度，同時挺胸。下蹲至你的大腿與地平行，或是盡量接近。回復至開始姿勢，站起時吐氣。

槓鈴哈克蹲舉 Barbell Hack Squat

目標肌群

- 股四頭肌 (Quadriceps)
- 臀肌 (Gluteals)
- 腿後肌 (Hamstrings)

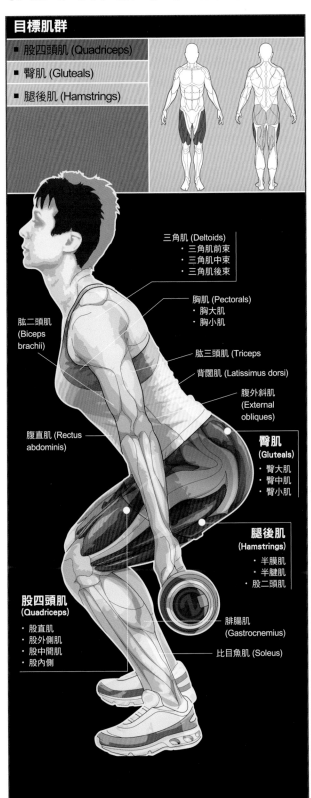

三角肌 (Deltoids)
・三角肌前束
・三角肌中束
・三角肌後束

胸肌 (Pectorals)
・胸大肌
・胸小肌

肱二頭肌
(Biceps
brachii)

肱三頭肌 (Triceps)

背闊肌 (Latissimus dorsi)

腹外斜肌
(External
obliques)

腹直肌 (Rectus
abdominis)

臀肌
(Gluteals)
・臀大肌
・臀中肌
・臀小肌

腿後肌
(Hamstrings)
・半膜肌
・半腱肌
・股二頭肌

股四頭肌
(Quadriceps)
・股直肌
・股外側肌
・股中間肌
・股內側

腓腸肌
(Gastrocnemius)

比目魚肌 (Soleus)

這個蹲舉的變化動作對於股四頭肌訓練, 是個很好的發展性動作。它可以培養良好的背部支撐能力, 在你操作前蹲舉動作時, 可以讓你的臀部維持在正確的角度上。

雙手在臀部外側, 握住握把

保持膝關節在腳趾正上方

將腳跟平放在地面上

1 正握槓鈴, 雙手的寬度在大腿的外面。開始時雙膝微彎, 雙腳打開與肩同寬, 腳尖微向外開, 保持上半身正直並挺胸, 目視正前方。

2 保持挺胸, 腳跟平放於地面, 屈膝時深吸氣, 讓槓鈴直上直下。

務必注意

在操作時避免圓背, 或是屈髖太多。保持你的臀部在下方, 同時上半身儘量保持正直。並讓槓鈴盡可能靠近你的小腿。

收緊你的核心肌肉與下背以支撐你的軀幹

3 下蹲到大腿平行於地面後, 回復至開始位置, 站起時吐氣。

啞鈴分腿蹲 Dumbbell Split Squat

目標肌群

- 股四頭肌（Quadriceps）
- 臀肌（Gluteals）
- 腿後肌（Hamstrings）

這個動作是以基本的弓步蹲動作為基礎（參考 60-61 頁），但是會讓你負荷更多的重量。除了強化股四頭肌的肌力之外，它也可以發展臀部的柔軟度以及良好的肩部姿勢。

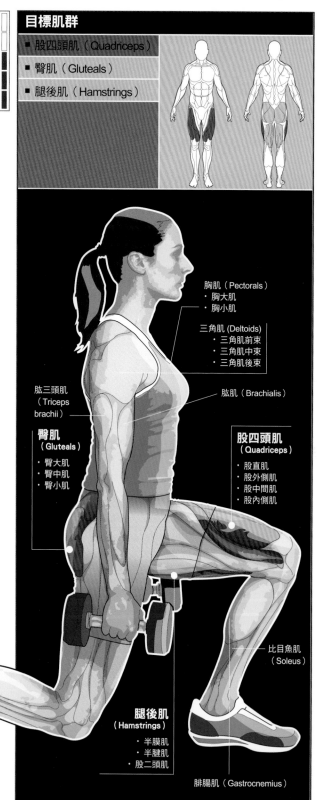

胸肌（Pectorals）
- 胸大肌
- 胸小肌

三角肌 (Deltoids)
- 三角肌前束
- 三角肌中束
- 三角肌後束

肱三頭肌
（Triceps brachii）

肱肌（Brachialis）

臀肌
（Gluteals）
- 臀大肌
- 臀中肌
- 臀小肌

股四頭肌
（Quadriceps）
- 股直肌
- 股外側肌
- 股中間肌
- 股內側肌

比目魚肌
（Soleus）

腿後肌
（Hamstrings）
- 半膜肌
- 半腱肌
- 股二頭肌

腓腸肌（Gastrocnemius）

手持啞鈴於雙腿之間

後腳腳跟抬起，前腳踩平

1 從站姿開始，雙腳打開與肩同寬，雙手握住啞鈴放在身體兩側。前腳踩一步向前，保持挺胸與直視正前方。

始終保持身體正直

利用前腳負荷大部分的重量

2 彎屈膝關節與髖關節，慢慢往下蹲至弓箭步姿勢。你的前膝不應該超過腳尖，同時後膝不應該碰到地面。

保持挺胸

將肩膀後收並保持身體正直

3 當單腳重複至目標次數後，回復至開始位置。再換邊重複動作。

保持後腳腳尖著地

過頭分腿蹲 Overhead Split Squat

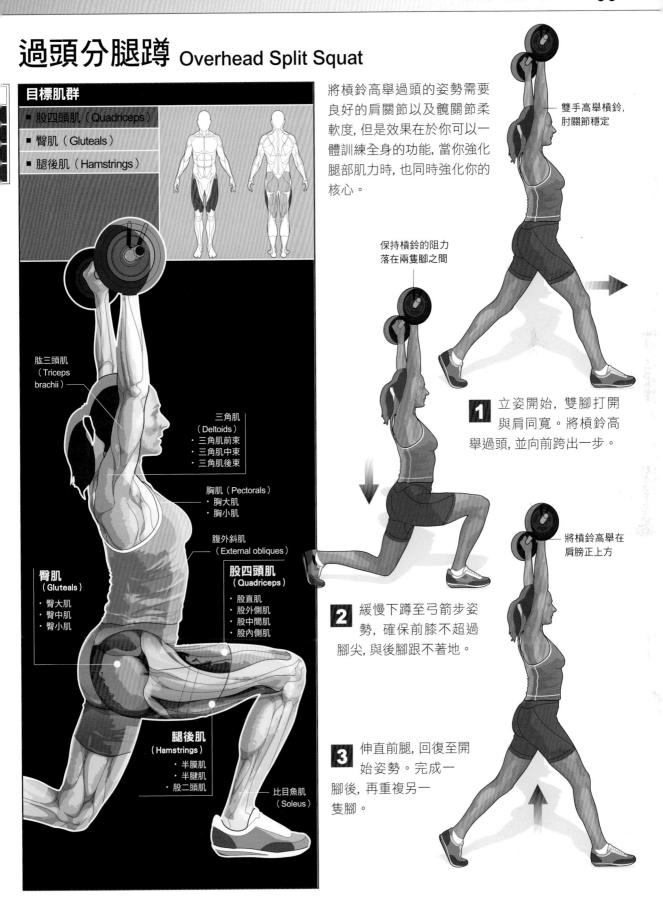

目標肌群

- 股四頭肌（Quadriceps）
- 臀肌（Gluteals）
- 腿後肌（Hamstrings）

將槓鈴高舉過頭的姿勢需要良好的肩關節以及髖關節柔軟度，但是效果在於你可以一體訓練全身的功能，當你強化腿部肌力時，也同時強化你的核心。

雙手高舉槓鈴，肘關節穩定

保持槓鈴的阻力落在兩隻腳之間

1 立姿開始，雙腳打開與肩同寬。將槓鈴高舉過頭，並向前跨出一步。

2 緩慢下蹲至弓箭步姿勢，確保前膝不超過腳尖，與後腳跟不著地。

將槓鈴高舉在肩膀正上方

3 伸直前腿，回復至開始姿勢。完成一腳後，再重複另一隻腳。

肱三頭肌（Triceps brachii）

三角肌（Deltoids）
- 三角肌前束
- 三角肌中束
- 三角肌後束

胸肌（Pectorals）
- 胸大肌
- 胸小肌

腹外斜肌（External obliques）

臀肌（Gluteals）
- 臀大肌
- 臀中肌
- 臀小肌

股四頭肌（Quadriceps）
- 股直肌
- 股外側肌
- 股中間肌
- 股內側肌

腿後肌（Hamstrings）
- 半膜肌
- 半腱肌
- 股二頭肌

比目魚肌（Soleus）

保加利亞式槓鈴分腿蹲 Bulgarian Barbell Split Squat

這個進階的動作是保加利亞國家舉重隊所發明,用來發展選手的肌力,平衡與柔軟度。動作來自於模擬奧運的挺舉。

目標肌群

- 股四頭肌（Quadriceps）
- 臀肌（Gluteals）
- 腿後肌（Hamstrings）
- 腓腸肌（Gastrocnemius）
- 比目魚肌（Soleus）

胸肌（Pectorals）
· 胸大肌
· 胸小肌

前鋸肌（Serratus anterior）

背闊肌（Latissimus dorsi）

腹直肌 Rectus abdominis
腹內斜肌（Internal obliques）
腹外斜肌（External obliques）

臀肌（Gluteals）
· 臀大肌
· 臀中肌
· 臀小肌

腓腸肌（Gastrocnemius）

比目魚肌（Soleus）

股四頭肌（Quadriceps）
· 股直肌
· 股外側肌
· 股中間肌
· 股內側肌

腿後肌（Hamstrings）
· 半膜肌
· 半腱肌
· 股二頭肌

收緊核心肌肉

將後腳置於板凳上

1 開始時槓鈴置於上背部,雙腳打開與肩同寬,彎曲後腿置於後方板凳上。

下蹲時深吸氣

2 慢慢向地面彎曲後膝,在你前大腿平行於地面時停止。

在動作時保持上身正直

3 在動作的最低位置開始伸直前腿,回復至開始位置,不要鎖死膝關節。完成一組之後,再操作另一隻腳。

下蹲至最底時,後膝幾乎會接觸到地面

保加利亞式啞鈴分腿蹲 Bulgarian Dumbbell Split Squat

這個動作與槓鈴分腿蹲相似，但是雙手持啞鈴會讓重心降低，而提高操作的穩定度。這是發展臀部與大腿的平衡力與肌力非常好的一項動作。

目標肌群

- 股四頭肌（Quadriceps）
- 臀肌（Gluteals）
- 腿後肌（Hamstrings）
- 腓腸肌（Gastrocnemius）
- 比目魚肌（Soleus）

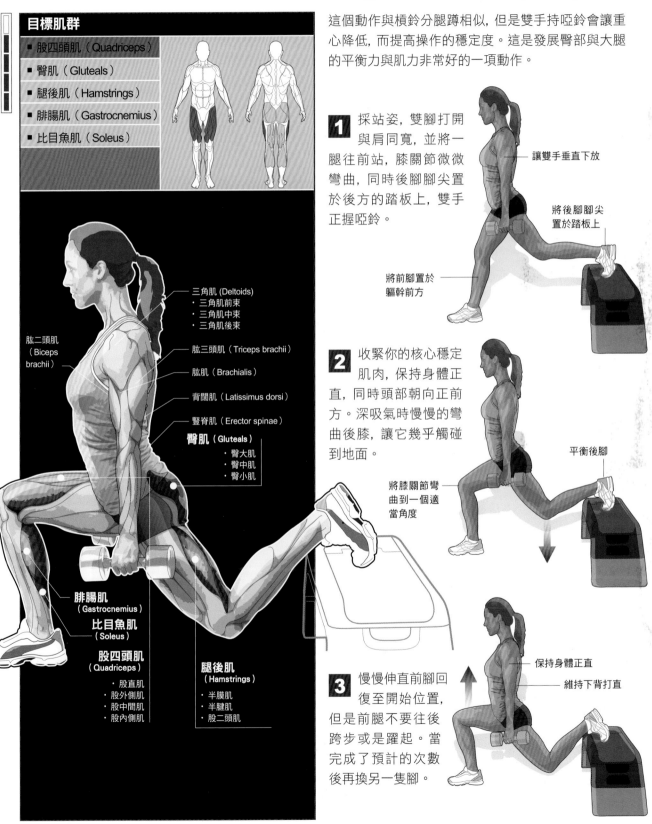

1 採站姿，雙腳打開與肩同寬，並將一腿往前站，膝關節微微彎曲，同時後腳腳尖置於後方的踏板上，雙手正握啞鈴。

讓雙手垂直下放

將後腳腳尖置於踏板上

將前腳置於軀幹前方

2 收緊你的核心穩定肌肉，保持身體正直，同時頭部朝向正前方。深吸氣時慢慢的彎曲後膝，讓它幾乎觸碰到地面。

平衡後腳

將膝關節彎曲到一個適當角度

3 慢慢伸直前腳回復至開始位置，但是前腿不要往後跨步或是躍起。當完成了預計的次數後再換另一隻腳。

保持身體正直

維持下背打直

三角肌 (Deltoids)
・三角肌前束
・三角肌中束
・三角肌後束

肱二頭肌（Biceps brachii）

肱三頭肌（Triceps brachii）

肱肌（Brachialis）

背闊肌（Latissimus dorsi）

豎脊肌（Erector spinae）

臀肌（Gluteals）
・臀大肌
・臀中肌
・臀小肌

腓腸肌（Gastrocnemius）

比目魚肌（Soleus）

股四頭肌（Quadriceps）
・股直肌
・股外側肌
・股中間肌
・股內側肌

腿後肌（Hamstrings）
・半膜肌
・半腱肌
・股二頭肌

槓鈴弓步蹲 Barbell Lunge

目標肌群

- 股四頭肌（Quadriceps）
- 臀肌（Gluteals）
- 腿後肌（Hamstrings）

三角肌 (Deltoids)
- 三角肌前束
- 三角肌中束
- 三角肌後束

胸肌
（Pectorals）
- 胸大肌
- 胸小肌

前鋸肌
（Serratus anterior）

腹直肌
（Rectus abdominis）

股四頭肌
（Quadriceps）
- 股直肌
- 股外側肌
- 股中間肌
- 股內側肌

腹外斜肌
（External
obliques）

臀肌
（Gluteals）
- 臀大肌
- 臀中肌
- 臀小肌

腿後肌
（Hamstrings）
- 半膜肌
- 半腱肌
- 股二頭肌

比目魚肌
（Soleus）

腓腸肌
（Gastrocnemius）

這是個一般比較少被利用到的動作，可以讓腿部與臀部肌肉發達。這個動作的爆發力特別是在網球之類的運動訓練裏非常有用。它對提升高難度揮拍以及救球非常有效。

直視正前方

保持雙膝微彎

1 使用站姿，雙腳與髖同寬，放鬆膝關節。將槓鈴扛在背部上方，雙手寬握，手臂向後。

將後腳腳跟抬起

2 收緊核心肌肉，並踩一步向前。同時將後膝往地面移動並吸氣。

務必注意

在操作這個動作時所使用的重量不要過重，以免產生不穩定的狀況。你的肩膀應該一直在控制得很好的狀態，並確保整個動作從頭到尾上半身都維持正直。

確保後大腿與地面垂直

3 讓後膝幾乎與地面接觸，然後伸直前腳，並後退至開始姿勢。完成一組後再重複另一腳。

過頭槓鈴弓步蹲 Overhead Barbell Lunge

這是一個槓鈴弓步蹲的較進階動作，它會挑戰到你的平衡能力，並讓三角肌與背部也參與動作。

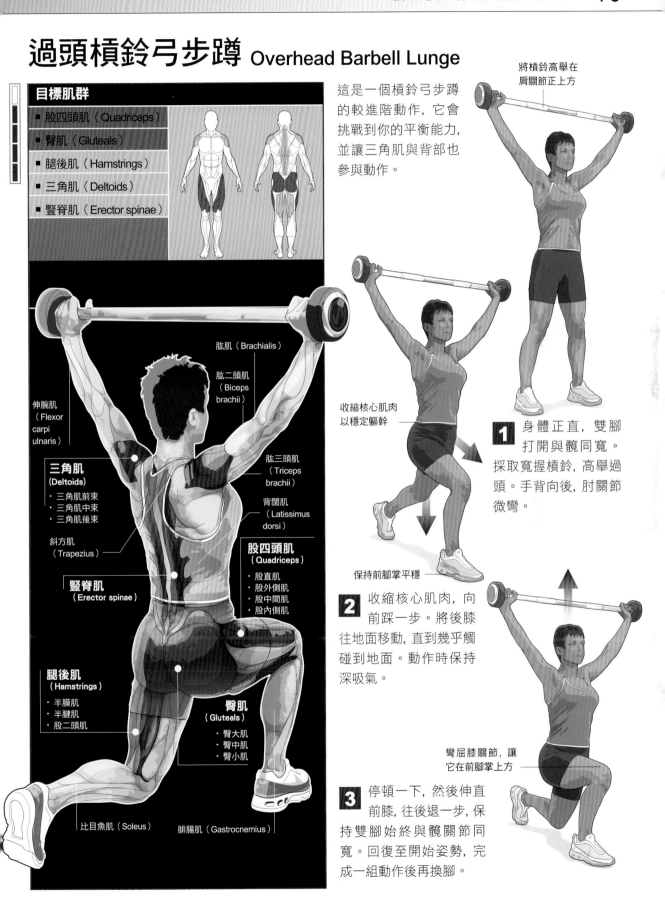

目標肌群

- 股四頭肌（Quadriceps）
- 臀肌（Gluteals）
- 腿後肌（Hamstrings）
- 三角肌（Deltoids）
- 豎脊肌（Erector spinae）

伸腕肌（Flexor carpi ulnaris）

肱肌（Brachialis）

肱二頭肌（Biceps brachii）

三角肌 (Deltoids)
· 三角肌前束
· 三角肌中束
· 三角肌後束

斜方肌（Trapezius）

肱三頭肌（Triceps brachii）

背闊肌（Latissimus dorsi）

豎脊肌（Erector spinae）

股四頭肌（Quadriceps）
· 股直肌
· 股外側肌
· 股中間肌
· 股內側肌

腿後肌（Hamstrings）
· 半膜肌
· 半腱肌
· 股二頭肌

臀肌（Gluteals）
· 臀大肌
· 臀中肌
· 臀小肌

比目魚肌（Soleus）

腓腸肌（Gastrocnemius）

將槓鈴高舉在肩關節正上方

收縮核心肌肉以穩定軀幹

保持前腳掌平穩

1 身體正直，雙腳打開與髖同寬。採取寬握槓鈴，高舉過頭。手背向後，肘關節微彎。

2 收縮核心肌肉，向前踩一步。將後膝往地面移動，直到幾乎觸碰到地面。動作時保持深吸氣。

彎屈膝關節，讓它在前腳掌上方

3 停頓一下，然後伸直前膝，往後退一步，保持雙腳始終與髖關節同寬。回復至開始姿勢，完成一組動作後再換腳。

前跨步弓步蹲 Forward Lunge

目標肌群

- 股四頭肌（Quadriceps）
- 臀肌（Gluteals）
- 腿後肌（Hamstrings）

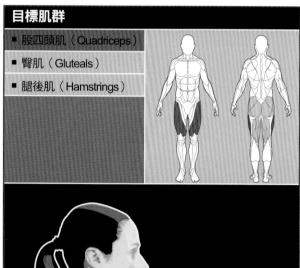

這項全身性的運動對於發展腿部與臀部的肌力很有效。手握住啞鈴，置於身體兩側，容易保持上半身正直。使用比較重的重量之前，請先多練習正確的姿勢。

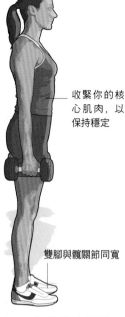

收緊你的核心肌肉，以保持穩定

雙腳與髖關節同寬

1 在準備的姿勢時，保持上半身正直，脊柱中立，挺胸，並且肩膀後收。雙手分別持啞鈴置於體側。

肩膀後收

保持後腿打直

2 踩一步向前並保持上半身正直，在穩定的控制之下彎屈髖關節、膝關節以及踝關節下蹲。無論如何身體都不要前傾。

胸肌
（Pectorals）
· 胸大肌
· 胸小肌

三角肌 (Deltoids)
· 三角肌前束
· 三角肌中束
· 三角肌後束

肱二頭肌（Biceps brachii）

臀肌
（Gluteals）
· 臀大肌
· 臀中肌
· 臀小肌

股四頭肌
（Quadriceps）
· 股直肌
· 股外側肌
· 股中間肌
· 股內側肌

比目魚肌
（Soleus）

腿後肌
（Hamstrings）
· 半膜肌
· 半腱肌
· 股二頭肌

腓腸肌
（Gastrocnemius）

保持抬頭

確保你的大腿與地面平行

3 下蹲直到雙膝都達到 90 度為止。你的後腳應該在髖關節正下方，並離地一點點。停頓一下再回復到開始姿勢。

側跨步弓步蹲 Lateral Lunge

目標肌群

- 股四頭肌（Quadriceps）
- 腿後肌（Hamstrings）
- 腓腸肌（Gastrocnemius）

這是一個更加進階的弓步蹲動作，特別是對於某些在快速移動中需要足夠敏捷性進行方向變換的運動。此動作需要良好的臀部與腳踝柔軟性。

三角肌 (Deltoids)
・三角肌前束
・三角肌中束
・三角肌後束

肱三頭肌
（Triceps brachii）

肱二頭肌
（Biceps brachii）

股四頭肌
（Quadriceps）

・股直肌
・股外側肌
・股中間肌
・股內側肌

腿後肌
（Hamstrings）

・半膜肌
・半腱肌
・股二頭肌

腓腸肌
（Gastrocnemius）

比目魚肌
（Soleus）

1 開始時保持身體正直，雙腳打開與肩同寬，脊柱在中立位。將啞鈴扛在肩膀上。

2 往側邊橫跨一步，並保持上半身正直的姿勢。不要讓你下蹲腿的膝蓋超過腳尖。

保持抬頭

保持腳部踩平

動作變化

假如你的臀部柔軟度無法實施將啞鈴扛在肩膀上的弓步蹲的話，試試這個變化動作：直臂握住啞鈴置於身體下方。

3 向下弓步蹲，直到下蹲腿的大腿平行於地面。再把下蹲腿向上撐起，回復至開始姿勢。完成一組後，換邊操作。

槓鈴上跨步 Barbell Step-Up

這是個非常好的動作，訓練目標在腿部的主要肌肉群：股四頭肌、腿後肌與臀部肌肉。小腿肌肉會輔助核心肌肉以免身體往前傾或是扭轉。本動作同時也能強化心肺功能。初學者最好先練習徒手操作，以熟悉此動作。

目標肌群

- 股四頭肌（Quadriceps）
- 腿後肌（Hamstrings）
- 臀肌（Gluteals）
- 腓腸肌（Gastrocnemius）
- 比目魚肌（Soleus）

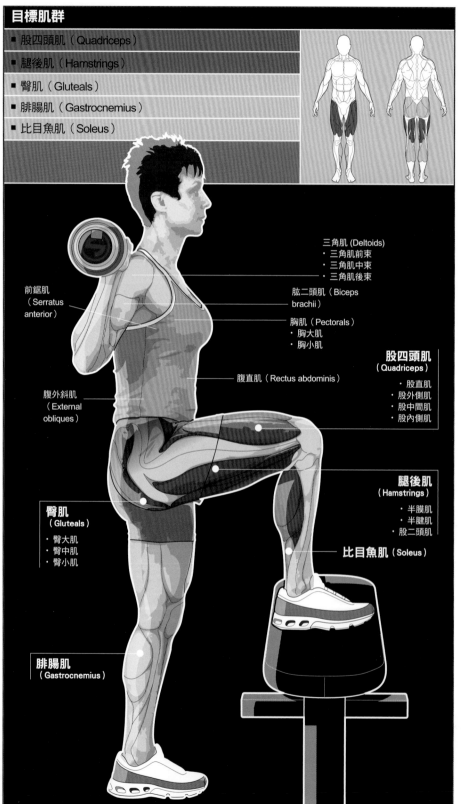

前鋸肌（Serratus anterior）

腹外斜肌（External obliques）

臀肌（Gluteals）
- 臀大肌
- 臀中肌
- 臀小肌

腓腸肌（Gastrocnemius）

三角肌 (Deltoids)
- 三角肌前束
- 三角肌中束
- 三角肌後束

肱二頭肌（Biceps brachii）

胸肌（Pectorals）
- 胸大肌
- 胸小肌

腹直肌（Rectus abdominis）

股四頭肌（Quadriceps）
- 股直肌
- 股外側肌
- 股中間肌
- 股內側肌

腿後肌（Hamstrings）
- 半膜肌
- 半腱肌
- 股二頭肌

比目魚肌（Soleus）

動作變化

試著手持啞鈴做這個動作，比使用槓鈴要容易，而且也比較不容易失去平衡，安全性比較高。

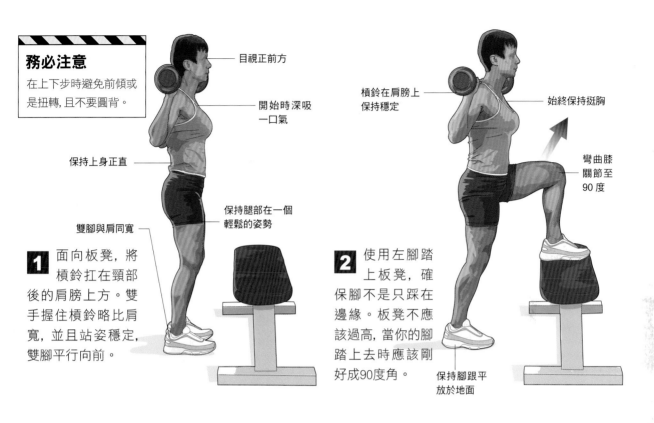

務必注意

在上下步時避免前傾或是扭轉，且不要圓背。

目視正前方

保持上身正直

雙腳與肩同寬

開始時深吸一口氣

保持腿部在一個輕鬆的姿勢

1 面向板凳，將槓鈴扛在頸部後的肩膀上方。雙手握住槓鈴略比肩寬，並且站姿穩定，雙腳平行向前。

槓鈴在肩膀上保持穩定

始終保持挺胸

彎曲膝關節至90度

保持腳跟平放於地面

2 使用左腳踏上板凳，確保腳不是只踩在邊緣。板凳不應該過高，當你的腳踏上去時應該剛好成90度角。

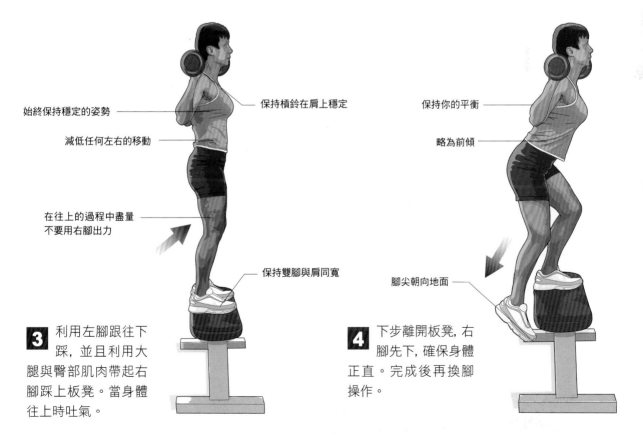

始終保持穩定的姿勢

減低任何左右的移動

在往上的過程中盡量不要用右腳出力

保持槓鈴在肩上穩定

保持雙腳與肩同寬

3 利用左腳跟往下踩，並且利用大腿與臀部肌肉帶起右腳踩上板凳。當身體往上時吐氣。

保持你的平衡

略為前傾

腳尖朝向地面

4 下步離開板凳，右腳先下，確保身體正直。完成後再換腳操作。

45 度角腿推舉 45-Degree Leg Press

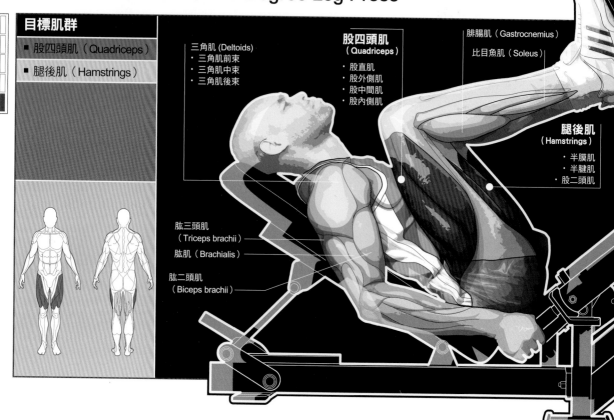

目標肌群

- 股四頭肌（Quadriceps）
- 腿後肌（Hamstrings）

三角肌（Deltoids）
- 三角肌前束
- 三角肌中束
- 三角肌後束

股四頭肌
（Quadriceps）
- 股直肌
- 股外側肌
- 股中間肌
- 股內側肌

腓腸肌（Gastrocnemius）
比目魚肌（Soleus）

腿後肌
（Hamstrings）
- 半膜肌
- 半腱肌
- 股二頭肌

肱三頭肌
（Triceps brachii）
肱肌（Brachialis）
肱二頭肌
（Biceps brachii）

這個簡單的動作對於開始要訓練腿部的初學者來說，是一個可以建立自信心的運動。它對下背造成的壓力較小，對於核心肌力尚未發展良好的人來說，是一個替代性的動作。它也可以較早開始使用大重量，可給予初階者提供更積極的動力。使用腿推舉機器時，要注意推舉機的位置要調整到符合你的身高與腿長。

彎屈膝關節至少在
90度的角度

讓頭部與
背部支撐
在靠墊上

1 選擇適當的重量，並且坐躺於器材上。雙腳打開與肩同寬，並且把重量支撐在雙腳上。將機器上的安全鎖鬆開，並雙手握好握把。

務必注意

在運動過程中, 將你的下背靠牢在靠墊上, 避免將頭抬起。在下放過程中, 如果你感覺下背開始往上抬起離開靠墊時, 就該停止動作。在推到頂點時, 避免鎖死你的膝關節, 並且要確保慢慢的上推與下放重量, 避免在底端猛然放下造成撞擊。

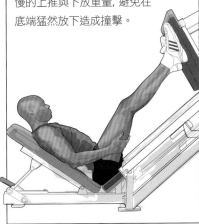

動作變化

你可以單腳操作大腿推舉, 這樣可以幫助你調整兩腿的肌力不平衡。肌力不平衡可能導致運動表現衰退, 或是讓你容易受傷。在兩腿的推舉中, 你也可以調整兩腳的位置來改變訓練的重點: 將腳分得較開, 同時腳尖向外可以訓練到更多的大腿內側; 將腳的位置踩得較高, 會更加強化臀大肌。

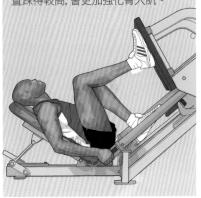

將你的膝蓋方向對準腳尖

將雙腳平均地放在踏板上

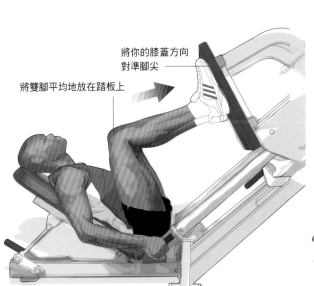

讓你的腳跟與腳尖都牢牢踩在踏板上

儘量伸展腿部, 但不要完全伸直或鎖住關節休息

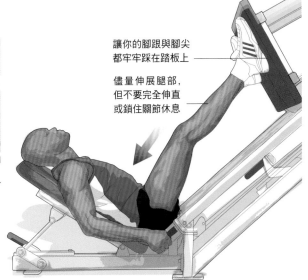

2 伸展雙腿, 將踏板往上推。緩慢而持續的上推, 保持你的腳指與腳跟都在踏板上; 在推舉過程中, 不要讓你的雙膝往外打開。

3 持續推舉到你的雙腿幾乎伸直。停頓一下之後再慢慢回復到開始位置。

機器式大腿彎舉 Machine Leg Curl

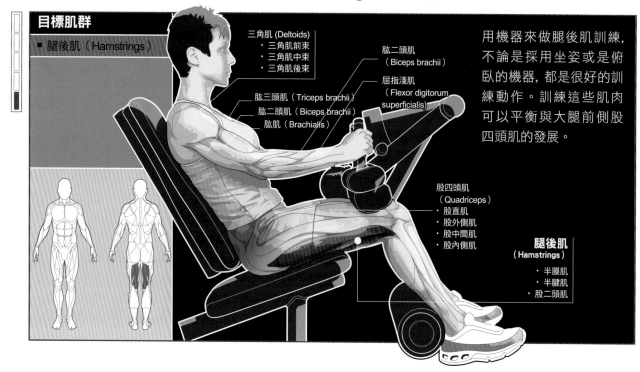

目標肌群

■ 腿後肌（Hamstrings）

三角肌 (Deltoids)
・三角肌前束
・三角肌中束
・三角肌後束

肱二頭肌
（Biceps brachii）

屈指淺肌
（Flexor digitorum superficialis）

肱三頭肌（Triceps brachii）
肱二頭肌（Biceps brachii）
肱肌（Brachialis）

股四頭肌
（Quadriceps）
・股直肌
・股外側肌
・股中間肌
・股內側肌

腿後肌
（Hamstrings）
・半膜肌
・半腱肌
・股二頭肌

用機器來做腿後肌訓練，不論是採用坐姿或是俯臥的機器，都是很好的訓練動作。訓練這些肌肉可以平衡與大腿前側股四頭肌的發展。

機器式大腿伸展 Machine Leg Extension

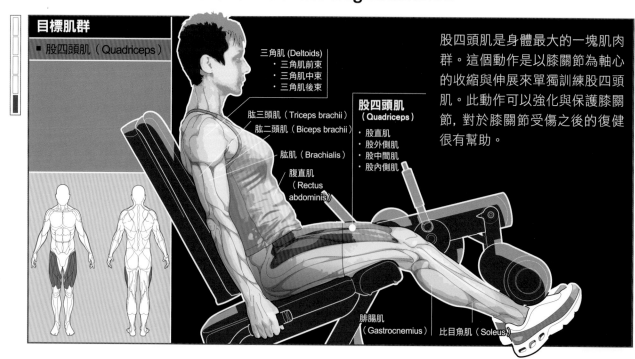

目標肌群

■ 股四頭肌（Quadriceps）

三角肌 (Deltoids)
・三角肌前束
・三角肌中束
・三角肌後束

股四頭肌
（Quadriceps）
・股直肌
・股外側肌
・股中間肌
・股內側肌

肱三頭肌（Triceps brachii）
肱二頭肌（Biceps brachii）
肱肌（Brachialis）

腹直肌
（Rectus abdominis）

腓腸肌
（Gastrocnemius）

比目魚肌（Soleus）

股四頭肌是身體最大的一塊肌肉群。這個動作是以膝關節為軸心的收縮與伸展來單獨訓練股四頭肌。此動作可以強化與保護膝關節，對於膝關節受傷之後的復健很有幫助。

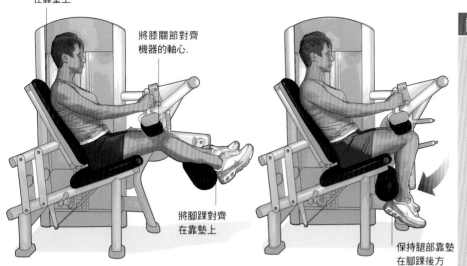

將背部緊靠
在靠墊上

將膝關節對齊
機器的軸心.

將腳踝對齊
在靠墊上

保持腿部靠墊
在腳踝後方

1 選擇適當的重量，並坐在機器
上。調整好腿部的靠墊使其
剛好在腳踝後方，而不會在你小腿
上磨擦。將大腿靠墊緊靠在你的
膝蓋上方。

2 完全收縮腿後肌，將大腿平順
地往後勾回，然後再穩定地回
復至開始位置。操作過程中背部要
緊貼於靠墊上。

動作變化

你可以在滑輪架上做類似的
動作。這會比較具挑戰性，
因為你必須穩定你的全身-
滑輪並不會將你身體穩定在
固定的姿勢上。將腳踝套環
固定在踝關節上，並確保你
的操作腿朝向地
面，你的腿後肌
才可以將小腿
朝臀部的方
向拉近。動
作平緩。

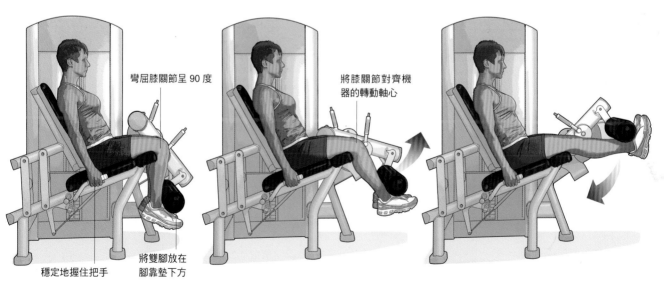

彎屈膝關節呈 90 度

將膝關節對齊機
器的轉動軸心

穩定地握住把手

將雙腳放在
腳靠墊下方

1 選擇好適當的重量，並坐在機
器上，後背緊靠坐墊。調整腳
靠墊到前腳踝的位置。

2 使用穩定的速度挺起小腿，不
要猛然施力。在小腿抬起來
的時候，注意背部仍然貼住靠墊，
不要移動身體。

3 直到雙腿與地平行，吐氣
並放鬆，讓腿回復至開始
位置。

臀部外展 Hip Abductor

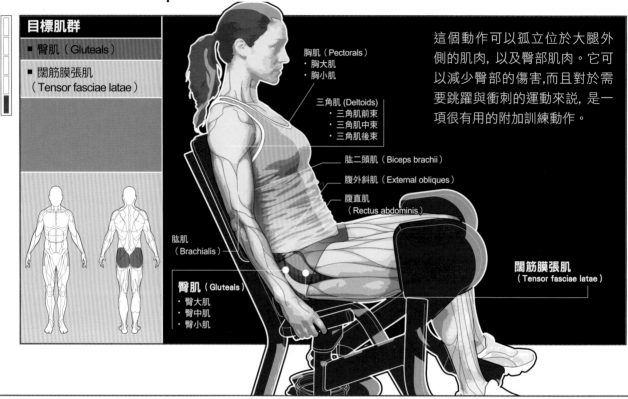

目標肌群

- 臀肌（Gluteals）
- 闊筋膜張肌
  （Tensor fasciae latae）

胸肌（Pectorals）
・胸大肌
・胸小肌

三角肌（Deltoids）
・三角肌前束
・三角肌中束
・三角肌後束

肱二頭肌（Biceps brachii）

腹外斜肌（External obliques）

腹直肌
（Rectus abdominis）

肱肌
（Brachialis）

臀肌（Gluteals）
・臀大肌
・臀中肌
・臀小肌

闊筋膜張肌
（Tensor fasciae latae）

這個動作可以孤立位於大腿外側的肌肉，以及臀部肌肉。它可以減少臀部的傷害,而且對於需要跳躍與衝刺的運動來說，是一項很有用的附加訓練動作。

臀部內收 Hip Adductor

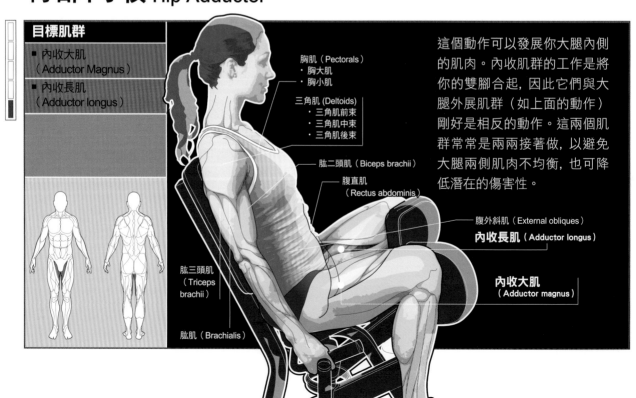

目標肌群

- 內收大肌
  （Adductor Magnus）
- 內收長肌
  （Adductor longus）

胸肌（Pectorals）
・胸大肌
・胸小肌

三角肌（Deltoids）
・三角肌前束
・三角肌中束
・三角肌後束

肱二頭肌（Biceps brachii）

腹直肌
（Rectus abdominis）

腹外斜肌（External obliques）

內收長肌（Adductor longus）

內收大肌
（Adductor magnus）

肱三頭肌
（Triceps
brachii）

肱肌（Brachialis）

這個動作可以發展你大腿內側的肌肉。內收肌群的工作是將你的雙腳合起，因此它們與大腿外展肌群（如上面的動作）剛好是相反的動作。這兩個肌群常常是兩兩接著做，以避免大腿兩側肌肉不均衡，也可降低潛在的傷害性。

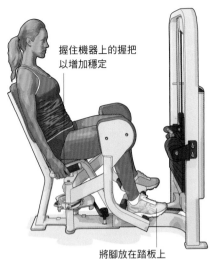

握住機器上的握把以增加穩定

將腳放在踏板上

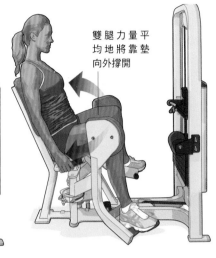

雙腿力量平均地將靠墊向外撐開

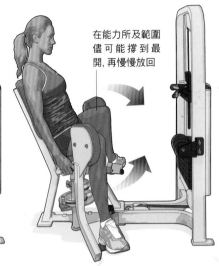

在能力所及範圍儘可能撐到最開，再慢慢放回

1 將阻力調到適當的重量。坐在機器上，並調整座椅的高度讓雙膝可以舒服地靠在膝蓋的靠墊上。

2 將上半身往椅背靠緊，並收緊核心肌肉以維持平衡。吐氣時，平穩地往外打開到最大的活動範圍。

3 在雙膝靠回時稍微抵抗向內的力量，慢慢的回復到開始位置。試著讓雙腿均等施力，以平衡雙腿的力量。

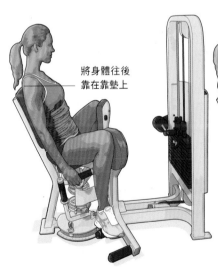

將身體往後靠在靠墊上

雙腿平均施力於膝部靠墊上

1 將阻力調到適當的重量。坐在機器上，並調整座椅的高度讓雙膝可以舒服地靠在膝部靠墊上。

2 將上半身往椅背靠緊，並收緊核心肌肉以維持平衡。吐氣時，平穩地將雙腿把靠墊往內合起，不要猛然施力。

3 緩慢控制靠墊慢慢的回復至開始位置。在整個操作過程中始終將核心肌肉收緊。

舉踵 Calf Raise

目標肌群

- 腓腸肌（Gastrocnemius）
- 比目魚肌（Soleus）

肱二頭肌
（Biceps brachii）

小圓肌
（Teres minor）

大圓肌
（Teres major）

肱肌（Brachialis）

斜方肌（Trapezius）

肱三頭肌
（Triceps brachii）

背闊肌（Latissimus dorsi）

豎脊肌
（Erector spinae）

腹外斜肌
（External obliques）

臀肌（Gluteals）
・臀大肌
・臀中肌
・臀小肌

腿後肌
（Hamstrings）
・半膜肌
・半腱肌
・股二頭肌

腓腸肌
（Gastrocnemius）

比目魚肌
（Soleus）

這個動作可以發展小腿的肌肉群。當使用無支撐的槓鈴來做的時候，大重量對平衡感是蠻大的考驗，所以最好使用史密斯架來操作會比較穩定。

1 踩站姿，並將你的腳掌前緣踩在踏板上，並將史密斯的槓鈴高度調至落在肩榜的高度，寬握槓鈴。

腳掌前緣踩在踏板上，腳跟懸空於踏板之外

收縮你的核心肌肉

2 抬頭向前，把雙腳跟提起到最大的活動高度。再彎曲腳踝回復到開始位置。

伸展踝關節

動作變化

這個動作也可以在專門設計的舉踵器材上面操作，此種器材是用肩部靠墊取代槓鈴。調整適當的重量阻力，並站在靠墊下，以肩部撐住靠墊，握住握把並保持雙手彎曲。收縮小腿肌肉並完全伸展踝關節，在最高點停頓一下，然後在控制下將重量下放回到開始位置。

直腿硬舉 Straight-Leg Deadlift

目標肌群

- 腿後肌（Hamstrings）
- 臀肌（Gluteals）
- 豎脊肌（Erector spinae）
- 股四頭肌（Quadriceps）

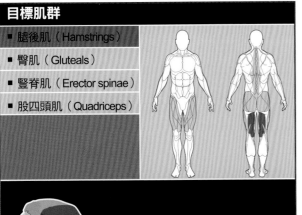

這個常被忽略的動作可以強化你的下背，並發展腿部及臀部。很多頂尖的英式橄欖球前鋒會將這個動作放在他們的訓練課表裡。

始終保持背部正直，不可圓背

三角肌 (Deltoids)
・三角肌前束
・三角肌中束
・三角肌後束

豎脊肌
（Erector spinae）

肱二頭肌
（Biceps brachii）

肱肌（Brachialis）

肱三頭肌
（Triceps brachii）

腹直肌
（Rectus abdominis）

股四頭肌
（Quadriceps）
・股直肌
・股外側肌
・股中間肌
・股內側肌

臀肌
（Gluteals）
・臀大肌
・臀中肌
・臀小肌

腿後肌
（Hamstrings）
・半膜肌
・半腱肌
・股二頭肌

腓腸肌
（Gastrocnemius）

比目魚肌（Soleus）

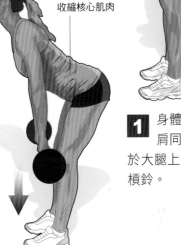

收縮核心肌肉

1 身體正直，雙腳與肩同寬，槓鈴放置於大腿上方，雙手正握槓鈴。

2 抬頭向正前方，雙膝不完全鎖死，屈髖把槓鈴降下，同時吸氣。

動作變化

如果你的髖部柔軟度夠好，試著站在墊高的平台上進行。這樣可以將槓鈴下放至低於腳掌的位置並增加肌肉的訓練範圍。然而請在舒適範圍內操作，力求動作平順，不要讓槓鈴彈跳。

3 保持控制核心的穩定，慢慢的以你的臀部為支點將上半身抬起，同時吐氣。

槓鈴硬舉 Barbell Deadlift

目標肌群

- 臀肌（Gluteals）
- 斜方肌（Trapezius）
- 豎脊肌（Erector spinae）
- 腹直肌（Rectus abdominis）
- 腿後肌（Hamstrings）
- 股四頭肌（Quadriceps）

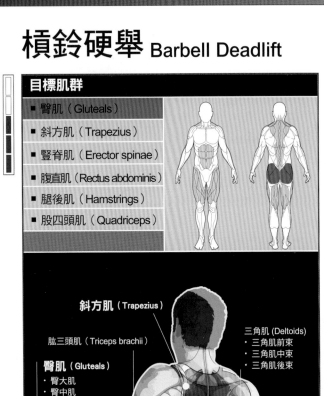

此動作有時候被稱為「訓練動作之王」，因為這對打造腿部與背部的肌力非常有效。此動作也是健力三個比賽動作之一。

1 下蹲讓你的雙腳在槓鈴的正下方，讓槓鈴靠在脛骨上。雙手一正一反握住槓鈴以防槓在手中轉動，雙手握幅應該比肩略寬。

始終保持背部打直與用力

雙手一正一反握住槓鈴

斜方肌（Trapezius）

肱三頭肌（Triceps brachii）

臀肌（Gluteals）
· 臀大肌
· 臀中肌
· 臀小肌

腹直肌（Rectus abdominis）

三角肌（Deltoids）
· 三角肌前束
· 三角肌中束
· 三角肌後束

豎脊肌（Erector spinae）

股四頭肌（Quadriceps）
· 股直肌
· 股外側肌
· 股中間肌
· 股內側肌

腓腸肌（Gastrocnemius）

腿後肌（Hamstrings）
· 半膜肌
· 半腱肌
· 股二頭肌

比目魚肌（Soleus）

3 持續舉起槓鈴，就好像你用雙腳將地板推離自己一樣，直到上半身正直，雙膝也伸直。

將肩膀後收

握緊槓鈴以防止槓在手中轉動

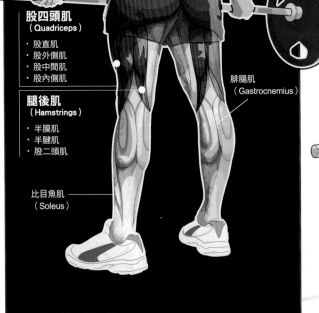

2 利用腿部往上撐起的力量伸展臀部與膝關節並將槓鈴拉起,在槓鈴經過膝關節的這段拉起過程中,膝關節要保持彎曲。

將肩胛骨收縮在一起

將臀部往槓鈴的方向推近

舉起過程中,槓要靠近身體

確保腳平踩在地面

腳向下撐住

動作變化

若使用啞鈴來做硬舉動作,會徵召更多的肌肉參與控制與穩定。這是一個在操作較重的槓鈴之前,發展肌力與技巧的好方法。可先使用較輕的重量來確認你的身體活動範圍。與槓鈴硬舉一樣,皆需保持背部打直,並讓啞鈴貼近你的身體。不要在動作最低點停頓,也不要在下放時讓啞鈴撞擊地面而彈起。

務必注意

正確舉重的技巧是非常重要的,千萬不要在脊椎向後拱的時候去提重量,因為不僅沒有訓練效果,反而會增加椎間盤受傷的風險。要記得不論是提起重物或放下重物時,肩膀與臀部要一起動作,不能單單將肩膀放低。將槓鈴靠近身體,並在動作最低點的時候不要擲落槓鈴,放下的過程一定要穩定控制。

4 腿部站直但不要鎖住雙膝,保持背部用力並打直。頭部抬起,開始慢慢地下放槓鈴。在槓鈴下放經過膝關節的時候,雙膝彎曲。

臀部向下向後

穩定地放下槓鈴

5 在將槓鈴放回開始位置的過程中,臀部與肩膀同時動作,不要讓槓鈴掉落。

肩膀向後收

彎屈膝關節

羅馬尼亞硬舉 Romania Deadlift

目標肌群

- 股四頭肌（Quadriceps）
- 臀肌（Gluteals）
- 腿後肌（Hamstrings）
- 豎脊肌（Erector spinae）

這個動作可以很有效地平衡你的大腿,同時發展伸展髖關節的腿後肌與臀部肌肉。羅馬尼亞式硬舉雖然有其困難度,但確實很有效。當你特別想要增加爆發力與腿部的速度時,可將此動作放在你的課表裡面。

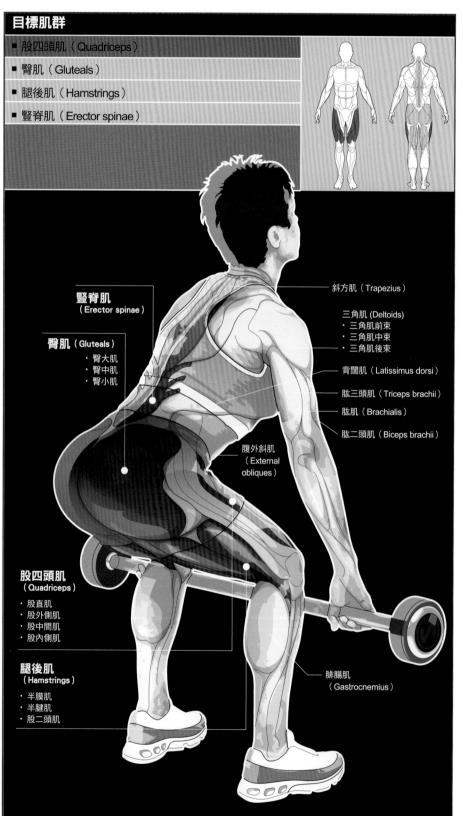

豎脊肌（Erector spinae）

臀肌（Gluteals）
- 臀大肌
- 臀中肌
- 臀小肌

斜方肌（Trapezius）

三角肌 (Deltoids)
- 三角肌前束
- 三角肌中束
- 三角肌後束

背闊肌（Latissimus dorsi）

肱三頭肌（Triceps brachii）

肱肌（Brachialis）

肱二頭肌（Biceps brachii）

腹外斜肌（External obliques）

股四頭肌（Quadriceps）
- 股直肌
- 股外側肌
- 股中間肌
- 股內側肌

腿後肌（Hamstrings）
- 半膜肌
- 半腱肌
- 股二頭肌

腓腸肌（Gastrocnemius）

動作變化

當操作較重的重量時,應該要使用一個適合你身高的槓鈴架,並一手正握一手反握,防止槓在手中滑動。你也可以使用拉力帶,提供保護並且幫助握牢槓鈴。

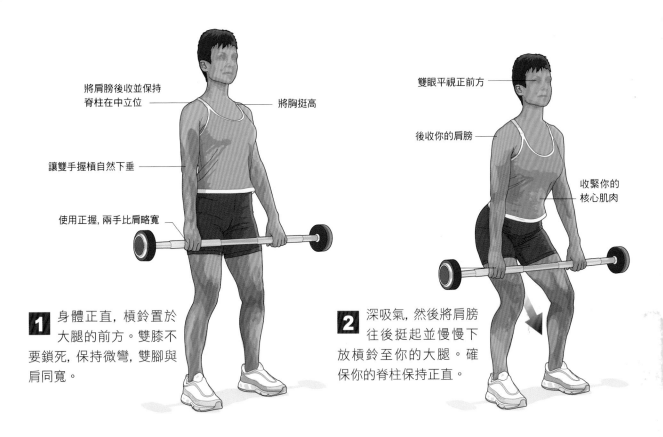

將肩膀後收並保持脊柱在中立位

將胸挺高

讓雙手握槓自然下垂

使用正握, 兩手比肩略寬

1 身體正直, 槓鈴置於大腿的前方。雙膝不要鎖死, 保持微彎, 雙腳與肩同寬。

雙眼平視正前方

後收你的肩膀

收緊你的核心肌肉

2 深吸氣, 然後將肩膀往後挺起並慢慢下放槓鈴至你的大腿。確保你的脊柱保持正直。

務必注意

要安全並有效地操作這個動作, 決定在於你是否有保持下背正直。不要前彎背部, 或是將槓鈴低於膝蓋。要注意這是個進階動作, 是訓練上搏或是挺舉之前的初步動作。開始練習時最好先使用空槓, 而且不要連續做太多下。

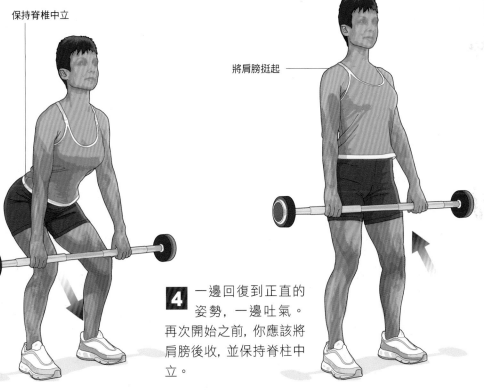

保持脊椎中立

3 將槓鈴朝你的膝蓋下放, 儘量靠近身體。當你的臀部往後移動時, 肩膀不應該前引超過槓鈴。

將肩膀挺起

4 一邊回復到正直的姿勢, 一邊吐氣。再次開始之前, 你應該將肩膀後收, 並保持脊柱中立。

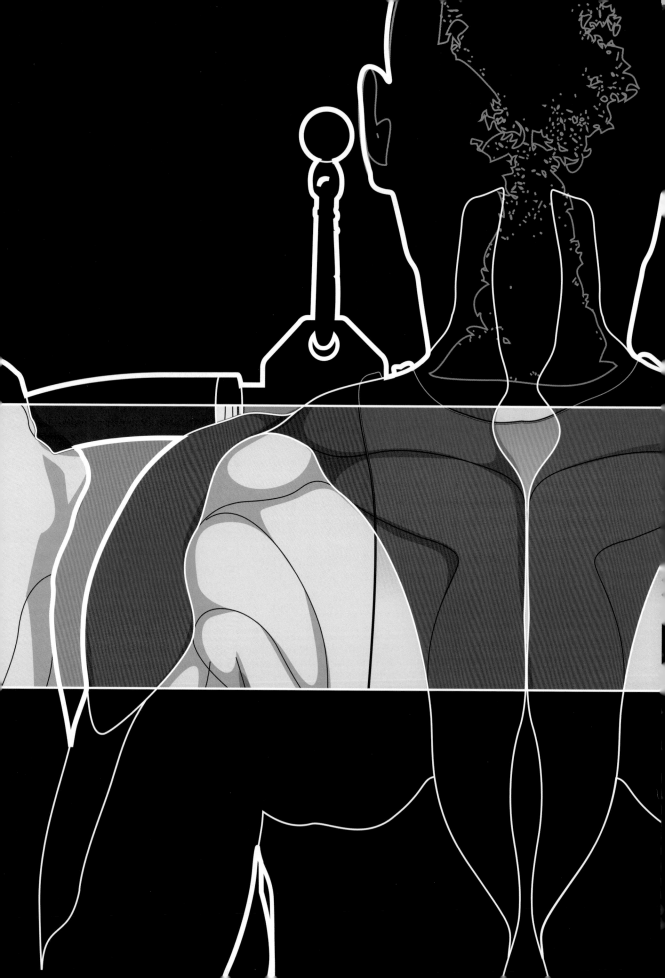

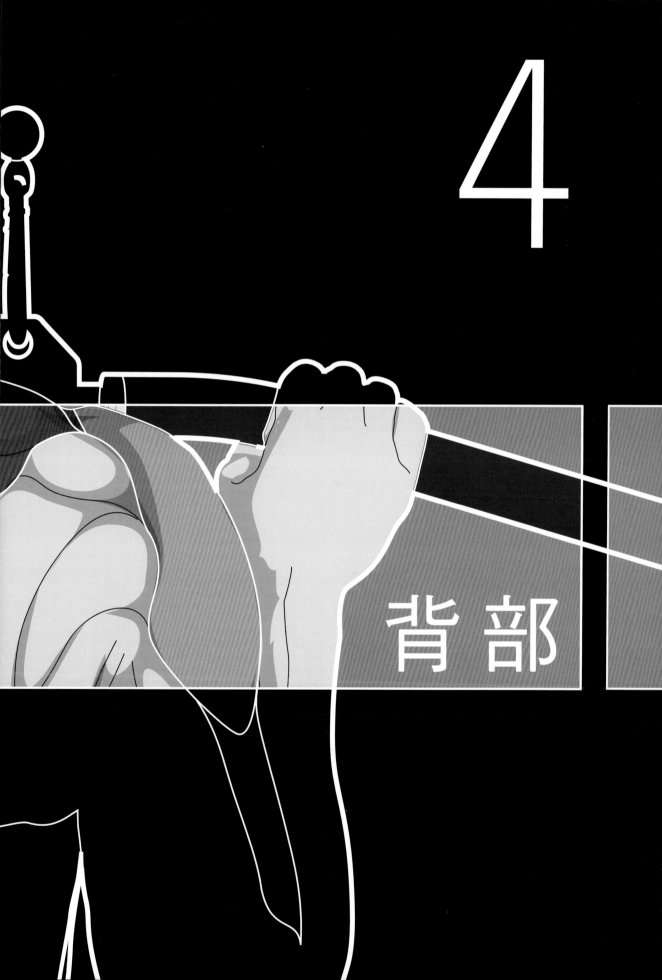

4

背部

輔助引體向上 Assisted Chin-Up

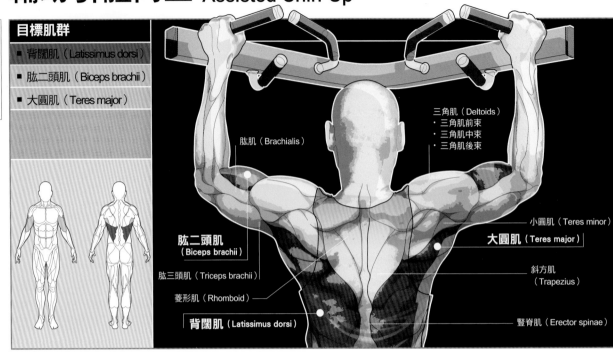

目標肌群

- 背闊肌（Latissimus dorsi）
- 肱二頭肌（Biceps brachii）
- 大圓肌（Teres major）

肱肌（Brachialis）

三角肌（Deltoids）
· 三角肌前束
· 三角肌中束
· 三角肌後束

肱二頭肌
（Biceps brachii）

肱三頭肌（Triceps brachii）

菱形肌（Rhomboid）

背闊肌（Latissimus dorsi）

小圓肌（Teres minor）

大圓肌（Teres major）

斜方肌
（Trapezius）

豎脊肌（Erector spinae）

這對於訓練背部大肌肉群是一項很好的運動，特別是當你的肌力對於一般引體向上的動作（見第 94 頁）會有難以負荷自己體重的困難時。記住可以加重槓片來減少動作負荷。

膝蓋跪在墊子上

雙腳併攏

選擇適合的
把手距離

背部施力往上拉提，
拉到下巴與手同高

墊子提供輔助支撐

1 選擇適當重量，雙腳踩在機器兩邊的踏墊上，調整好雙手的握幅。將雙膝先後放在膝部墊子上，雙臂放直。

2 彎曲手肘與收緊肩膀，利用背部的力量將身體拉起。保持身體正直，往上拉時呼氣，往下放時吸氣。

3 將身體往上拉至下巴高於握把的高度，停頓一下，再反向將身體降下到雙臂伸直。

滑輪下拉 Lat Pull-Down

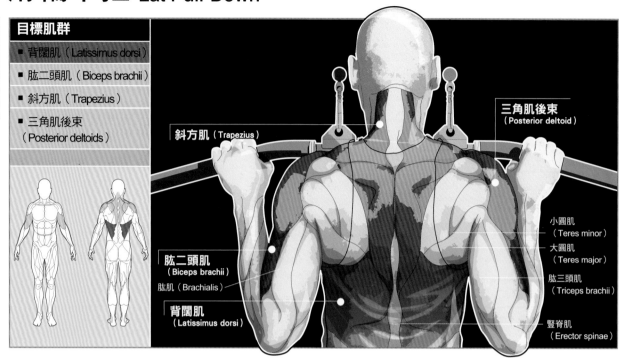

目標肌群

- 背闊肌（Latissimus dorsi）
- 肱二頭肌（Biceps brachii）
- 斜方肌（Trapezius）
- 三角肌後束（Posterior deltoids）

斜方肌（Trapezius）

三角肌後束（Posterior deltoid）

小圓肌（Teres minor）

大圓肌（Teres major）

肱二頭肌（Biceps brachii）

肱肌（Brachialis）

肱三頭肌（Triceps brachii）

背闊肌（Latissimus dorsi）

豎脊肌（Erector spinae）

如果你因為上半身力量不足以撐起身體而無法勝任引體向上動作，這也會是一個很好的替代動作。你可以逐漸調高重量來提高阻力，以增強背部的力量。

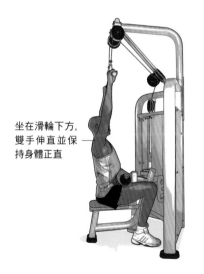

坐在滑輪下方，雙手伸直並保持身體正直

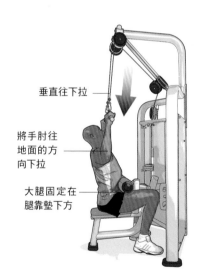

垂直往下拉

將手肘往地面的方向下拉

大腿固定在腿靠墊下方

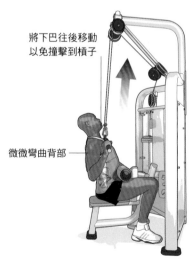

將下巴往後移動以免撞擊到槓子

微微彎曲背部

1 調整適當的重量，雙手握把比肩略寬。坐下時，將你的大腿上方緊靠於靠墊之下。

2 微微將背部往後傾，將槓往下拉到上胸位置，並將手肘盡量的往身體方向拉近。

3 當槓微微觸碰到胸部上方時，在雙手穩定的控制之下回復至伸直狀態。（譯註：許多人於拉下的時候，身體大幅度向後躺，這是不正確的）

引體向上 Chin-Up

目標肌群

- 背闊肌（Latissimus dorsi）
- 大圓肌（Teres major）
- 斜方肌（Trapezius）
- 肱二頭肌（Biceps brachii）

這是個很有挑戰性的動作，是訓練背部非常有效的動作之一。此動作對於需要握力以及抓力的運動項目的訓練是非常有用的。如果一開始做此動作時力量還不夠，建議先從第 92 頁的動作開始訓練。

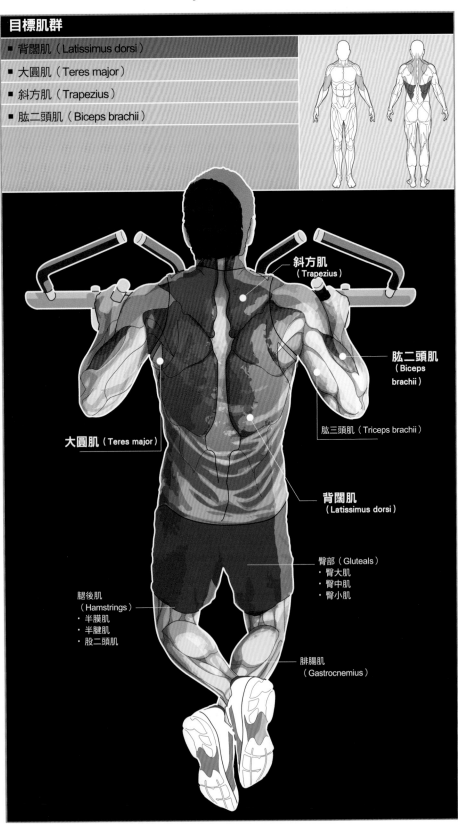

斜方肌（Trapezius）

肱二頭肌（Biceps brachii）

肱三頭肌（Triceps brachii）

大圓肌（Teres major）

背闊肌（Latissimus dorsi）

臀部（Gluteals）
・臀大肌
・臀中肌
・臀小肌

腿後肌（Hamstrings）
・半膜肌
・半腱肌
・股二頭肌

腓腸肌（Gastrocnemius）

動作變化

試著變化你的握距跟握姿，正握姿（下圖的握法）會利用到較少的肱二頭肌，因此會比反握姿（上圖的握法）要來得困難。窄握（上圖的握距）能刺激到肩部較小的肌群，而寬握（下圖的握距）對於背部的刺激較大，但是對手肘的壓力也較大。

自然握幅，掌心
向前，讓手腕與
手肘的壓力最小

雙手完全伸直

將身體垂直拉上

1 選擇適當握幅，並讓雙手往下自然伸直。彎曲膝蓋並交叉雙腳以提高穩定度。

2 從懸吊的姿式開始，彎曲手肘與肩膀把你往上拉。請不要藉由甩動腿部或是彎曲髖關節來增加額外的動能。

將下巴拉高到
超過握把

保持胸
部前挺

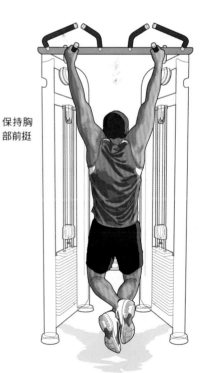

3 將身體持續上拉到下巴高過握把的高度，保持肩部內收。

4 在頂端暫停，然後控制好速度慢慢下放身體。目視前方，不要低頭看地面。

5 在腿部與身體同一直線的姿勢下，回復至開始位置，直到你的雙手完全伸直為止，不要下放到一半就往上拉。

坐姿划船 Seated Pulley Row

目標肌群

■ 背闊肌（Latissimus dorsi）

■ 大圓肌（Teres major）

■ 斜方肌（Trapezius）

對於增加背部肌肉量與肌力發展而言，這是個關鍵性的動作。如果想要安全地得到最好的效果，良好且正確的技巧就很重要。

三角肌（Deltoids）
・三角肌前束
・三角肌中束　菱形肌
・三角肌後束　（Rhomboid）

斜方肌（Trapezius）

背闊肌（Latissimus dorsi）

肱三頭肌
（Triceps brachii）

小圓肌
（Teres minor）

肱肌（Brachialis）

大圓肌
（Teres major）

豎脊肌
（Erector spinae）

腹外斜肌
（External obliques）

動作變化

單臂坐姿划船可以讓你分別鍛鍊左臂與右臂，可幫助平衡你的背部發展。因為兩隻手臂的力量強弱可能不同，在做此動作時，你的強側就無法分擔你弱側的力量了。請調整成比你雙手同時拉的重量更輕一些的重量，並將你的不操作手伸直在身體前側或是放在大腿上。始終保持這樣的姿勢來做，一隻手臂完成動作後，換另一隻手來操作。

務必注意

為了不傷害到下背，確保你的腿部雙膝彎曲，下背不要彎曲。不要被重量把你的身體拉向前俯臥，也不要為了拉更重的重量而將身體向後仰。雙手握把（或握槓）移動的路線應該是水平的直線，而且你的動作應該要慢一點並持續性地拉與放，不要猛然用力。

開始時手臂伸直

雙膝保持彎曲

1 調整適當的阻力，用腿將你的身體往後推，直到雙臂完全伸直，背部保持在中立位。膝關節彎曲約 90 度左右。

動作過程中保持雙膝彎曲的角度不變

臀部要固定在椅子上，不要前後移動

2 將手肘拉回，脊椎勿歪斜，上半身保持正直。雙腳平均施力平放在划船機的踏板上。

保持背部與椅子呈 90 度角

3 將握把（或槳）拉向上腹位置的高度。盡量將雙肘向後拉，拉的時候呼氣。

4 在動作的回復階段，雙手控制好慢慢伸直並同時吸氣。上身保持正直，不要讓重量把你拉向前傾。

站姿划船 Standing Pulley Row

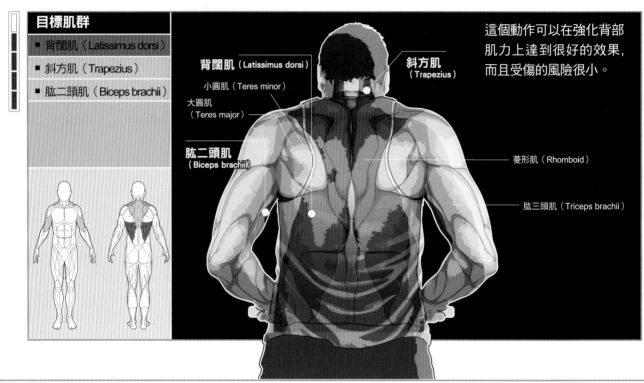

目標肌群

- 背闊肌（Latissimus dorsi）
- 斜方肌（Trapezius）
- 肱二頭肌（Biceps brachii）

背闊肌（Latissimus dorsi）
小圓肌（Teres minor）
大圓肌（Teres major）
肱二頭肌（Biceps brachii）

斜方肌（Trapezius）
菱形肌（Rhomboid）
肱三頭肌（Triceps brachii）

這個動作可以在強化背部肌力上達到很好的效果，而且受傷的風險很小。

單臂划船 One-Arm Row

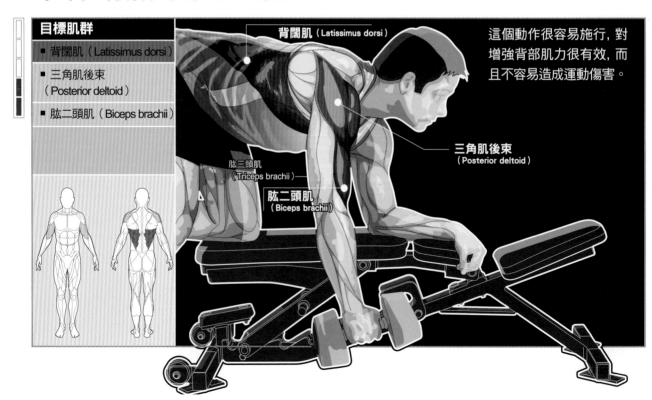

目標肌群

- 背闊肌（Latissimus dorsi）
- 三角肌後束（Posterior deltoid）
- 肱二頭肌（Biceps brachii）

背闊肌（Latissimus dorsi）
肱三頭肌（Triceps brachii）
肱二頭肌（Biceps brachii）
三角肌後束（Posterior deltoid）

這個動作很容易施行，對增強背部肌力很有效，而且不容易造成運動傷害。

脊柱中立並完全伸直手臂

整個操作過程中, 始終保持背部角度不變

手肘儘量往後拉

正握短槓

指關節向上或向下都可以

始終保持挺胸

1 將滑輪固定在下方, 並選擇適當重量。採立姿淺蹲, 將重量拉起。

2 保持淺蹲姿勢, 確保背部打直。將短槓往身體方向拉到上腹位置。

3 將短槓拉近身體, 稍停, 再控制好慢慢回復到預備姿勢, 手臂伸直。

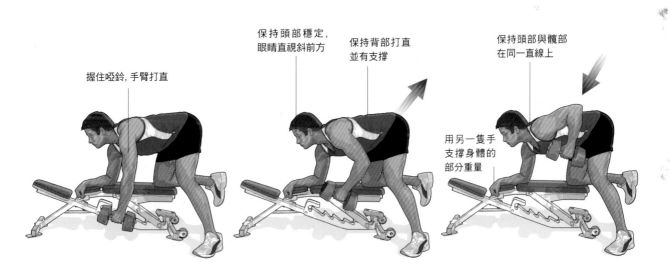

握住啞鈴, 手臂打直

保持頭部穩定, 眼睛直視斜前方

保持背部打直並有支撐

保持頭部與髖部在同一直線上

用另一隻手支撐身體的部分重量

1 將一腿置於板凳上, 維持背部挺直, 使用另一隻手支撐住身體重量, 另一隻手握住啞鈴。

2 保持背部平直, 手肘方向朝上, 將啞鈴往身體的方向上提。

3 將手肘儘可能提高後, 再慢慢放下至開始位置。完成一組後交換手操作。

屈體划船 Bent-Over Row

目標肌群

- 背闊肌（Latissimus dorsi）
- 大圓肌（Teres major）
- 肱二頭肌（Biceps brachii）
- 臀肌（Gluteals）
- 股四頭肌（Quadriceps）
- 腿後肌（Hamstrings）

背闊肌練得好的話, 上半身會呈現出清楚的 V 字型, 而此動作就是用來訓練這塊肌肉的重點項目之一。這是一項多關節動作, 不但可以強化體態, 還可幫助避免背部的運動傷害, 同時也運動到下半身與核心肌群。

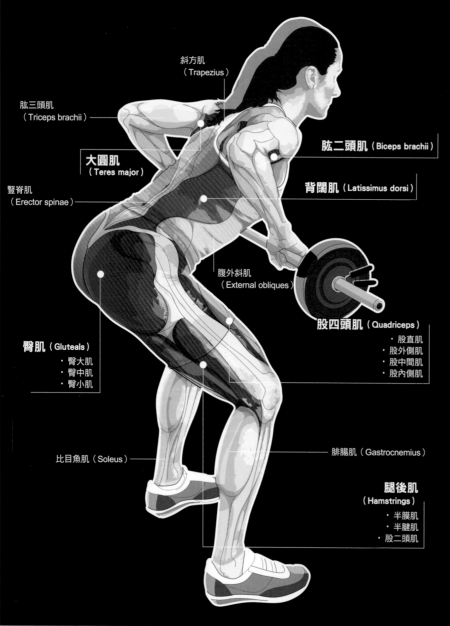

斜方肌（Trapezius）
肱三頭肌（Triceps brachii）
肱二頭肌（Biceps brachii）
大圓肌（Teres major）
背闊肌（Latissimus dorsi）
豎脊肌（Erector spinae）
腹外斜肌（External obliques）
股四頭肌（Quadriceps）
・股直肌
・股外側肌
・股中間肌
・股內側肌
臀肌（Gluteals）
・臀大肌
・臀中肌
・臀小肌
比目魚肌（Soleus）
腓腸肌（Gastrocnemius）
腿後肌（Hamstrings）
・半膜肌
・半腱肌
・股二頭肌

務必注意

假如在動作過程中讓背部彎曲, 會對下背部產生很大的壓力, 受傷的風險會大增, 因此始終保持背部挺直是非常重要的事。另外要注意的是, 整個操作過程中包括將槓鈴放回地面時, 肩膀不要向前垮下去。

直視正前方

收緊腹部

保持身體正直

腳尖位於槓鈴下方

脊柱中立

將肩膀向前向下移動到槓鈴上方

在膝蓋外側握住槓鈴

1 身體以站姿保持正直，腹部收緊，腳尖在槓鈴下方。將肩膀往後收，並稍微向下一些不要聳肩。

2 向前蹲到膝蓋位於槓鈴的上方，脊柱保持中立，雙腳打開與肩同寬並直視正前方。

3 雙手由膝蓋外側正握槓鈴，背部打直，腳底採穩，並保持頭部向前。

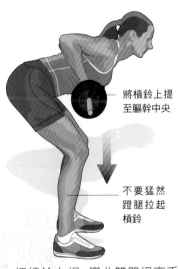

保持背部打直

將槓鈴上提至軀幹中央

不要猛然蹬腿拉起槓鈴

整個過程中始終保持背部正直

臀部向下帶動身體下移

4 雙腿略為伸直以提高身體，背部維持相同姿勢，槓鈴略低於膝蓋的位置。身體要保持穩定不晃動。

5 把槓鈴上提，彎曲雙臂提高手肘直到槓鈴觸碰到身體。稍停，然後慢慢將雙臂伸直回到步驟 4 的開始姿勢，並重複數次。

6 每一組結束後，膝蓋彎曲慢慢下蹲，背部保持姿勢，將槓鈴放回地面。在整個動作中，不要甩動槓鈴。

槓鈴肩伸 Barbell Pull-Over

目標肌群

- 胸肌（Pectorals）
- 背闊肌（Latissimus dorsi）
- 肱三頭肌（Triceps brachii）

這對於增大胸部與上半身整體姿態來說，是一個絕佳的動作。而且對於一些投擲專項的運動或是武術運動的肌力訓練都非常實用。然而，當肩部有問題的時候，則請避開此項運動。

腹直肌
（Rectus abdominis）

前鋸肌
（Serratus anterior）

胸肌（Pectorals）
· 胸大肌
· 胸小肌

背闊肌
（Latissimus dorsi）

三角肌
（Deltoids）
· 三角肌前束
· 三角肌中束
· 三角肌後束

肱二頭肌
（Biceps brachii）

屈腕肌
（Brachioradialis）

肱三頭肌（Triceps brachii）

動作變化

你也可以使用槓鈴窄握, EZ 槓, 或是單一啞鈴來操作這個動作。在這些變化動作中, 手往後下放到通過頭部位置時, 手肘可以稍微彎曲, 這樣可以加大手臂伸展的活動範圍, 並給予肱三頭肌更多的刺激。不管使用哪一種變化動作, 雙腳請平踩於地。

使用 EZ 槓

使用啞鈴

務必注意

進行此動作時, 若使用的重量過重, 會導致下背拱起, 很可能會造成椎間盤的傷害。因此你所選擇的重量必須是你能維持正確姿勢的重量, 千萬不要逞強。

握住槓鈴, 手伸直於肩膀上方

緊握槓鈴

移動時控制好槓鈴水平, 勿一邊高一邊低

雙腳始終不要離開地面

平躺於板凳上, 身體保持穩定不晃動

1 仰躺在板凳上, 頭部與凳子邊緣切齊。並且讓你的肩部, 臀部與頭部平躺於凳子上。雙手握住槓鈴比肩略寬, 並上舉至上胸位置。

2 將槓鈴從頭部上方往後移動, 槓鈴保持水平。能放到多低則依你的肩膀柔軟度而定。下放的過程中會感覺到胸部有輕微的拉扯感, 儘可能打直手臂, 若是感覺有點不舒服, 也可以微微彎曲手臂。槓鈴往下放的時候吸氣。

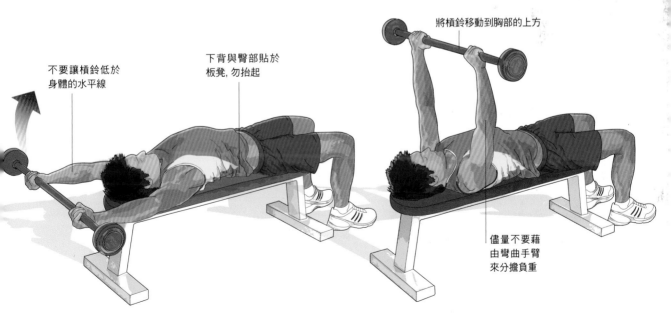

不要讓槓鈴低於身體的水平線

下背與臀部貼於板凳, 勿抬起

將槓鈴移動到胸部的上方

儘量不要藉由彎曲手臂來分擔負重

3 在動作最底端停頓一下, 然後保持手臂打直, 將槓鈴向上舉回原來的位置。上舉的時候吐氣。

4 回到開始姿勢後, 先感覺一下身體位置有無偏移, 以及雙腳是否有踩穩, 調整之後再做下一次動作。

槓鈴早安 Good Morning Barbell

目標肌群

- 臀肌（Gluteals）
- 腿後肌（Hamstrings）
- 豎脊肌（Erector spinae）

這個動作可做為蹲舉與硬舉的準備動作。在操作時，豎脊肌幫助你將整個背部打直，可以同時訓練到臀肌與腿後肌。若柔軟度許可的話，你可以試著將身體前傾至與地面平行。

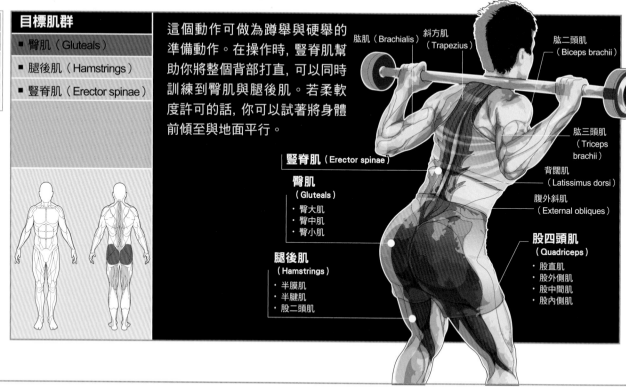

肱肌（Brachialis）
斜方肌（Trapezius）
肱二頭肌（Biceps brachii）
肱三頭肌（Triceps brachii）
背闊肌（Latissimus dorsi）
腹外斜肌（External obliques）

豎脊肌（Erector spinae）

臀肌（Gluteals）
· 臀大肌
· 臀中肌
· 臀小肌

腿後肌（Hamstrings）
· 半膜肌
· 半腱肌
· 股二頭肌

股四頭肌（Quadriceps）
· 股直肌
· 股外側肌
· 股中間肌
· 股內側肌

下背伸展 Back Extension

目標肌群

- 豎脊肌（Erector spinae）
- 臀肌（Gluteals）
- 腿後肌（Hamstrings）
- 腰方肌（Quadratus lumborum）

這是一項非常好的核心訓練，上半身以髖關節為支點上下擺動，腿後肌的柔軟度決定你在做這個動作時能夠前彎的角度。

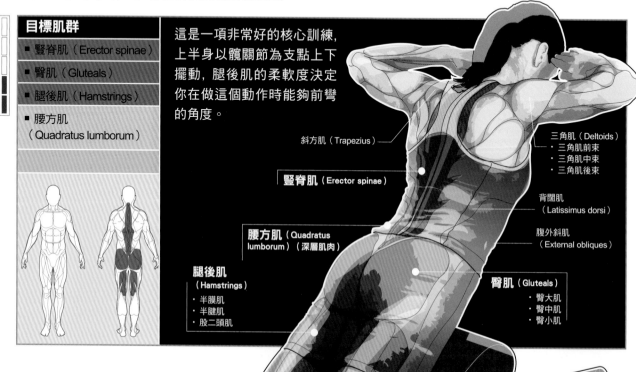

斜方肌（Trapezius）

豎脊肌（Erector spinae）

腰方肌（Quadratus lumborum）（深層肌肉）

腿後肌（Hamstrings）
· 半膜肌
· 半腱肌
· 股二頭肌

三角肌（Deltoids）
· 三角肌前束
· 三角肌中束
· 三角肌後束

背闊肌（Latissimus dorsi）

腹外斜肌（External obliques）

臀肌（Gluteals）
· 臀大肌
· 臀中肌
· 臀小肌

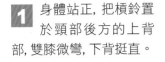

以上臂支撐住重量

脊柱中立

腳跟踩穩，不要翹起

1 身體站正，把槓鈴置於頸部後方的上背部，雙膝微彎，下背挺直。

2 彎曲膝關節與髖關節，保持下巴抬起可以避免拱背。

3 以髖關節為支點，胸部往前傾，保持背部打直，微屈雙膝。

4 儘可能往前彎到背部接近與地面平行。回復到開始姿勢時，同時吐氣。

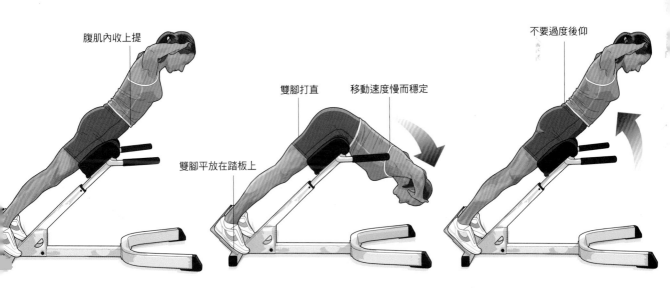

腹肌內收上提

雙腳打直

移動速度慢而穩定

不要過度後仰

雙腳平放在踏板上

1 調整羅馬椅的高度，大腿靠在靠墊上，讓髖關節可以自由彎曲。雙腳平踩於踏板上，脊柱中立，手放在頭側，手肘往外張開。

2 彎曲髖關節並往地面的方向下放你的身體，同時保持背部打直。此時會拉扯到腿後肌，其柔軟度會限制你彎下的高度。

3 回復至開始姿勢，收縮腿後肌，臀大肌與豎脊肌.不要過度伸展下背超過預備姿勢以避免下背傷害。

前俯划船 Prone Row

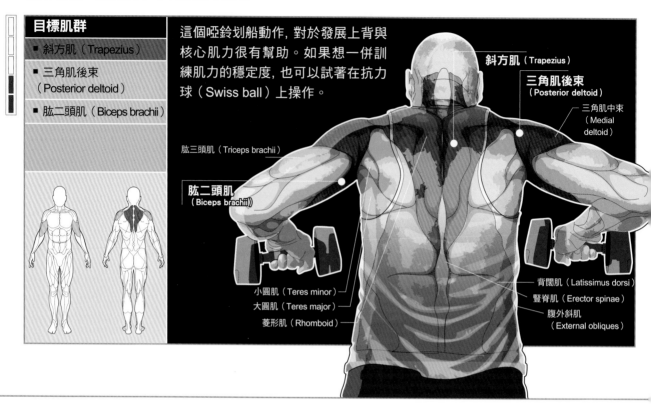

目標肌群

- 斜方肌（Trapezius）
- 三角肌後束（Posterior deltoid）
- 肱二頭肌（Biceps brachii）

這個啞鈴划船動作，對於發展上背與核心肌力很有幫助。如果想一併訓練肌力的穩定度，也可以試著在抗力球（Swiss ball）上操作。

斜方肌（Trapezius）
三角肌後束（Posterior deltoid）
三角肌中束（Medial deltoid）
肱三頭肌（Triceps brachii）
肱二頭肌（Biceps brachii）
小圓肌（Teres minor）
大圓肌（Teres major）
菱形肌（Rhomboid）
背闊肌（Latissimus dorsi）
豎脊肌（Erector spinae）
腹外斜肌（External obliques）

直臂下拉 Straight-Arm Pull-Down

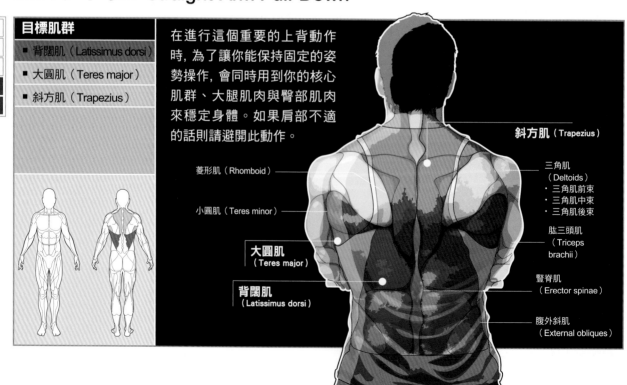

目標肌群

- 背闊肌（Latissimus dorsi）
- 大圓肌（Teres major）
- 斜方肌（Trapezius）

在進行這個重要的上背動作時，為了讓你能保持固定的姿勢操作，會同時用到你的核心肌群、大腿肌肉與臀部肌肉來穩定身體。如果肩部不適的話則請避開此動作。

菱形肌（Rhomboid）
小圓肌（Teres minor）
大圓肌（Teres major）
背闊肌（Latissimus dorsi）
斜方肌（Trapezius）
三角肌（Deltoids）
・三角肌前束
・三角肌中束
・三角肌後束
肱三頭肌（Triceps brachii）
豎脊肌（Erector spinae）
腹外斜肌（External obliques）

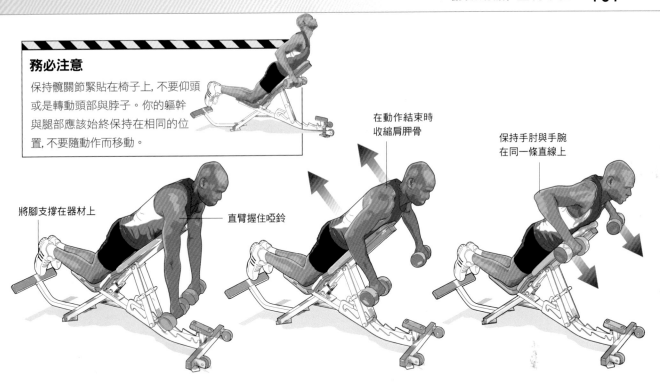

務必注意

保持髖關節緊貼在椅子上，不要仰頭或是轉動頭部與脖子。你的軀幹與腿部應該始終保持在相同的位置，不要隨動作而移動。

將腳支撐在器材上

直臂握住啞鈴

在動作結束時收縮肩胛骨

保持手肘與手腕在同一條直線上

1 把身體支撐在上斜約45度的板凳上。正握啞鈴，並將胸部緊靠在靠墊上。

2 彎曲你的手肘，上臂在感覺舒適的前提下儘量拉高。並與你的軀幹保持在適當的角度。

3 在頂端時靜止一下，然後慢慢控制啞鈴回復至開始位置。

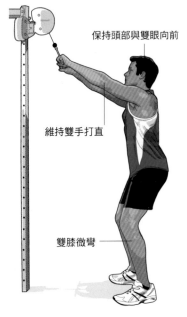

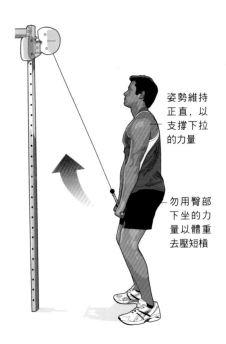

保持頭部與雙眼向前

維持雙手打直

雙膝微彎

整個下拉過程始終保持雙手打直

姿勢維持正直，以支撐下拉的力量

勿用臀部下坐的力量以體重去壓短槓

1 把滑輪固定在上方，並選擇適當的重量。正手握住直槓，利用腿部與臀部支撐住身體。

2 慢慢壓下短槓。身體不要前傾，也不要用你自身的體重去增加力量。

3 短槓以弧線下壓至大腿上方。稍停，再慢慢以相同弧線路徑回復到開始位置。

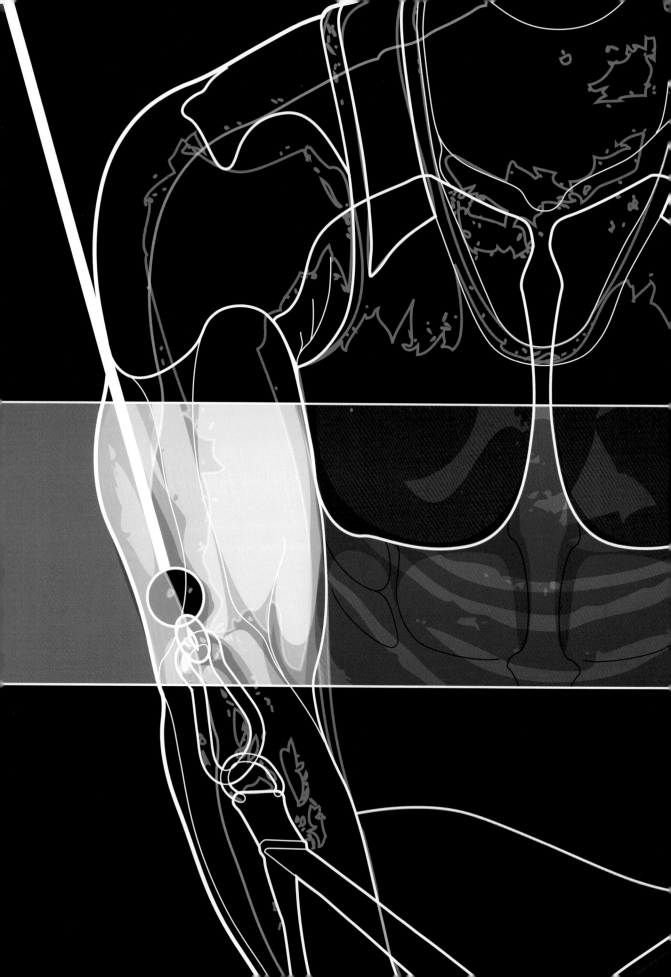

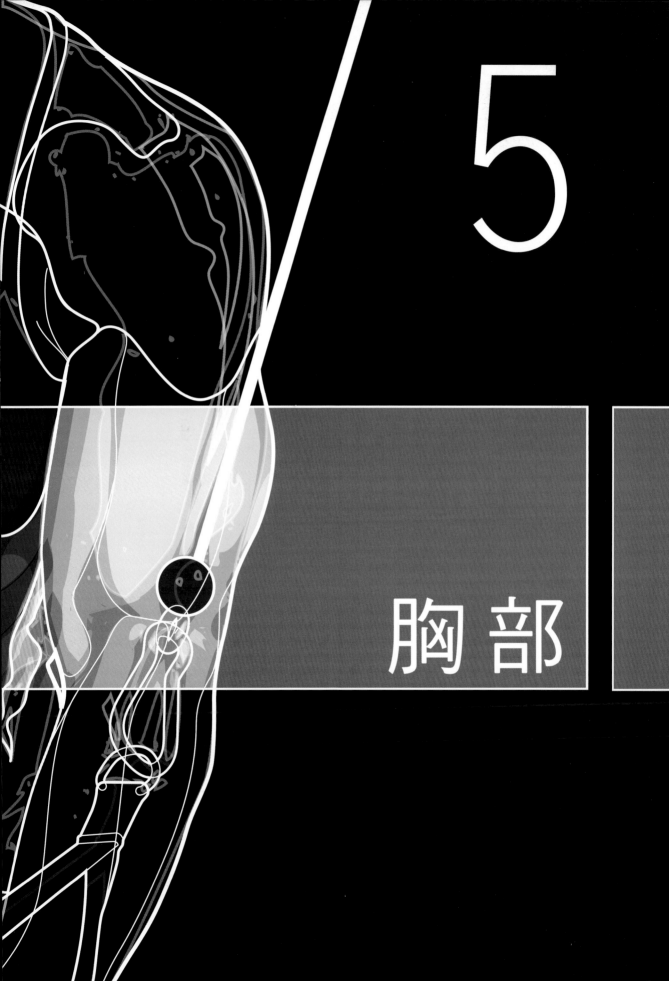

5

胸部

槓鈴仰臥推舉 Barbell Bench Press

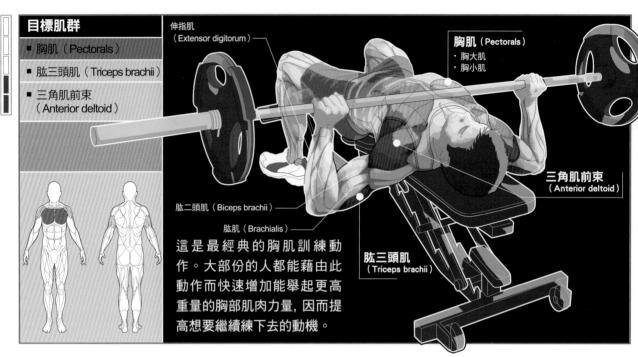

目標肌群

- 胸肌（Pectorals）
- 肱三頭肌（Triceps brachii）
- 三角肌前束（Anterior deltoid）

伸指肌（Extensor digitorum）

胸肌（Pectorals）
・胸大肌
・胸小肌

三角肌前束（Anterior deltoid）

肱二頭肌（Biceps brachii）

肱肌（Brachialis）

肱三頭肌（Triceps brachii）

這是最經典的胸肌訓練動作。大部份的人都能藉由此動作而快速增加能舉起更高重量的胸部肌肉力量，因而提高想要繼續練下去的動機。

啞鈴仰臥推舉 Dumbbell Bench Press

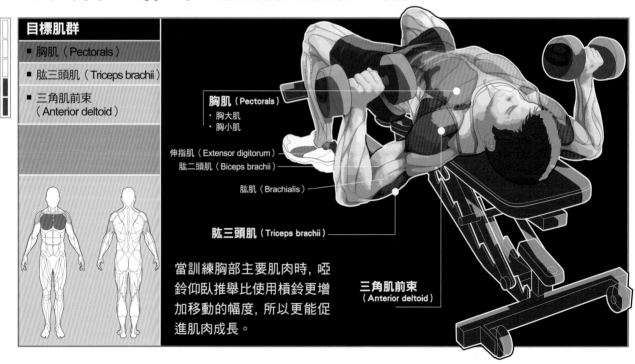

目標肌群

- 胸肌（Pectorals）
- 肱三頭肌（Triceps brachii）
- 三角肌前束（Anterior deltoid）

胸肌（Pectorals）
・胸大肌
・胸小肌

伸指肌（Extensor digitorum）
肱二頭肌（Biceps brachii）

肱肌（Brachialis）

肱三頭肌（Triceps brachii）

三角肌前束（Anterior deltoid）

當訓練胸部主要肌肉時，啞鈴仰臥推舉比使用槓鈴更增加移動的幅度，所以更能促進肌肉成長。

握住槓鈴, 姆指與其餘
4 指在相反側, 不可 5
指都在槓鈴同一側

以弧線路徑
降下槓鈴

最低點時容許
槓鈴輕觸胸部

伸直手臂, 握幅
比肩稍寬

保持挺胸

1 由架上舉起槓鈴並保持在鎖骨上方。頭部、肩部與臀部確實平躺在椅上。

2 下降槓鈴時同時吸氣, 槓鈴降到胸部中間區域。雙臂一起往下降, 到前臂與地面垂直。

3 依照下降時的相同路徑, 將槓鈴向上推回開始的位置。每一次結束時, 手臂在胸部上方伸直。

平穩地
降下啞鈴

前臂與啞鈴
保持垂直

以弧線路徑
舉起啞鈴

1 將啞鈴舉起至鎖骨上方。維持頭部、肩部與臀部緊靠住躺椅, 以保持身體穩定。

2 雙臂同時且平穩地下降啞鈴, 兩個啞鈴與胸部中線對齊。

3 以弧線向上推舉, 兩個啞鈴同時回到胸部上方。

上斜槓鈴推舉 Incline Barbell Bench Press

目標肌群

- 胸肌（Pectorals）
- 肱三頭肌（Triceps brachii）
- 三角肌前束（Anterior deltoid）

三角肌前束（Anterior deltoid）

胸肌（Pectorals）
- 胸大肌
- 胸小肌

肱二頭肌（Biceps brachii）

肱三頭肌（Triceps brachii）

這是訓練胸肌的基礎動作之一，在身體傾斜時可舉起的重量比平躺時輕，因為你會使用到較少的肩部肌群。

保持挺胸

用扣環將槓片固定在槓鈴上

雙腳踏穩地板

1 以比肩稍寬的距離，雙手握牢槓鈴。雙腳平放在地上，將槓鈴由架上舉起。

2 下降槓鈴至胸部上方，同時前臂幾乎與槓鈴垂直。肩膀緊靠住椅背。

3 保持頭部緊靠椅背且脊柱中立，雙臂穩定平均施力伸直，回到開始位置。

上斜啞鈴推舉 Incline Dumbbell Bench Press

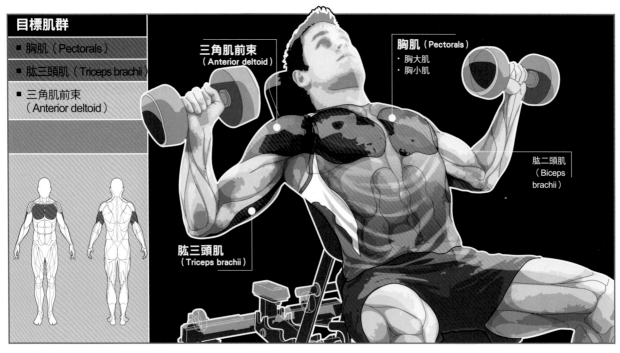

目標肌群

- 胸肌（Pectorals）
- 肱三頭肌（Triceps brachii）
- 三角肌前束（Anterior deltoid）

三角肌前束（Anterior deltoid）

胸肌（Pectorals）
· 胸大肌
· 胸小肌

肱二頭肌（Biceps brachii）

肱三頭肌（Triceps brachii）

此動作與上斜槓鈴推舉相似，但動作可伸展的範圍更大。以運動訓練的功能性角度來說，實用價值更高。

務必注意

兩隻手臂在舉起與下降啞鈴時要確保平衡，且避免利用擺動或扭動身體來協助。為了保持身體平衡，一開始的動作就將重量高舉於肩膀之上。

伸直雙手於肩膀上方

保持頭部、肩膀及臀部穩定

兩個啞鈴可輕觸

啞鈴下降時胸部挺起

雙腳一直平放在地上

1 在肩關節上方，直臂舉起啞鈴。動作在最上方時兩個啞鈴輕觸。

2 緩慢平均地下降啞鈴，上臂接近垂直且啞鈴高度接近肩膀高度。

3 以弧形路徑向上推舉，回到開始位置。完全伸直手臂並使啞鈴輕觸。

上斜飛鳥 Incline Fly

這是常見的啞鈴胸部訓練動作，也可以協助發展肩部，是上斜槓鈴推舉（見112頁）的絕佳搭配，它可以訓練到較大範圍的胸部肌群。

目標肌群

- 胸肌（Pectorals）
- 三角肌前束（Anterior deltoid）

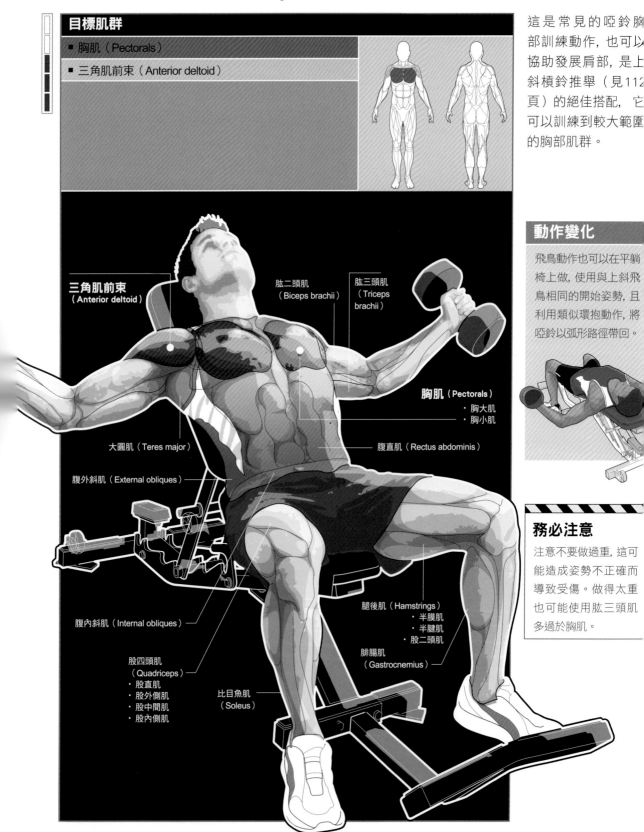

三角肌前束（Anterior deltoid）

肱二頭肌（Biceps brachii）

肱三頭肌（Triceps brachii）

胸肌（Pectorals）
- 胸大肌
- 胸小肌

大圓肌（Teres major）

腹直肌（Rectus abdominis）

腹外斜肌（External obliques）

腹內斜肌（Internal obliques）

腿後肌（Hamstrings）
- 半膜肌
- 半腱肌
- 股二頭肌

腓腸肌（Gastrocnemius）

股四頭肌（Quadriceps）
- 股直肌
- 股外側肌
- 股中間肌
- 股內側肌

比目魚肌（Soleus）

動作變化

飛鳥動作也可以在平躺椅上做，使用與上斜飛鳥相同的開始姿勢，且利用類似環抱動作，將啞鈴以弧形路徑帶回。

務必注意

注意不要做過重，這可能造成姿勢不正確而導致受傷。做得太重也可能使用肱三頭肌多過於胸肌。

拿穩啞鈴,
使其輕觸

微彎,不鎖死手肘

確保下背有支撐

1 設定椅背傾斜 45
度。雙手掌心朝內,
在肩膀上舉高啞鈴並輕
觸。確保臀部與背部在
椅背上有支撐。

雙腳踏穩地板

感覺胸肌被伸展

手臂張開後,手
肘保持固定角度

2 深吸氣,並將啞鈴
以弧形路徑緩慢
下降。不要讓啞鈴垂
直下降或扭轉手臂。

以下降時相同路徑
將啞鈴上舉

以類似環抱動作
移動手臂

保持手肘微彎

3 在啞鈴與耳同高時
即可停住,並開始吐
氣往回。

將啞鈴輕觸

保持雙腳一直
踩穩在地上

4 回到開始姿勢,
將啞鈴慢慢帶回
身體上方靠在一起。

滑索飛鳥 Cable Cross-Over

在這個胸部與肩部的訓練動作中, 沒有平躺的椅子做為支撐, 所以你的核心與腿部的肌群必須發揮穩定作用保持姿勢。使用滑索器材也可讓肌肉訓練的活動範圍更大。

目標肌群

■ 胸肌（Pectorals）

■ 三角肌前束（Anterior deltoid）

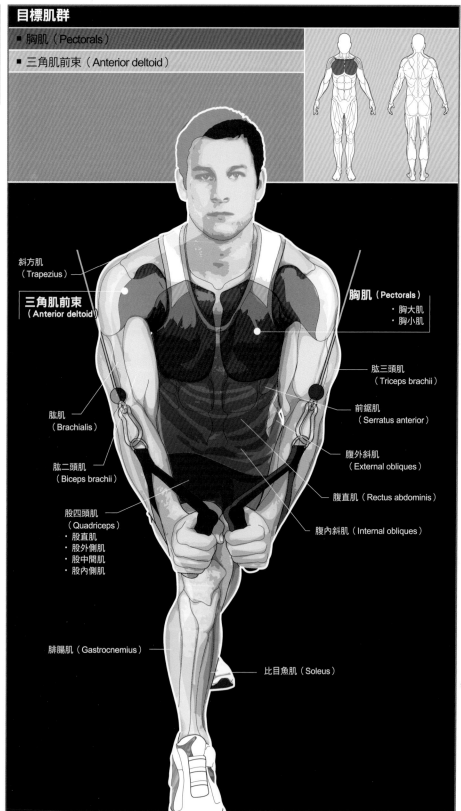

斜方肌
（Trapezius）

三角肌前束
（Anterior deltoid）

肱肌
（Brachialis）

肱二頭肌
（Biceps brachii）

股四頭肌
（Quadriceps）
· 股直肌
· 股外側肌
· 股中間肌
· 股內側肌

腓腸肌（Gastrocnemius）

胸肌（Pectorals）
· 胸大肌
· 胸小肌

肱三頭肌
（Triceps brachii）

前鋸肌
（Serratus anterior）

腹外斜肌
（External obliques）

腹直肌（Rectus abdominis）

腹內斜肌（Internal obliques）

比目魚肌（Soleus）

動作變化

滑輪的高低可以讓胸肌從不同的角度來訓練, 你可以將滑輪固定在更低或是腰部的位置, 來做滑索胸飛鳥的動作。

1 將滑輪設定在最高的位置,
選擇你所需的槓片重量。
身體向前傾斜並利用你的腿支
撐, 將手把向下帶到身體前方。
吸氣並讓你的雙手以弧形路徑
往後略超過你的軀幹中線。這
是開始姿勢。

務必注意

不要使用過重的重量, 否
則它會將你的身體從支撐
姿勢向後拉。也不要用身
體向前的力量去完成動作,
因為這可能會使你失去平
衡而增加受傷的風險。

脊柱中立

保持肘關節微彎

保持頭部不動,
視線向前

一腳在前, 一腳在後
以維持平衡

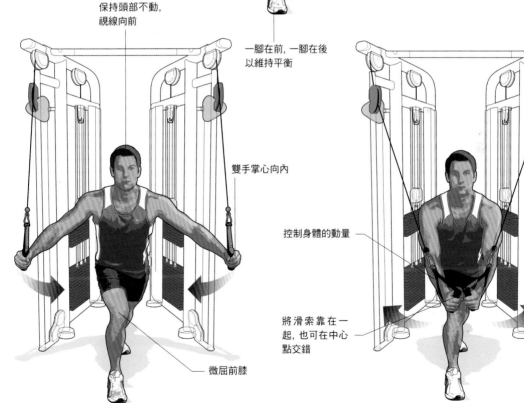

雙手掌心向內

控制身體的動量

將滑索靠在一
起, 也可在中心
點交錯

微屈前膝

2 雙手以大弧度像是擁抱的動作, 將握把帶向身
體前方稍微低一點的位置。動作過程中保持
抬頭, 拉動時雙臂微彎。用力時吐氣。

3 將雙手帶到身體前, 重複步驟 2。確保在整
個動作過程雙臂以相同速度移動且手肘保持
在同樣微彎的程度。

機械推舉 Machine Bench Press

目標肌群

- 胸肌（Pectorals）
- 三角肌前束（Anterior deltoid）

對於初學者,或是對使用自由重量（free weights）沒有安全感的人來說,這是一項很好的胸肌訓練。操作時需要調整機器,以符合你的身高與四肢長度。

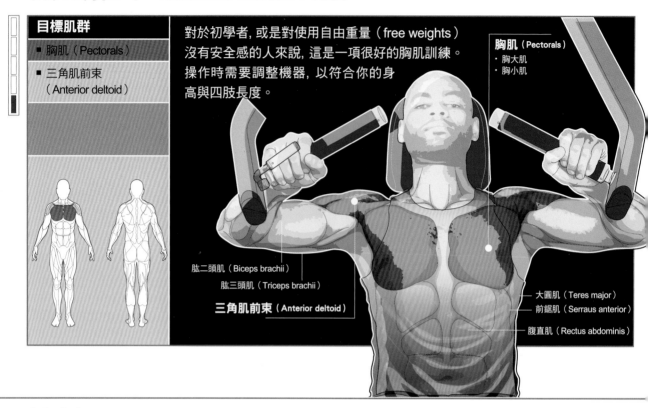

胸肌（Pectorals）
・胸大肌
・胸小肌

肱二頭肌（Biceps brachii）
肱三頭肌（Triceps brachii）
三角肌前束（Anterior deltoid）

大圓肌（Teres major）
前鋸肌（Serraus anterior）
腹直肌（Rectus abdominis）

機械飛鳥 Machine Fly

目標肌群

- 胸肌（Pectorals）
- 三角肌前束（Anterior deltoid）

此動作可與機器胸推舉搭配訓練。可以在身體有良好支撐的情況下,讓胸肌的訓練範圍更大。

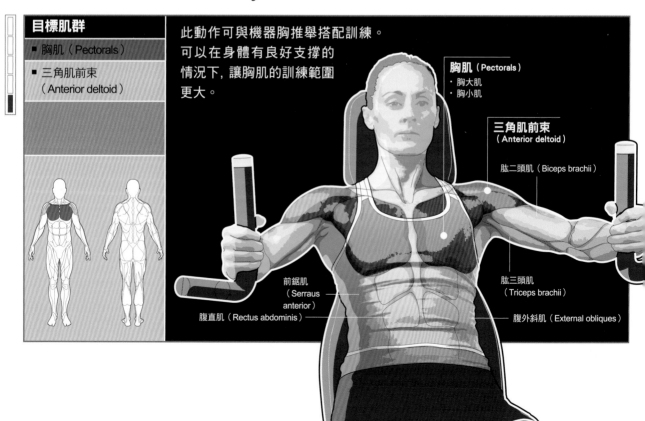

胸肌（Pectorals）
・胸大肌
・胸小肌

三角肌前束（Anterior deltoid）

肱二頭肌（Biceps brachii）

前鋸肌（Serraus anterior）
腹直肌（Rectus abdominis）

肱三頭肌（Triceps brachii）
腹外斜肌（External obliques）

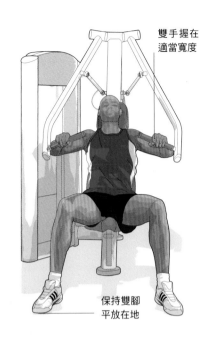

雙手握在
適當寬度

保持雙腳
平放在地

向前推手把，
並伸展手臂

1 設定所需的槓片重量。手掌朝下握住手把，其位置約在胸部中間高度。

2 深吸氣，然後在你穩定慢慢推動手把時吐氣。整個過程身體都不要離開靠墊。

3 充分伸展雙臂，然後吸氣回復到開始姿勢。槓片不可完全放到底停滯，要連續地推下一次。

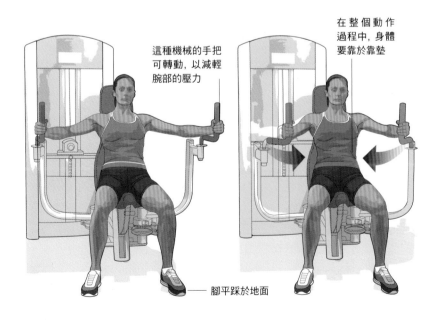

這種機械的手把
可轉動，以減輕
腕部的壓力

腳平踩於地面

在整個動作
過程中，身體
要靠於靠墊

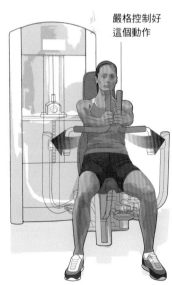

嚴格控制好
這個動作

1 設定適當的重量。手把的位置稍微在你的身體中線後方一點，雙臂的弧線活動範圍較大。

2 開始呼氣，手肘保持微屈，以擁抱動作的弧形路徑將兩手把帶到一起。

3 當雙手手指接觸時，收縮胸肌，然後開始回復到預備姿勢。

伏地挺身 Press-Up

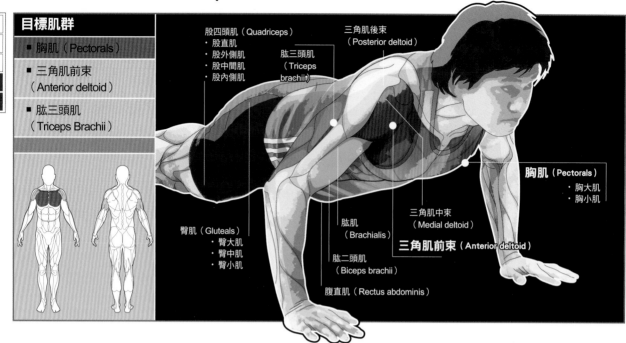

目標肌群

- 胸肌（Pectorals）
- 三角肌前束
（Anterior deltoid）
- 肱三頭肌
（Triceps Brachii）

股四頭肌（Quadriceps）
· 股直肌
· 股外側肌
· 股中間肌
· 股內側肌

肱三頭肌
（Triceps brachii）

三角肌後束
（Posterior deltoid）

胸肌（Pectorals）
· 胸大肌
· 胸小肌

三角肌中束
（Medial deltoid）

三角肌前束（Anterior deltoid）

臀肌（Gluteals）
· 臀大肌
· 臀中肌
· 臀小肌

肱肌
（Brachialis）

肱二頭肌
（Biceps brachii）

腹直肌（Rectus abdominis）

這是一個對訓練胸、肩及手臂非常簡單卻又很有效的動作。其好處是不需要額外的器材，只靠自己的體重就可操作。

繃緊你的下背

以腳尖支撐體重

繃緊你的腹部

1 以兩腳尖及伸直的雙手支撐身體，雙手略比肩寬。 吸氣同時以緩慢速度控制降低身體，直至輕觸地面。

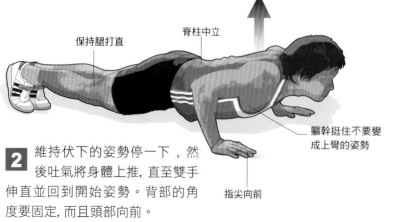

保持腿打直

脊柱中立

軀幹挺住不要變成上彎的姿勢

指尖向前

2 維持伏下的姿勢停一下，然後吐氣將身體上推，直至雙手伸直並回到開始姿勢。背部的角度要固定，而且頭部向前。

動作變化

使用抗力球來做此動作時，對於身體穩定性的訓練更優於標準的伏地挺身。將雙手撐住球體，身體朝手撐住的位置靠近，直到你的手臂彎曲到 90 度，然後再向上推回。

輔助架伏地挺身 Frame-Supported Press-Up

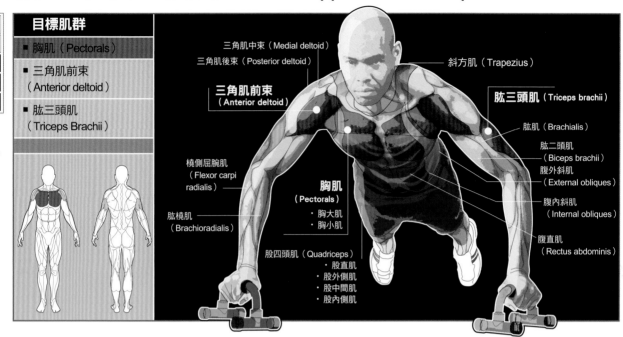

目標肌群

- 胸肌（Pectorals）
- 三角肌前束（Anterior deltoid）
- 肱三頭肌（Triceps Brachii）

三角肌中束（Medial deltoid）
三角肌後束（Posterior deltoid）
斜方肌（Trapezius）

三角肌前束（Anterior deltoid）

肱三頭肌（Triceps brachii）
肱肌（Brachialis）
肱二頭肌（Biceps brachii）
腹外斜肌（External obliques）
腹內斜肌（Internal obliques）
腹直肌（Rectus abdominis）

橈側屈腕肌（Flexor carpi radialis）
肱橈肌（Brachioradialis）

胸肌（Pectorals）
・胸大肌
・胸小肌

股四頭肌（Quadriceps）
・股直肌
・股外側肌
・股中間肌
・股內側肌

使用一對輔助架，可提供比標準伏地挺身更大的動作範圍。

保持臀部與上半身在同一線上

腿打直

輔助架向內轉 45 度

保持軀幹繃緊

以腳尖支撐體重

1 將輔助架放在略比肩寬位置，身體從頭到腳挺直，以腳趾與雙臂支撐體重。吸氣緩慢下降身體，直到身體的高度低於彎曲的手肘高度。

2 在動作的低點稍停，然後推回到開始姿勢。

務必注意

在將身體上推時不要讓身體變成上彎的姿勢，這樣會縮小你的動作範圍並減少胸、肩、臂的訓練效果。在每次動作時若沒有充分伸直雙臂，效果也會打折。

動作變化

將雙腳放在板凳上可增加挑戰性，雙腳位置愈高則肩部就參與愈多。你也可以嘗試調整兩支輔助架之間的寬度，加大間距會讓胸肌更出力；縮小間距會讓肱三頭肌更出力。

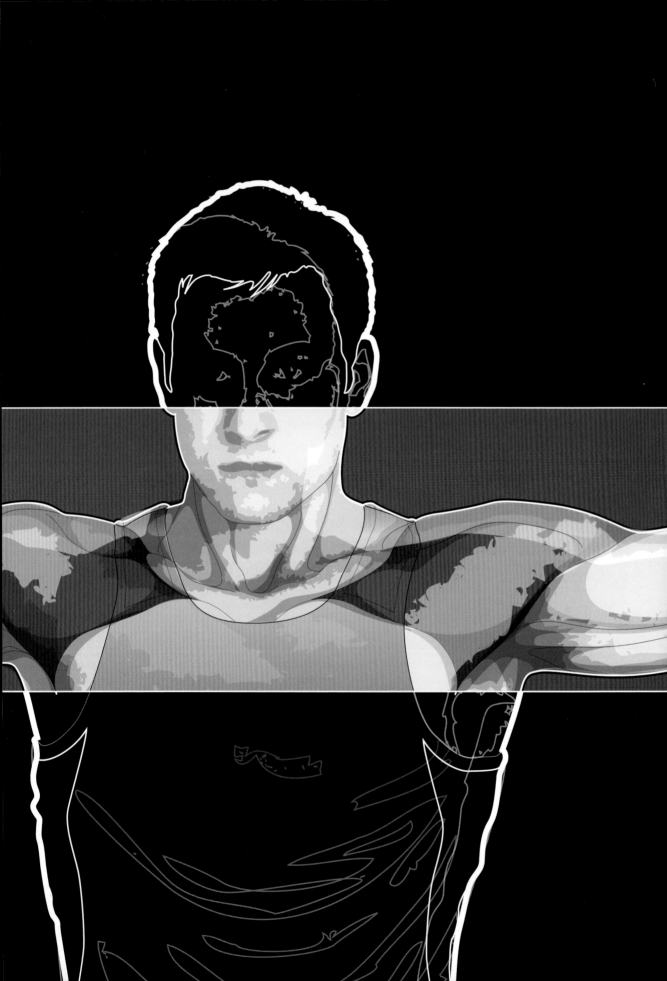

6

肩部

槓鈴肩推 Military Barbell Press

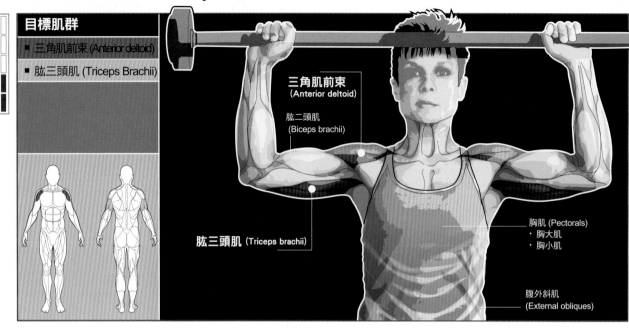

目標肌群

- 三角肌前束 (Anterior deltoid)
- 肱三頭肌 (Triceps Brachii)

三角肌前束
(Anterior deltoid)

肱二頭肌
(Biceps brachii)

肱三頭肌 (Triceps brachii)

胸肌 (Pectorals)
・ 胸大肌
・ 胸小肌

腹外斜肌
(External obliques)

槓鈴肩推的動作簡單但是非常有效, 是一個基本而且常用的上肩部訓練動作。

收縮你的核心肌肉

保持雙腳平放在地板, 稍比肩寬

保持槓鈴在身體重心正上方

1 持槓在肩部前方, 使用肩膀力量將槓上推, 以一個弧形路徑經過臉部到頭頂正上方稍後面一點的位置。

2 緊握槓鈴, 以弧形路徑下降經過頭部回到開始姿勢。

務必注意

確保你的背在中立姿勢。背部彎曲不只是使胸肌協助肩部而降低訓練效果, 也增加許多下背的壓力。保持你的手腕固定並且保持在槓的正下方, 手腕如果翻轉向後可能會有受傷的風險。此外, 在舉槓時稍微將頭向後移動, 以避免撞到下巴。

動作變化

你可以坐在平躺椅上做肩推。使用坐姿表示你無法用腿力「幫助」上推, 可以在操作中孤立局部肌肉來訓練。保持背部直立並將雙腳穩定踩在地板。

啞鈴肩推 Dumbbell Shoulder Press

目標肌群

- 三角肌前束 (Anterior deltoid)
- 肱三頭肌 (Triceps Brachii)

肱二頭肌 (Biceps brachii)

三角肌前束
(Anterior deltoid)

小圓肌 (Teres minor)

大圓肌 (Teres major)

背闊肌
(Latissimus dorsi)

腹直肌 (Rectus abdominis)

肱三頭肌
(Triceps brachii)

前鋸肌
(Serratus
anterior)

你可以使用坐姿、站姿或兩者交替進行這一項
肩推的變化型。這項動作主要的好處是操作路
徑不需要像槓鈴肩推一樣上下來回經過臉部。

啞鈴可在頭部稍後
一點的位置輕觸

向上舉起啞鈴

用你的核心肌肉
穩定身體

保持雙腳
平放在地板

1 坐在平躺椅邊緣持啞鈴在肩的
高度。肩推重量向上到手伸直,
吐氣。

2 持高啞鈴,避免鎖死你的手
肘,然後緩慢下降啞鈴到開
始姿勢。

動作變化

如果你缺乏使用自由重量
的信心,可以嘗試機械肩
推。相較於坐姿或站姿肩
推這是一個效果較低的訓
練,尤其當你是為了特定體
育項目而訓練時。因為你
的背部受到器材的支撐,所
有動作不需要穩定肌的參
與。機械肩推一如其他的
機械動作項目,只需要使用
機械調整你的高度及四肢
長度即可。

直立划船 Upright Row

目標肌群

- 斜方肌 (Trapezius)
- 三角肌前束 (Anterior deltoid)
- 肱二頭肌 (Biceps brachii)

這是一個發展肩部以及上背肌力非常好的動作, 而且可以幫助矯正你的體態。然而, 假如你有肩痛或肩部僵直的問題則應該避免操作。

肱二頭肌 (Biceps brachii)

三角肌前束 (Anterior deltoid)

肱三頭肌 (Triceps brachii)

三角肌中束 (Medial deltoid)

三角肌後束 (Posterior deltoid)

斜方肌 (Trapezius)

前鋸肌 (Serratus anterior)

小圓肌 (Teres minor)

大圓肌 (Teres major)

背闊肌 (Latissimus dorsi)

豎脊肌 (Erector spinae)

腹外斜肌 (External obliques)

臀肌 (Gluteals)
- 臀大肌
- 臀中肌
- 臀小肌

動作變化

使用啞鈴來操作直立划船可以讓兩隻手臂各別都訓練到, 並避免手肘抬舉太超過與地面平行的高度, 讓這個動作較為安全, 而不會傷害到肩部旋轉肌袖。

動作變化

使用低滑索操作直立划船可以讓動作較為穩定, 也讓動作過程中的阻力相較於槓鈴更為安定。確保你的站立位置靠近滑索, 並讓握槓儘量靠近身體。使用窄握來有效地訓練到上背, 或是使用寬握來有效地收縮肩部肌肉。

提高手肘

不要圓肩

始終收緊
核心肌肉

保持軀幹
正直

使用窄握,
把目標放在
斜方肌上

雙腳踩實
在地面上

1 保持雙腳與髖部同寬, 雙手正握與窄握槓鈴, 讓手心朝向身體。將槓鈴自然提在大腿前方。

2 將槓鈴在平順的速度下朝向下巴的方向提起。槓鈴靠近身體, 並讓手肘在槓鈴上方, 保持背部用力與正直。

3 將槓鈴上提至下巴的位置, 保持雙手在手肘的高度之下, 在動作的頂端短暫停頓一下。

始終確保
槓鈴平衡

保持身體
正直

保持雙膝微彎

4 將槓鈴在穩定的控制下回復至開始位置。讓動作平順, 保持雙手在槓鈴之上, 並收緊背部。

5 雙手完全伸直,回復至開始位置。下放時吐氣, 完成一組後將槓鈴慢慢放回地面。

務必注意

直立划船的操作需要保持正確的姿勢, 以避免背部與肩部的傷害, 如有肩痛的病史也應該避免這個動作。在能力範圍內操作, 不要拱背, 保持動作穩定避免猛一拉起的動作。槓鈴舉起時不要超過中胸的高度, 以免造成肩部強大的內旋傷害。如果在操作過程感到疼痛則應該立刻停止。

啞鈴聳肩 Dumbbell Shoulder Shrug

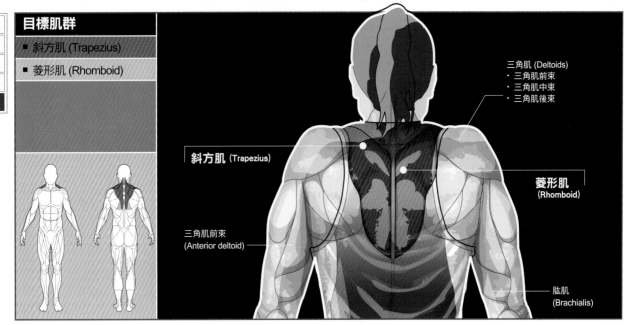

目標肌群

- 斜方肌 (Trapezius)
- 菱形肌 (Rhomboid)

三角肌 (Deltoids)
・三角肌前束
・三角肌中束
・三角肌後束

斜方肌 (Trapezius)

菱形肌 (Rhomboid)

三角肌前束 (Anterior deltoid)

肱肌 (Brachialis)

這個有特定功用的動作, 在有限的活動範圍內來訓練頸部後側兩邊的斜方肌。強壯的斜方肌可以幫助你保護頸部與脊柱, 對所有接觸性運動來說都很實用。

讓你的雙手自然下垂於身體兩側

動作變化

你可以使用槓鈴來操作聳肩動作, 使用正握, 槓鈴置於大腿前方。動作的路徑是垂直上下, 就跟啞鈴的版本一樣。不要用蠻力上提或是讓下背前彎, 這樣都會讓斜方肌訓練的效益減少。

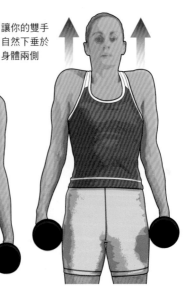

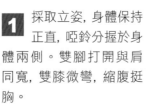

1 採取立姿, 身體保持正直, 啞鈴分握於身體兩側。雙腳打開與肩同寬, 雙膝微彎, 縮腹挺胸。

2 正握住啞鈴, 虎口包握住握槓, 肩膀向耳朵的方向垂直聳起而將啞鈴提起。

3 在啞鈴上舉的最高點停頓一至兩秒再下放回開始位置。下放時要控制速度, 與上提時同一路徑。

懸掛式聳肩 Shoulder Shrug From Hang

目標肌群

- 斜方肌 (Trapezius)
- 菱形肌 (Rhomboid)
- 腓腸肌 (Gastrocnemius)

此為進階的聳肩動作，不但訓練斜方肌，還加入了身體往上的伸展。假如你的訓練需要爆發力的話，這就是一個很好的動作。

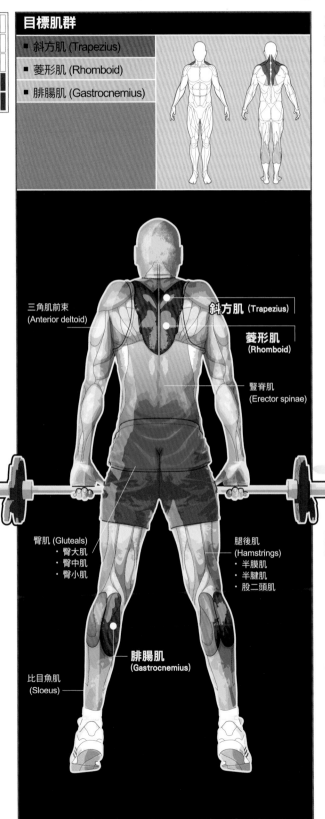

三角肌前束 (Anterior deltoid)

斜方肌 (Trapezius)

菱形肌 (Rhomboid)

豎脊肌 (Erector spinae)

臀肌 (Gluteals)
- 臀大肌
- 臀中肌
- 臀小肌

腿後肌 (Hamstrings)
- 半膜肌
- 半腱肌
- 股二頭肌

腓腸肌 (Gastrocnemius)

比目魚肌 (Sloeus)

雙手正握持槓

保持雙臂伸直

將肩膀移到槓鈴前方

臀部向後

1 站姿持槓，雙手在大腿外側。聳起肩膀，彎曲膝關節與腕關節。下放槓鈴至膝蓋的高度。

2 利用一個強而有力的聳肩動作迅速將你的身體往上送起，使用腳尖出力。將臀部上提，但保持雙臂伸直。

不要拱背

保持手腕打直

3 一旦全身完全伸展後，彎曲膝關節，臀部後收。在緩慢的控制速度下，回復至開始位置。

務必注意

在操作聳肩時身體一定要保持垂直，避免過度將頭部或是肩膀往後轉，而使路徑偏離了垂直的軌道。始終讓槓鈴貼近身體，以免對下背造成太多壓力。

啞鈴肩前舉 Front Dumbbell Raise

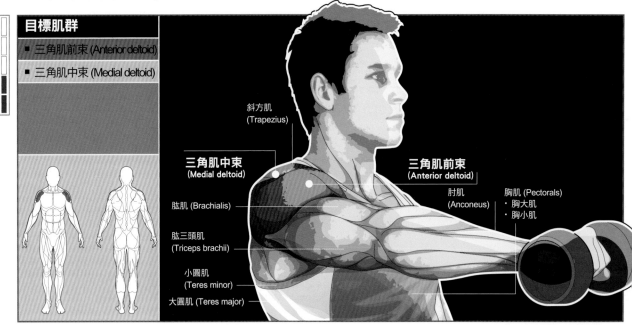

目標肌群

- 三角肌前束 (Anterior deltoid)
- 三角肌中束 (Medial deltoid)

斜方肌 (Trapezius)

三角肌中束 (Medial deltoid)

三角肌前束 (Anterior deltoid)

肱肌 (Brachialis)

肘肌 (Anconeus)

胸肌 (Pectorals)
· 胸大肌
· 胸小肌

肱三頭肌 (Triceps brachii)

小圓肌 (Teres minor)

大圓肌 (Teres major)

這個動作可以發展與訓練肩部的小肌肉群, 並能幫助你在表現其他運動時維持良好的姿勢。你可以一次同時舉起雙手或是左右手輪流操作。

務必注意

身體不要往後仰或將啞鈴往上甩, 這樣不但會減少訓練的效果, 更會導致下背傷害。使用較輕的重量, 或操作時將背部靠牆, 都可以讓基本的動作進步。

保持頭部穩定並直視正前方

將啞鈴舉到前方, 而不是側方

雙手肘微彎

腹部收緊

啞鈴下放時吐氣

啞鈴置於大腿前方

1 雙腳與髖部同寬, 雙膝放鬆, 雙手正握啞鈴。

2 保持雙手微彎並打直背部, 將一個啞鈴緩慢上舉到眼睛的高度, 同時吸氣。

3 將啞鈴緩慢放下至開始姿勢, 再用另一手操作同樣的動作。

哑鈴肩側舉 Lateral Dumbbell Raise

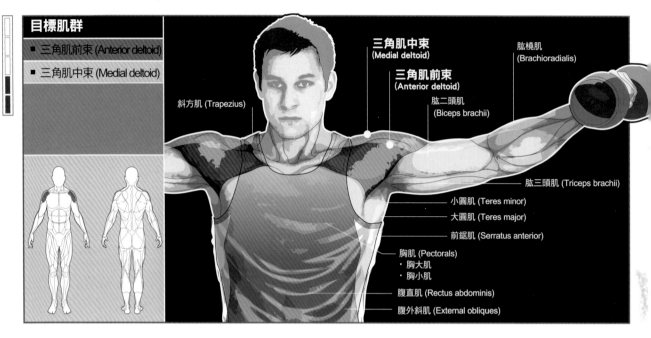

目標肌群

- 三角肌前束 (Anterior deltoid)
- 三角肌中束 (Medial deltoid)

斜方肌 (Trapezius)

三角肌中束 (Medial deltoid)

三角肌前束 (Anterior deltoid)

肱橈肌 (Brachioradialis)

肱二頭肌 (Biceps brachii)

肱三頭肌 (Triceps brachii)

小圓肌 (Teres minor)

大圓肌 (Teres major)

前鋸肌 (Serratus anterior)

胸肌 (Pectorals)
・胸大肌
・胸小肌

腹直肌 (Rectus abdominis)

腹外斜肌 (External obliques)

這是個對加大上背寬度很好的運動, 同時對於網球類與田徑類這種需要結合力量
與速度的體育項目來説, 是一個很有價值的強化動作, 可以提高競爭力。

始終保持
背部正直

將哑鈴上舉到
比眼睛略高

收緊腹部

緩慢地把
哑鈴上舉

始終保持
雙手微彎

1 雙腳與髖部
同寬, 雙膝
微彎。將哑鈴置
於身體前方, 指關
節朝向側面。

2 收緊腹部肌
肉, 手肘微彎,
將哑鈴左右上舉至
高於眼睛的高度。

3 停頓一秒
後, 以穩定
控制的速度將哑
鈴下放至開始位
置, 同時吐氣。

反向肩側舉 Rear Lateral Raise

目標肌群

- 三角肌後束 (Posterior deltoid)
- 三角肌中束 (Medial deltoid)
- 三角肌前束 (Anterior deltoid)
- 菱形肌 (Rhomboid)

這是一個對於發展肩部以及上背中間部位肌肉非常有幫助的基礎動作, 特別是對菱形肌。你可以使用站姿, 坐姿或是俯臥姿, 但無論任何姿勢, 確保你維持一個良好的身體姿勢以避免你使用到背部其他的大肌肉群。

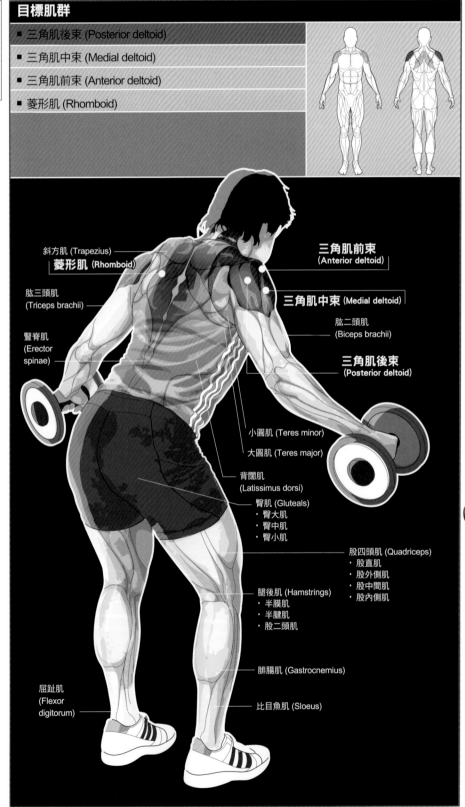

斜方肌 (Trapezius)
菱形肌 (Rhomboid)

肱三頭肌 (Triceps brachii)

豎脊肌 (Erector spinae)

三角肌前束 (Anterior deltoid)

三角肌中束 (Medial deltoid)

肱二頭肌 (Biceps brachii)

三角肌後束 (Posterior deltoid)

小圓肌 (Teres minor)

大圓肌 (Teres major)

背闊肌 (Latissimus dorsi)

臀肌 (Gluteals)
- 臀大肌
- 臀中肌
- 臀小肌

股四頭肌 (Quadriceps)
- 股直肌
- 股外側肌
- 股中間肌
- 股內側肌

腿後肌 (Hamstrings)
- 半膜肌
- 半腱肌
- 股二頭肌

腓腸肌 (Gastrocnemius)

屈趾肌 (Flexor digitorum)

比目魚肌 (Sloeus)

動作變化

俯臥在上斜板凳上操作這個動作, 會更加強調你的三角肌後束以及菱形肌。這個動作最好是將你的雙腳固定, 讓它成為一個更具孤立性的訓練動作。你也可以坐在板凳的邊緣來操作這個動作; 將你的身體往前俯來訓練三角肌的後束, 或是保持正直來訓練三角肌中束。

務必注意

在動作過程中, 圓背可能會傷害到你的背部或是脊椎。保持訓練的動作緩慢而兩邊平衡, 試著不要移動你的膝蓋, 頭部或是脊椎。你的肘關節應該保持微彎並且始終保持在同一個角度, 不要讓肩膀往上提。

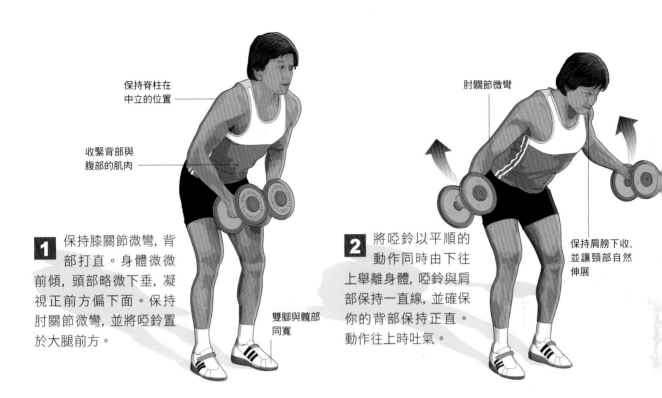

保持脊柱在
中立的位置

收緊背部與
腹部的肌肉

1 保持膝關節微彎, 背部打直。身體微微前傾, 頭部略微下垂, 凝視正前方偏下面。保持肘關節微彎, 並將啞鈴置於大腿前方。

雙腳與髖部
同寬

肘關節微彎

保持肩膀下收,
並讓頸部自然
伸展

2 將啞鈴以平順的動作同時由下往上舉離身體, 啞鈴與肩部保持一直線, 並確保你的背部保持正直。動作往上時吐氣。

上抬時試著
不要移動軀幹

將啞鈴抬至
肩膀高度或是略高

保持核心肌肉收緊

3 將啞鈴抬至肩膀高度, 並同時收縮肩胛骨。在動作頂端短暫停留, 並自然呼吸。

保持脊柱中立

回復階段吐氣

手掌以相對姿勢
握住啞鈴

4 在穩定控制之下慢慢回復, 將啞鈴下放至開始姿勢。在下放時保持肌肉用力, 而不要讓重量往下掉。

稻草人外旋 Scarecrow Rotation

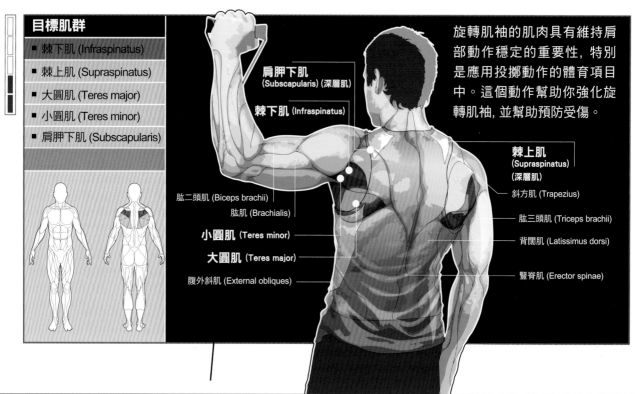

目標肌群

- 棘下肌 (Infraspinatus)
- 棘上肌 (Supraspinatus)
- 大圓肌 (Teres major)
- 小圓肌 (Teres minor)
- 肩胛下肌 (Subscapularis)

旋轉肌袖的肌肉具有維持肩部動作穩定的重要性,特別是應用投擲動作的體育項目中。這個動作幫助你強化旋轉肌袖,並幫助預防受傷。

肩胛下肌 (Subscapularis) (深層肌)
棘下肌 (Infraspinatus)
棘上肌 (Supraspinatus) (深層肌)
斜方肌 (Trapezius)
肱二頭肌 (Biceps brachii)
肱肌 (Brachialis)
肱三頭肌 (Triceps brachii)
小圓肌 (Teres minor)
背闊肌 (Latissimus dorsi)
大圓肌 (Teres major)
豎脊肌 (Erector spinae)
腹外斜肌 (External obliques)

啞鈴肩外旋 External Dumbbell Rotation

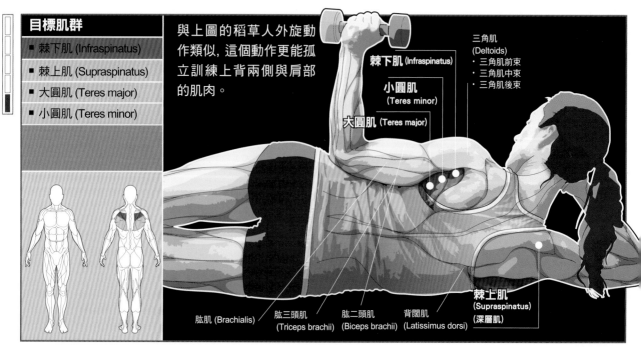

目標肌群

- 棘下肌 (Infraspinatus)
- 棘上肌 (Supraspinatus)
- 大圓肌 (Teres major)
- 小圓肌 (Teres minor)

與上圖的稻草人外旋動作類似,這個動作更能孤立訓練上背兩側與肩部的肌肉。

棘下肌 (Infraspinatus)
小圓肌 (Teres minor)
大圓肌 (Teres major)
三角肌 (Deltoids)
· 三角肌前束
· 三角肌中束
· 三角肌後束

肱肌 (Brachialis)
肱三頭肌 (Triceps brachii)
肱二頭肌 (Biceps brachii)
背闊肌 (Latissimus dorsi)
棘上肌 (Supraspinatus) (深層肌)

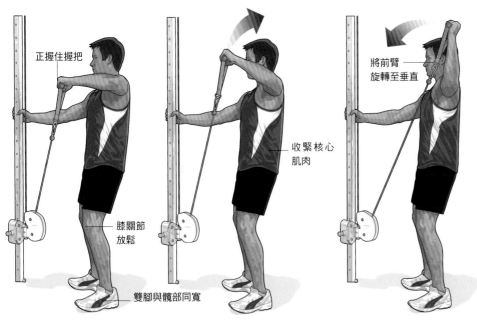

動作變化

你可以藉由在板凳上操作啞鈴, 來加大這個動作的活動範圍。將身體支撐在上斜角度約 45 度的板凳上, 並且就像原本版本的動作一樣, 使用你的前臂當支點, 在你的掌控之下操作稻草人外旋。由於這個動作的目標是深層肌群而不會直接強化你的運動表現, 因此這個動作常常被忽略。然而, 旋轉肌袖傷害是一項十分常見的運動傷害, 需要耗費很長的時間復健。

1 以站姿面對低滑索, 並正握住握把。將手肘往側邊抬起, 與肩膀同高。

2 保持上臂不動, 緩慢地旋轉你的前臂至垂直姿勢。動作時自然呼吸。

3 下放前臂至開始位置, 呼吸自然, 完成一組後換邊操作。

1 單邊側躺在運動墊上, 不要往前或是往後傾。將上臂靠在身體側邊, 前臂位於身體前方。正握住啞鈴, 肘關節保持適當角度。

2 儘可能保持上臂不動, 在身體側邊固定住肘關節的角度。在緩慢與控制的速度下, 讓你的前臂在舒適的活動範圍內舉起。

3 保持你的肘關節在正確的角度下, 並緊貼住體側。慢慢的下放啞鈴至開始位置完成一組。重複操作另一隻手。

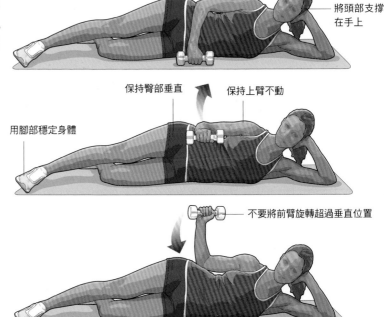

滑索肩內旋 Internal Rotation

目標肌群

- 胸肌 (Pectorals)
- 棘上肌 (Supraspinatus)
- 棘下肌 (Infraspinatus)
- 肩胛下肌 (Subscapularis)
- 大圓肌 (Teres major)
- 小圓肌 (Teres minor)

肩內旋的目的在於強化你的旋轉肌袖與胸肌, 這個簡單的前拉動作經常被應用於健美訓練或是旋轉肌袖的復健。

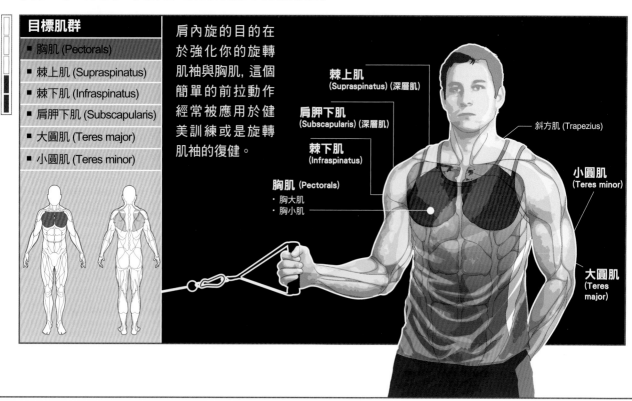

棘上肌 (Supraspinatus) (深層肌)
肩胛下肌 (Subscapularis) (深層肌)
棘下肌 (Infraspinatus)
胸肌 (Pectorals)
・胸大肌
・胸小肌
斜方肌 (Trapezius)
小圓肌 (Teres minor)
大圓肌 (Teres major)

滑索肩外旋 External Rotation

目標肌群

- 棘下肌 (Infraspinatus)
- 棘上肌 (Supraspinatus)
- 肩胛下肌 (Subscapularis)
- 大圓肌 (Teres major)
- 小圓肌 (Teres minor)

這個動作能夠強化肩部後側的肌肉, 經常使用於肩部的傷後復健, 同時也是對於投擲或是球拍運動很好的預備訓練。

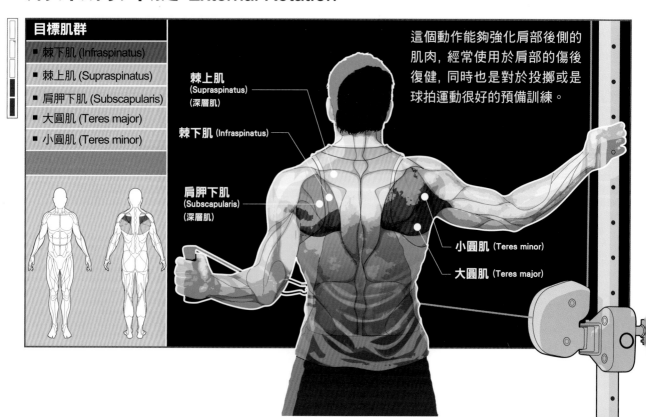

棘上肌 (Supraspinatus) (深層肌)
棘下肌 (Infraspinatus)
肩胛下肌 (Subscapularis) (深層肌)
小圓肌 (Teres minor)
大圓肌 (Teres major)

將一條摺好的毛巾，夾在你的手部與胸部之間以幫助維持正確姿勢

將手固定在背部

穩定地握住握把

保持頭抬向前方

保持手肘夾緊於身體

將手肘保持在正確的角度上

始終保持腿部用力

1 側向滑索架，並固定滑索在腰部高度。保持手關節 90 度，並將手部往身體外側打開。

2 保持肩部、髖部與腿部呈一直線。將握把在緩慢的控制之下往身體中心拉近。

3 將你的前臂在舒適範圍內儘可能拉近。慢慢地回復到開始位置，完成一組後再重複另外一隻手。

將一條摺好的毛巾夾在你的手部與胸部之間，以幫助維持正確姿勢。

假如需要的話，扶住滑索架以保持穩定

保持抬頭並直視正前方

保持肩膀高度

始終確保肘關節角度

1 側向滑索架，並固定滑索在腰部高度。將手通過身體前方並握住握把，讓手指朝向滑索。

2 保持肩部，髖部與腿部一直線，並將肘關節彎曲固定在身體上，將前臂往身體外側打開。

3 當你打開到最大活動範圍後，在穩定控制之下回復至開始位置。完成一組後再重複另外一隻手。

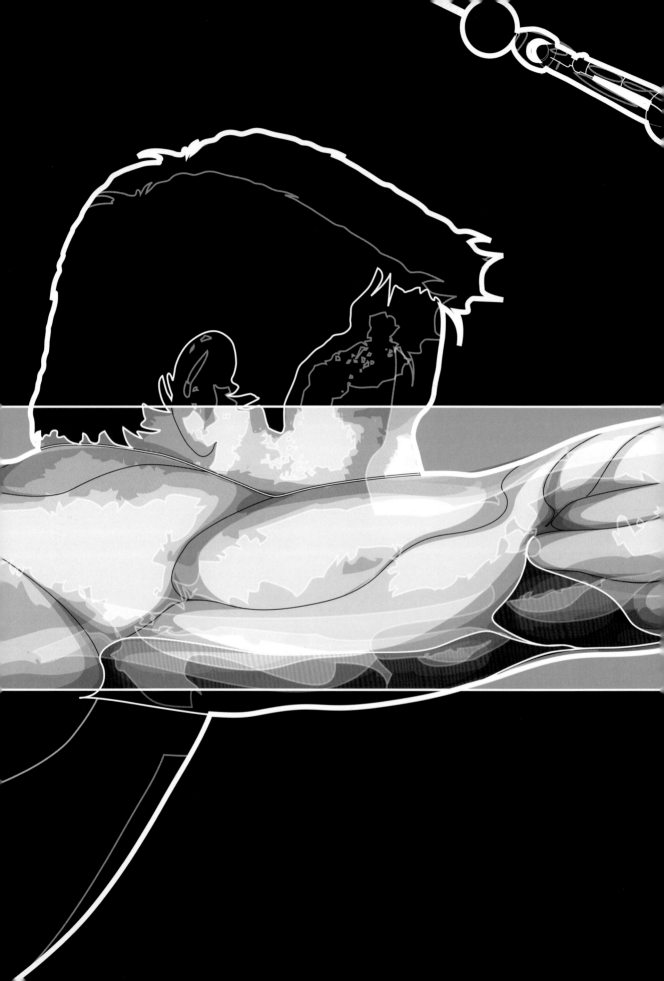

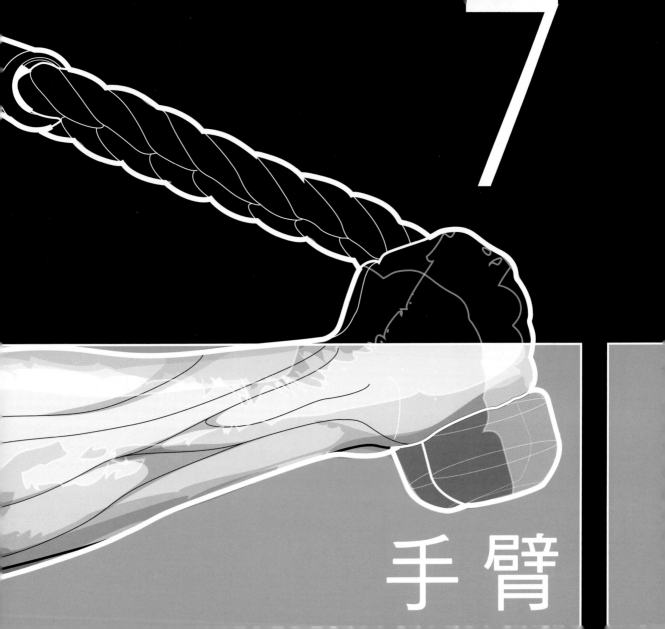

7

手臂

板凳體撐 Bench Dip

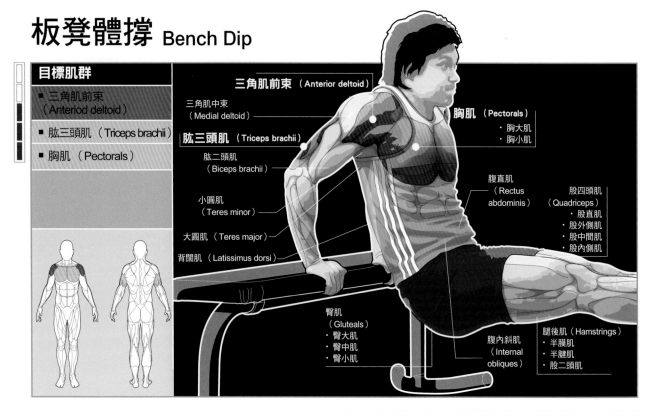

目標肌群

- 三角肌前束（Anteriod deltoid）
- 肱三頭肌（Triceps brachii）
- 胸肌（Pectorals）

三角肌前束（Anterior deltoid）

三角肌中束（Medial deltoid）

肱三頭肌（Triceps brachii）

胸肌（Pectorals）
・胸大肌
・胸小肌

肱二頭肌（Biceps brachii）

小圓肌（Teres minor）

大圓肌（Teres major）

背闊肌（Latissimus dorsi）

腹直肌（Rectus abdominis）

股四頭肌（Quadriceps）
・股直肌
・股外側肌
・股中間肌
・股內側肌

臀肌（Gluteals）
・臀大肌
・臀中肌
・臀小肌

腹內斜肌（Internal obliques）

腿後肌（Hamstrings）
・半膜肌
・半腱肌
・股二頭肌

板凳體撐是一個很常見的上半身強化動作，也是仰臥推舉的一項理想準備訓練。你僅需要一個板凳就可以實施這個動作，而使用另一個板凳置於腳下則可進一步簡化動作。

務必注意

確保板凳或是其他支撐物夠堅固與穩定來支撐你的體重，且高度足夠來讓你實施完整的動作。不要強迫你的肩關節超過正常的活動範圍，不要圓肩，或是讓你身體離開板凳邊緣太遠。

1 身體位於兩個平行的板凳間，雙手正握在較高的板凳上，將腳跟放在較低的板凳之上，雙腳合起。將雙手在感覺舒適的範圍打彎將身體下放，你可以感覺到來自胸肌或是肩部的伸展。

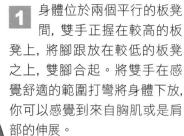

伸直手臂並抬頭

雙手略比肩寬扶住板凳

保持雙腿打直並收緊大腿

2 你肩部的柔軟度將決定你可以下放多深，在最低點開始伸直手臂，回復至開始位置。

雙手彎曲至90度

感覺腿後肌收縮

雙槓體撐 Bar Dip

目標肌群

- 肱三頭肌 （Triceps brachii）
- 三角肌前束 （Anterior deltoid）
- 胸肌 （Pectorals）

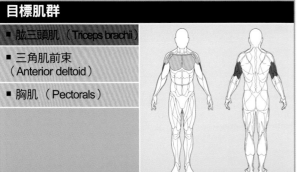

雙槓體撐可以幫助你發展上半身的肌力，對於投擲性運動項目是一個很好的訓練動作。良好的姿勢來自練習，假如你是初學者，讓雙槓器材上的腿部支撐墊幫助你在訓練肌力時分擔掉一些重量。

1 雙手相對握住雙槓，雙手伸直支撐住你的體重，雙腳交叉以維持平衡。

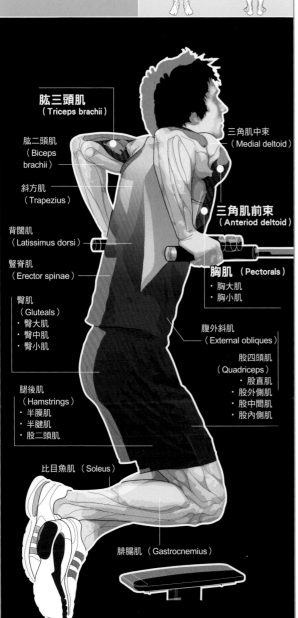

肱三頭肌 （Triceps brachii）

肱二頭肌 （Biceps brachii）

斜方肌 （Trapezius）

背闊肌 （Latissimus dorsi）

豎脊肌 （Erector spinae）

臀肌 （Gluteals）
- 臀大肌
- 臀中肌
- 臀小肌

腿後肌 （Hamstrings）
- 半膜肌
- 半腱肌
- 股二頭肌

比目魚肌 （Soleus）

三角肌中束 （Medial deltoid）

三角肌前束 （Anteriod deltoid）

胸肌 （Pectorals）
- 胸大肌
- 胸小肌

腹外斜肌 （External obliques）

股四頭肌 （Quadriceps）
- 股直肌
- 股外側肌
- 股中間肌
- 股內側肌

腓腸肌 （Gastrocnemius）

保持肩膀在雙手上方

2 深吸氣，並維持身體打直，彎曲你的手關節並開始在雙槓之間下放身體。試著保持身體在正直的姿勢。

保持臀部在肩膀下方

不要讓手肘打開超過手腕

3 一旦下降身體到上臂與地平行，或無法再下放時，馬上將身體上推回復至開始位置，同時吐氣。

啞鈴肱三頭肌伸展 Dumbbell Triceps Extension

目標肌群

- 肱三頭肌（Triceps brachii）
- 肘肌（Anconeus）

這個動作主要目標在於肱三頭肌，是上臂最大的肌肉群。相較於坐姿或是臥姿，使用站姿訓練較能收縮到核心的肌肉，具有訓練軀幹的附加效果。

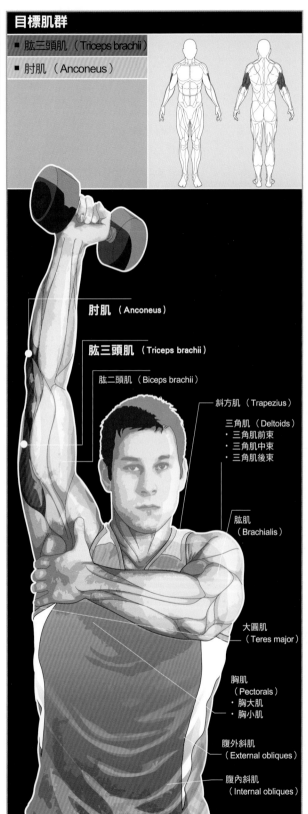

肘肌（Anconeus）

肱三頭肌（Triceps brachii）

肱二頭肌（Biceps brachii）

斜方肌（Trapezius）

三角肌（Deltoids）
· 三角肌前束
· 三角肌中束
· 三角肌後束

肱肌（Brachialis）

大圓肌（Teres major）

胸肌（Pectorals）
· 胸大肌
· 胸小肌

腹外斜肌（External obliques）

腹內斜肌（Internal obliques）

握住啞鈴於肩部上方

肘關節朝向正上方

核心肌肉收縮

1 採取站姿，雙腳與髖部同寬，雙膝放鬆。單手握住啞鈴高舉過頭，使用另一隻手置於身體前側保持支撐。

2 頭部下後方下放啞鈴，並保持背部打直。在動作最低點停頓一秒，並緩慢回復至開始位置。

動作變化

假如你是一個初學者，要在站姿下維持身體的平衡是不容易的。為了提高平衡，可以用另外一支手握住一個穩定的支撐物，或是坐在板凳上，最好是有背部支撐椅墊。

槓鈴肱三頭肌伸展 Barbell Triceps Extension

目標肌群

- 肱三頭肌（Triceps brachii）
- 肘肌（Anconeus）

這個動作可以同時訓練到雙手的肱三頭肌，你可以使用一般槓鈴或是 EZ 槓操作。EZ 槓比較容易讓你的腕關節與前臂保持在中立位置。

1 坐在板凳邊緣，雙手持槓鈴高舉過頭，握幅與肩同寬，手指關節朝向後方。

收縮核心肌肉，保持穩定

保持上臂不動

肱橈肌（Brachioradialis）

肘肌（Anconeus）

肱二頭肌（Biceps brachii）

肱三頭肌（Triceps brachii）

三角肌（Deltoids）
- 三角肌前束
- 三角肌中束
- 三角肌後束

小圓肌（Teres minor）

大圓肌（Teres major）

胸肌（Pectorals）
- 胸大肌
- 胸小肌

前鋸肌（Serratus anterior）

腹直肌（Rectus abdominis）

腹外斜肌（External obliques）

腹內斜肌（Internal obliques）

股四頭肌（Quadriceps）
- 股直肌
- 股外側肌
- 股中間肌
- 股內側肌

讓上臂保持在頭部兩側

2 緩慢而穩定地將槓鈴從頭部後方往上背的方向下放，直到前臂接觸到肱二頭肌為止。

務必注意

將槓鈴下放太快會導致槓敲擊到你的後頸部，可能會傷害到脊椎。永遠只操作可以掌握的重量，並在槓鈴下放時，把位置嚴格控制在上背的高度。

3 保持核心肌肉收緊，並回復至開始位置，在緩慢與控制的速度下移動你的手臂。

仰臥肱三頭肌伸展 Prone Triceps Extension

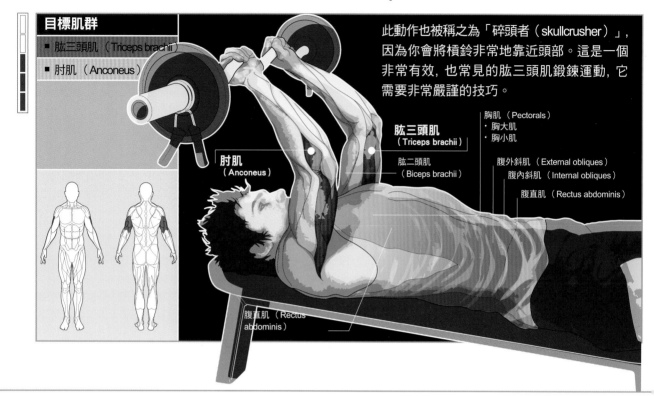

目標肌群
- 肱三頭肌（Triceps brachii）
- 肘肌（Anconeus）

此動作也被稱之為「碎頭者（skullcrusher）」，因為你會將槓鈴非常地靠近頭部。這是一個非常有效，也常見的肱三頭肌鍛鍊運動，它需要非常嚴謹的技巧。

肱三頭肌
（Triceps brachii）

肘肌
（Anconeus）

肱二頭肌
（Biceps brachii）

胸肌（Pectorals）
・胸大肌
・胸小肌

腹外斜肌（External obliques）
腹內斜肌（Internal obliques）
腹直肌（Rectus abdominis）

腹直肌（Rectus abdominis）

肱三頭肌屈伸 Triceps Kickback

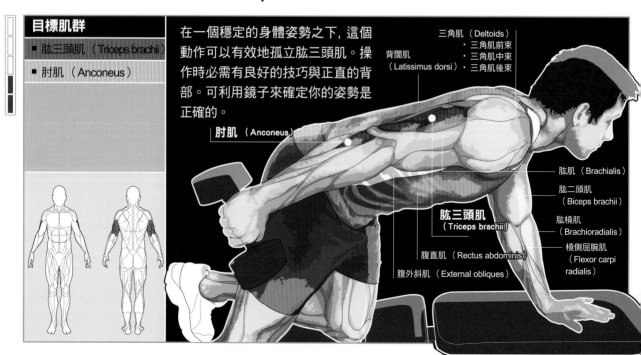

目標肌群
- 肱三頭肌（Triceps brachii）
- 肘肌（Anconeus）

在一個穩定的身體姿勢之下，這個動作可以有效地孤立肱三頭肌。操作時必需有良好的技巧與正直的背部。可利用鏡子來確定你的姿勢是正確的。

肘肌（Anconeus）

三角肌（Deltoids）
・三角肌前束
・三角肌中束
・三角肌後束

背闊肌
（Latissimus dorsi）

肱肌（Brachialis）

肱二頭肌
（Biceps brachii）

肱橈肌
（Brachioradialis）

橈側屈腕肌
（Flexor carpi radialis）

肱三頭肌
（Triceps brachii）

腹直肌（Rectus abdominis）

腹外斜肌（External obliques）

固定你的雙手位置，
讓手指關節朝向後方

僅以你的肘關節
為支點活動

收緊核心肌肉

務必注意

這個動作被稱為碎頭者並非無中生有！當槓鈴
下放至接近頭部時，將你的動作保持在緩慢的控
制之下，確保槓鈴是朝你的額頭方向下放而非你
的鼻子，這樣有助於減低你腕關節的壓力。

不要讓手肘打開

1 仰臥在板凳上，雙腳平放於地板上。雙手伸直握住 EZ 槓在胸部上方，與肩同寬。

2 固定住你的肩膀與核心。只彎曲你的肘關節 （而非肩關節），將槓鈴緩慢下放於你的額頭之上。

3 在動作底端停頓一下，再緩慢伸直手臂回復至開始位置。

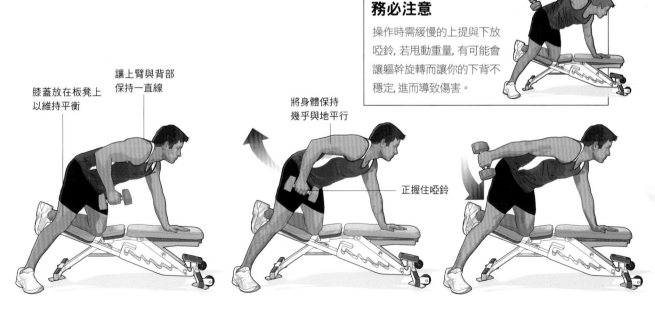

膝蓋放在板凳上
以維持平衡

讓上臂與背部
保持一直線

務必注意

操作時需緩慢的上提與下放
啞鈴，若甩動重量，有可能會
讓軀幹旋轉而讓你的下背不
穩定，進而導致傷害。

將身體保持
幾乎與地平行

正握住啞鈴

1 將左手與左腳支撐在板凳上。彎曲髖關節，右手握住啞鈴。

2 支撐住軀幹，以肘關節為支點開始伸直手臂。將啞鈴以緩慢並受控制的速度，上提至與地平行。

3 在動作頂端停頓一下，把啞鈴下放至開始位置。完成一組之後再換手操作。

窄握仰臥推舉 Close-Grip Bench Press

目標肌群

- 肱三頭肌 （Triceps brachii）
- 三角肌 （Deltoids）
- 胸肌 （Pectorals）

這個動作乍看之下跟槓鈴仰臥推舉很像，但是雙手在槓鈴上較為窄握，會特別訓練到肱三頭肌以及三角肌前束。窄握槓鈴推舉不但可以幫助增大肱三頭肌，對於舉重比賽來說也是一個很好的輔助訓練動作。

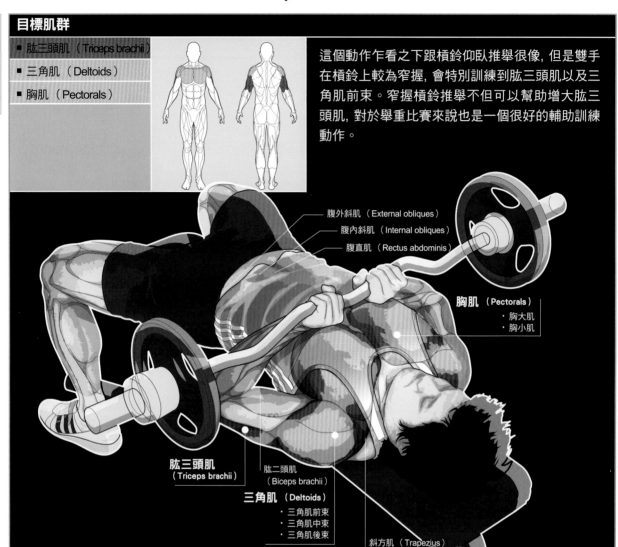

腹外斜肌 （External obliques）
腹內斜肌 （Internal obliques）
腹直肌 （Rectus abdominis）

胸肌 （Pectorals）
· 胸大肌
· 胸小肌

肱三頭肌
（Triceps brachii）

肱二頭肌
（Biceps brachii）

三角肌 （Deltoids）
· 三角肌前束
· 三角肌中束
· 三角肌後束

斜方肌 （Trapezius）

動作變化

你可以使用奧林匹克槓，或是一般訓練直槓來操作這個動作。雙手握住槓鈴比肩略窄，但也不要過於靠近，因為這樣不但會減少肱三頭肌的效果，還會增加腕關節的壓力。

操作時需緩慢地上提與下放啞鈴，若甩動重量，有可能會讓軀幹旋轉而讓你的下背不穩定，進而導致傷害。

動作變化

窄握伏地挺身也是一個強調肱三頭肌的動作，雙手基本上是承受三分之二的身體重量，藉由調整雙手的位置與肘關節的方向，你可以特別孤立肱三頭肌以及三角肌的特定部位。這個動作非常安全，不需要任何器材。

1 仰臥在板凳上，頭部平放，兩腳踩實在地面。雙手正握 EZ 槓比肩略窄，雙手伸直持槓，位於你的上胸部位上方。

2 確保槓鈴穩定與完全在掌控之下，彎曲肘關節，雙手往內收，開始緩慢地往胸部的方向下放槓鈴，同時吸氣。

動作過程中始終保持背部打直

將膝關節彎曲至一個適當的角度

3 持續下放槓鈴，直到槓與胸部接觸。不要讓你的雙手往外打開，否則會讓這個動作偏向強化胸大肌。

4 將槓鈴往上推舉到兩手伸直，保持槓與肩部垂直。上推時吐氣，同時內收雙手，並將兩腳踩穩於地面。

你的手指關節在乳頭位置附近，接觸到胸部

在控制之下保持槓鈴的平衡

雙腳用力踩在地面

5 伸直雙手回復至開始位置，動作過程中不應該鎖死肘關節。

將槓鈴垂直上舉在肩膀上方

務必注意

假如你在動作中失去控制的話，會承擔很大的受傷風險。有可信賴的訓練夥伴在場時再操作這個動作，不要獨自一個人做。保持雙腳穩定踩在地面，否則可能會扭轉到下背，導致傷害。永遠細心操作，並在你的能力範圍內訓練。

肱三頭肌下拉 Triceps Push-Down

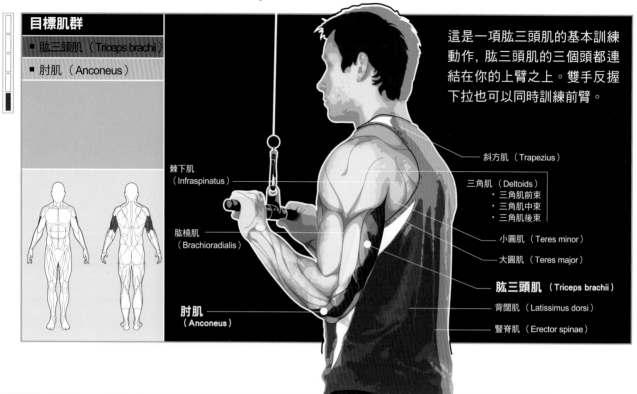

目標肌群

- 肱三頭肌 （Triceps brachii）
- 肘肌 （Anconeus）

這是一項肱三頭肌的基本訓練動作，肱三頭肌的三個頭都連結在你的上臂之上。雙手反握下拉也可以同時訓練前臂。

棘下肌（Infraspinatus）

肱橈肌（Brachioradialis）

肘肌（Anconeus）

斜方肌（Trapezius）

三角肌（Deltoids）
・三角肌前束
・三角肌中束
・三角肌後束

小圓肌（Teres minor）

大圓肌（Teres major）

肱三頭肌（Triceps brachii）

背闊肌（Latissimus dorsi）

豎脊肌（Erector spinae）

肱三頭肌過頭伸展 Overhead Triceps Extension

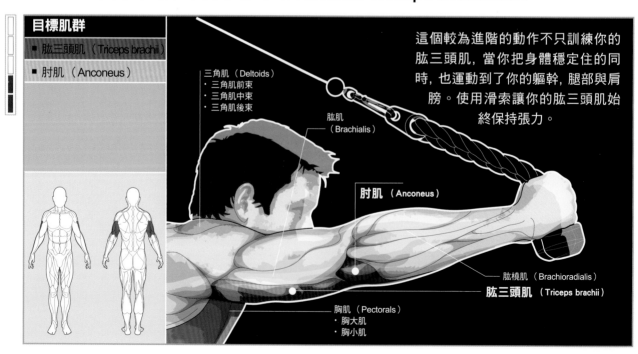

目標肌群

- 肱三頭肌 （Triceps brachii）
- 肘肌 （Anconeus）

這個較為進階的動作不只訓練你的肱三頭肌，當你把身體穩定住的同時，也運動到了你的軀幹，腿部與肩膀。使用滑索讓你的肱三頭肌始終保持張力。

三角肌（Deltoids）
・三角肌前束
・三角肌中束
・三角肌後束

肱肌（Brachialis）

肘肌（Anconeus）

肱橈肌（Brachioradialis）

肱三頭肌（Triceps brachii）

胸肌（Pectorals）
・胸大肌
・胸小肌

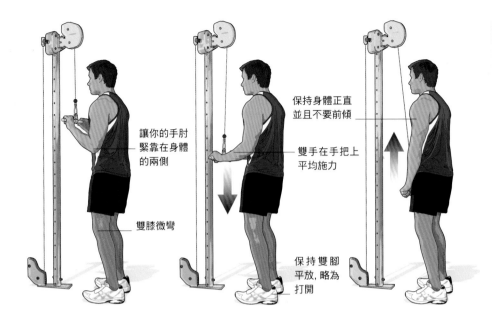

讓你的手肘緊靠在身體的兩側

雙膝微彎

保持身體正直並且不要前傾

雙手在手把上平均施力

保持雙腳平放，略為打開

1 將滑索固定在高處，選擇適當重量並正握住握把。

2 以你的肘關節為支點，緩慢地把握把下壓，保持你的軀幹，骨盆與腿部穩定。

3 在動作底端完全收縮你的肱三頭肌，並在回復至開始位置前略微停頓。

動作變化

你也可以使用一根繩索，加一個 V 型槓或是單手把手 （一次訓練一隻手，假如你的雙手肌力不平衡的話）來操作肱三頭肌下拉，基本的原則不變。以肘關節為支點，手肘不要離開體側。

彎曲肘關節在 90 度

保持上臂平行於地面

保持脊柱中立

在動作結束時伸直你的手臂

完全收縮肱三頭肌

1 選擇適當的重量，並將繩索連結在滑索上。採取一個穩定的分腿站姿，握住繩索，讓你的肘關節朝向前方，同時你的雙手緊靠在頭部兩側。

2 從穩定的姿勢開始，收緊你的腹部與核心，緩慢地收縮你的肱三頭肌同時伸直手臂。始終保持你的軀幹與骨盆在同一個位置不要晃動。

3 伸直雙手直到肱三頭肌完全收縮為止，同時吐氣。在緩慢的控制之下回復至開始位置。保持手臂緊靠在頭部兩側，並良好支撐住你的軀幹。

肱二頭肌彎舉 Barbell Curl

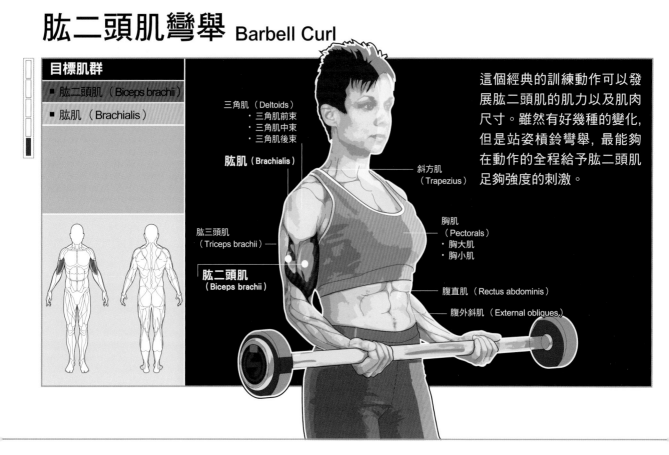

目標肌群

- 肱二頭肌（Biceps brachii）
- 肱肌（Brachialis）

三角肌（Deltoids）
- 三角肌前束
- 三角肌中束
- 三角肌後束

肱肌（Brachialis）

斜方肌（Trapezius）

肱三頭肌（Triceps brachii）

胸肌（Pectorals）
- 胸大肌
- 胸小肌

肱二頭肌（Biceps brachii）

腹直肌（Rectus abdominis）

腹外斜肌（External obliques）

這個經典的訓練動作可以發展肱二頭肌的肌力以及肌肉尺寸。雖然有好幾種的變化，但是站姿槓鈴彎舉，最能夠在動作的全程給予肱二頭肌足夠強度的刺激。

槌式彎舉 Hammer Dumbbell Curl

目標肌群

- 肱二頭肌（Biceps brachii）
- 肱肌（Brachialis）
- 肱橈肌（Bachioradialis）

三角肌（Deltoids）
- 三角肌前束
- 三角肌中束
- 三角肌後束

肱肌（Brachialis）

肱二頭肌（Biceps brachii）

胸肌（Pectorals）
- 胸大肌
- 胸小肌

肱橈肌（Brachioradialis）

腹直肌（Rectus abdominis）

腹外斜肌（External obliques）

肘肌（Anconeus）

這個肱二頭肌彎舉的變化動作可同時訓練前臂，並對腕關節的壓力較小，可以保持在較為自然的手腕姿勢。你可以坐在一個上斜板凳上，以增加動作的活動範圍。

1 身體保持直立站穩，雙腳與肩同寬。肩膀下放，直背挺胸。

2 吸氣並開始以圓弧型的路線開始彎舉槓鈴，保持背部打直，並將手肘緊靠在身體兩側。用力時吐氣。

3 將槓鈴彎舉至你的上胸位置，在動作頂端完全收縮肱二頭肌並稍作停頓。這時你的手肘應該仍然朝向下方。回復至開始位置。

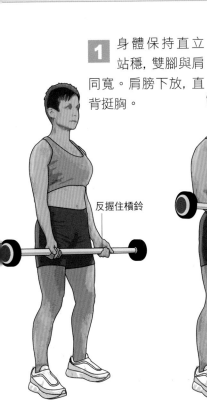

反握住槓鈴

保持身體穩定與脊柱中立

將手肘靠緊身體

務必注意

當彎舉槓鈴時要小心，假如重量過重，你將不可避免地往後仰，而使用身體的協助動作多於肱二頭肌的出力，這有可能會傷害到你的脊椎。

務必注意

請不要往後仰，以免增加下背損傷的風險，並同時減低了這個動作的效果。勿讓手關節前後移動，這樣會讓你的三角肌承受了大部分的力量而減低了肱二頭肌的強度。

開始時雙手自然伸直下垂

挺胸

將手肘垂直朝向下方

將啞鈴靠近身體

1 站姿握住啞鈴於體側，雙手握住啞鈴，大拇指朝向前方。肩膀後收，挺胸，並將脊柱維持在中立位置。

2 以弧型路線開始彎舉啞鈴至肩部位置。動作過程中始終保持收腹挺胸。

3 在動作頂端停頓一秒，再開始下放啞鈴。然後雙手輪流操作。

上斜啞鈴彎舉 Incline Dumbbell Curl

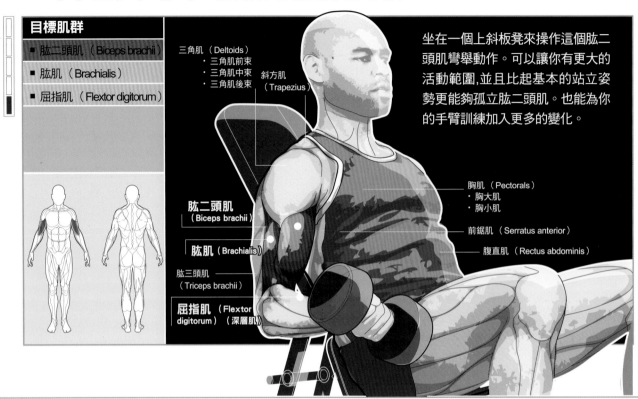

目標肌群

- 肱二頭肌（Biceps brachii）
- 肱肌（Brachialis）
- 屈指肌（Flexor digitorum）

三角肌（Deltoids）
- 三角肌前束
- 三角肌中束
- 三角肌後束

斜方肌（Trapezius）

肱二頭肌（Biceps brachii）

肱肌（Brachialis）

肱三頭肌（Triceps brachii）

屈指肌（Flexor digitorum）（深層肌）

胸肌（Pectorals）
- 胸大肌
- 胸小肌

前鋸肌（Serratus anterior）

腹直肌（Rectus abdominis）

坐在一個上斜板凳來操作這個肱二頭肌彎舉動作。可以讓你有更大的活動範圍,並且比起基本的站立姿勢更能夠孤立肱二頭肌。也能為你的手臂訓練加入更多的變化。

集中彎舉 Concentration Curl

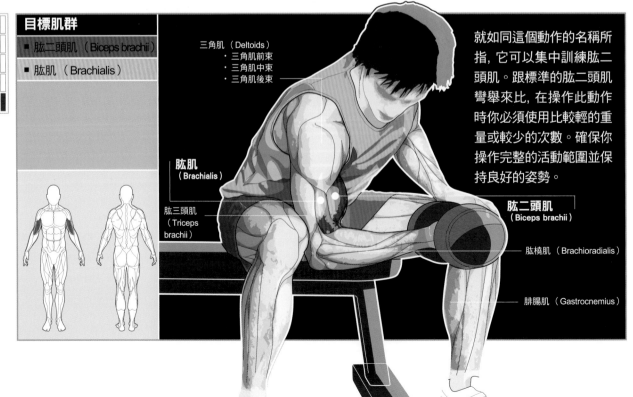

目標肌群

- 肱二頭肌（Biceps brachii）
- 肱肌（Brachialis）

三角肌（Deltoids）
- 三角肌前束
- 三角肌中束
- 三角肌後束

肱肌（Brachialis）

肱三頭肌（Triceps brachii）

肱二頭肌（Biceps brachii）

肱橈肌（Brachioradialis）

腓腸肌（Gastrocnemius）

就如同這個動作的名稱所指,它可以集中訓練肱二頭肌。跟標準的肱二頭肌彎舉來比,在操作此動作時你必須使用比較輕的重量或較少的次數。確保你操作完整的活動範圍並保持良好的姿勢。

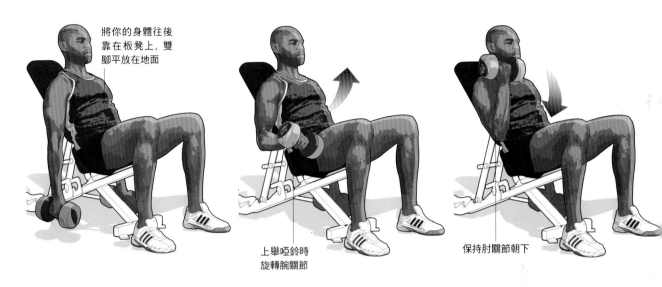

將你的身體往後靠在板凳上，雙腳平放在地面

上舉啞鈴時旋轉腕關節

保持肘關節朝下

1 坐在一個 45 角度上斜的板凳上，雙手各持一個啞鈴於身體側邊，雙手從肩膀位置自然下垂，你的背部倚靠在板凳上。

2 將單手的啞鈴以弧形上舉至肩膀位置，不要甩動。同時將你的內側手腕往上臂旋轉。

3 在動作頂端停頓一秒，再開始下放啞鈴至雙手伸直。換另一隻手重複此動作。

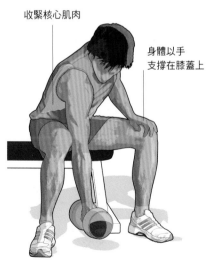

收緊核心肌肉

身體以手支撐在膝蓋上

保持上臂垂直

將手肘朝向下方

將上半身略為前傾

將前臂彎舉到45度

1 坐在板凳邊緣，並讓你的大腿與地平行並穩定身體。將上臂後側固定在大腿內側，並讓手臂自然下垂。

2 將啞鈴上舉，上臂不要往前移動。你的手臂會與大腿內側持續保持接觸。

3 當完全收縮肱二頭肌，並將你的前臂維持在 45 度的角度時稍作停頓，再回復至開始位置。完成一組後，換手操作。

斜板彎舉 Preacher Curl

目標肌群

- 肱二頭肌（Biceps brachii）
- 肱肌（Brachialis）
- 肱橈肌（Brachioradialis）

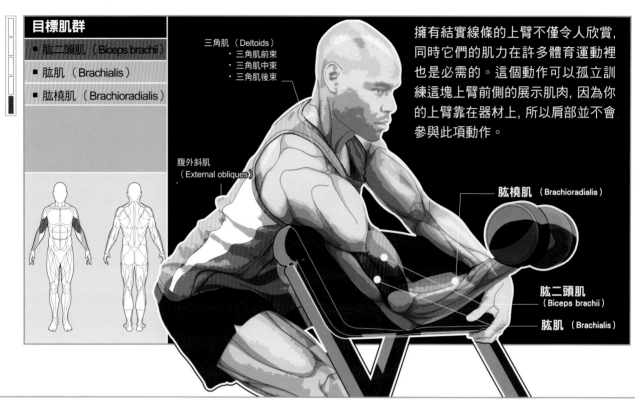

三角肌（Deltoids）
・三角肌前束
・三角肌中束
・三角肌後束

腹外斜肌
（External obliques）

肱橈肌（Brachioradialis）

肱二頭肌
（Biceps brachii）

肱肌（Brachialis）

擁有結實線條的上臂不僅令人欣賞，同時它們的肌力在許多體育運動裡也是必需的。這個動作可以孤立訓練這塊上臂前側的展示肌肉，因為你的上臂靠在器材上，所以肩部並不會參與此項動作。

滑索彎舉 Pulley Curl

目標肌群

- 肱二頭肌（Biceps brachii）
- 肱肌（Brachialis）
- 肱橈肌（Brachioradialis）

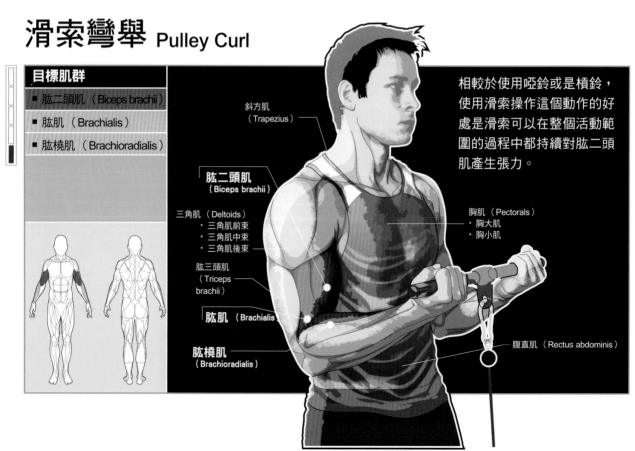

斜方肌
（Trapezius）

肱二頭肌
（Biceps brachii）

三角肌（Deltoids）
・三角肌前束
・三角肌中束
・三角肌後束

肱三頭肌
（Triceps
brachii）

肱肌（Brachialis）

肱橈肌
（Brachioradialis）

胸肌（Pectorals）
・胸大肌
・胸小肌

腹直肌（Rectus abdominis）

相較於使用啞鈴或是槓鈴，使用滑索操作這個動作的好處是滑索可以在整個活動範圍的過程中都持續對肱二頭肌產生張力。

將腋下固定在斜板頂端

保持背部打直

保持上臂在斜板上

1 坐或跪在板凳上, 上臂放在斜板上, 手掌朝上握住啞鈴。

2 把啞鈴朝向肩部的方向以完整的活動範圍上舉, 同時吐氣。

3 把啞鈴在緩慢的控制下放至開始位置, 完成一組後再換另外一隻手操作。

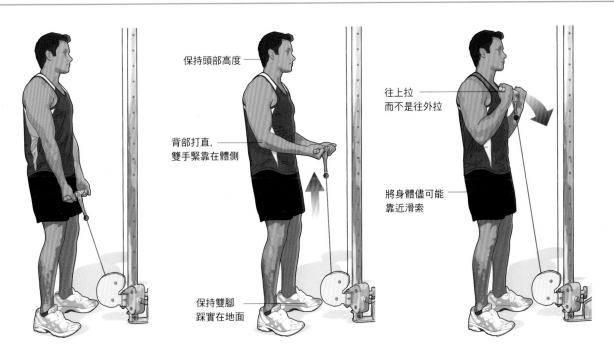

保持頭部高度

背部打直, 雙手緊靠在體側

往上拉而不是往外拉

將身體儘可能靠近滑索

保持雙腳踩實在地面

1 將滑索固定在下方。雙腳打開與髖部同寬, 雙膝微彎。雙手朝前握住握把。

2 肘關節彎曲而將握把朝向胸部的位置上舉, 同時吐氣。不要往後仰。

3 在頂點停頓一秒, 再回復至開始位置, 將雙手放到大腿前側。

反握槓鈴彎舉 Reverse Barbell Curl

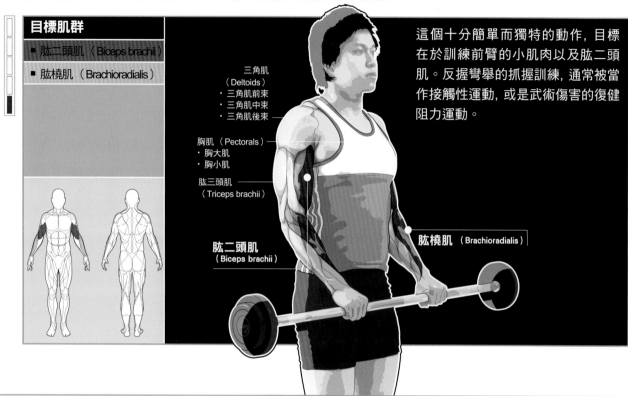

目標肌群

- 肱二頭肌（Biceps brachii）
- 肱橈肌（Brachioradialis）

三角肌
（Deltoids）
・三角肌前束
・三角肌中束
・三角肌後束

胸肌（Pectorals）
・胸大肌
・胸小肌

肱三頭肌
（Triceps brachii）

肱二頭肌
（Biceps brachii）

肱橈肌（Brachioradialis）

這個十分簡單而獨特的動作，目標在於訓練前臂的小肌肉以及肱二頭肌。反握彎舉的抓握訓練，通常被當作接觸性運動，或是武術傷害的復健阻力運動。

反握滑索彎舉 Reverse Pulley Curl

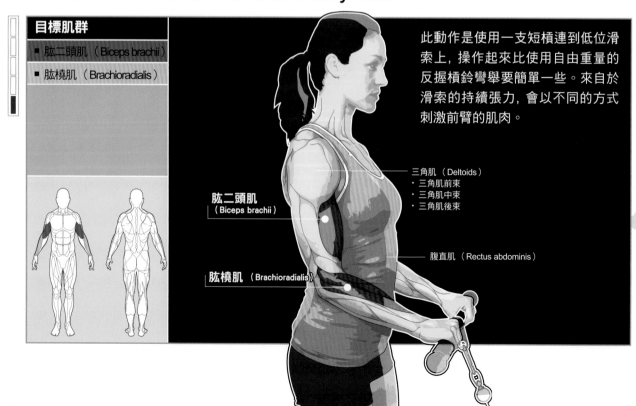

目標肌群

- 肱二頭肌（Biceps brachii）
- 肱橈肌（Brachioradialis）

肱二頭肌
（Biceps brachii）

肱橈肌（Brachioradialis）

三角肌（Deltoids）
・三角肌前束
・三角肌中束
・三角肌後束

腹直肌（Rectus abdominis）

此動作是使用一支短槓連到低位滑索上，操作起來比使用自由重量的反握槓鈴彎舉要簡單一些。來自於滑索的持續張力，會以不同的方式刺激前臂的肌肉。

讓手肘緊靠於身體

握住槓鈴,
手指關節朝前

讓手腕與前臂
呈一直線

1 採用站姿,身
體正直,雙腳
打開與髖部同寬。
槓鈴位於你大腿的
前方,雙手握槓比肩
略寬。

2 將手肘緊靠
於體側,同
時雙腳站穩。開
始將槓鈴往上胸
方向上舉。

3 槓鈴舉至
上胸,然
後在緩慢控制
下回復至開始
位置。

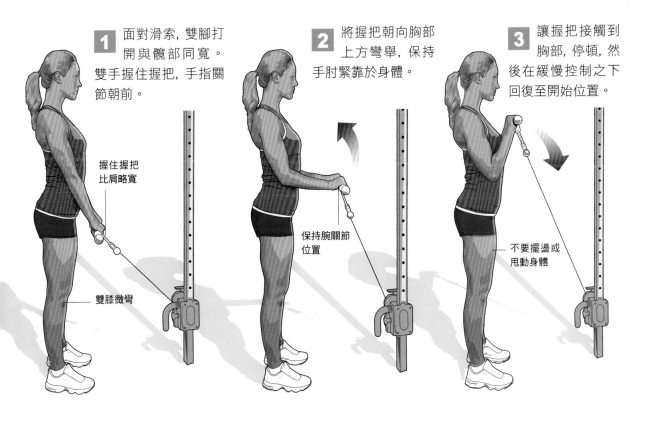

1 面對滑索,雙腳打
開與髖部同寬。
雙手握住握把,手指關
節朝前。

2 將握把朝向胸部
上方彎舉,保持
手肘緊靠於身體。

3 讓握把接觸到
胸部,停頓,然
後在緩慢控制之下
回復至開始位置。

握住握把
比肩略寬

保持腕關節
位置

不要擺盪或
甩動身體

雙膝微彎

腕伸展 Wrist Extension

目標肌群

- 橈側伸腕長肌
  （Extensor carpi radialis longus）
- 橈側伸腕短肌
  （Extensor carpi radialis brevis）
- 尺側伸腕肌
  （Extensor carpi ulnaris）

當使用大重量訓練時，身體最弱的部分可能就是你的握力。這個動作強化你的前臂，讓你可以在訓練大肌肉群的時候握住更大的重量。

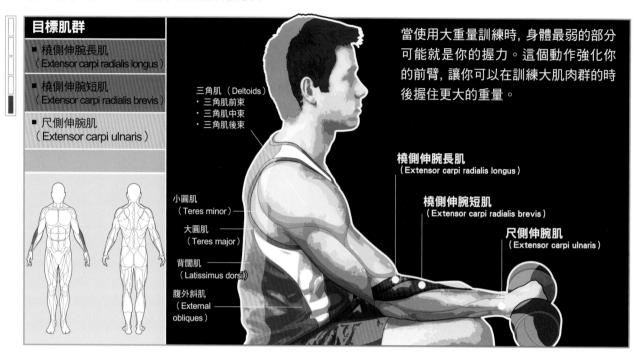

三角肌（Deltoids）
· 三角肌前束
· 三角肌中束
· 三角肌後束

橈側伸腕長肌
（Extensor carpi radialis longus）

橈側伸腕短肌
（Extensor carpi radialis brevis）

尺側伸腕肌
（Extensor carpi ulnaris）

小圓肌
（Teres minor）

大圓肌
（Teres major）

背闊肌
（Latissimus dorsi）

腹外斜肌
（External obliques）

腕彎舉 Wrist Flexion

目標肌群

- 掌長肌（Palmaris longus）
- 橈側屈腕肌
  （Flexor carpi radialis）
- 尺側屈腕肌
  （Flexor carpi ulnaris）
- 屈指深肌
  （Flexor digitorum profundus）

此動作可孤立訓練前臂，對任何提舉動作都有幫助，無論是比賽，或是一般性體育項目。

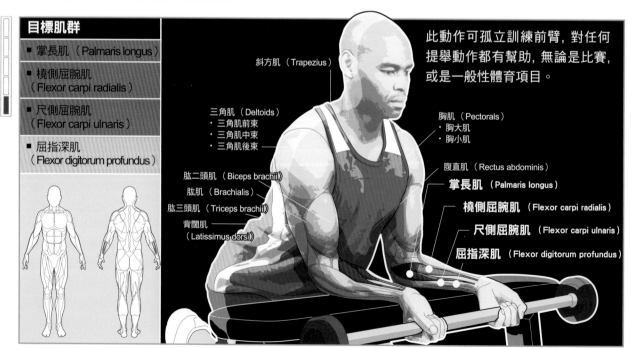

斜方肌（Trapezius）

三角肌（Deltoids）
· 三角肌前束
· 三角肌中束
· 三角肌後束

肱二頭肌（Biceps brachii）
肱肌（Brachialis）
肱三頭肌（Triceps brachii）
背闊肌
（Latissimus dorsi）

胸肌（Pectorals）
· 胸大肌
· 胸小肌

腹直肌（Rectus abdominis）

掌長肌（Palmaris longus）

橈側屈腕肌（Flexor carpi radialis）

尺側屈腕肌（Flexor carpi ulnaris）

屈指深肌（Flexor digitorum profundus）

在膝蓋前方保持住
手腕高度

儘最大的可能
緩慢抬高啞鈴

保持脊柱中立

保持前臂不動

雙腳採平地面

1 坐在板凳上並正握啞鈴，將前臂靠在大腿上方。

2 前臂不要移動，使用手腕將啞鈴緩慢而控制地抬高。

3 只靠手腕的力量慢慢將啞鈴下放到開始位置。一手做完後換另一隻手重複。

務必注意

不要讓槓鈴在最低點滾向你的手指，因為那會增加腕關節受傷的風險，或是讓槓鈴掉下。

雙手與肩同寬握住槓鈴

讓你的手腕支撐
在板凳前方

維持肩部不動

保持挺胸

保持握牢槓鈴

1 跪在墊子或是地板上，面向板凳。手掌朝上握住槓鈴，將你的前臂置於板凳之上。

2 保持前臂不動，緩慢地以你的腕關節為支點，將槓鈴在可能的活動範圍下提高。

3 慢慢下放槓鈴至開始位置，不要伸直肘關節或是前傾身體。始終牢牢握住槓鈴。

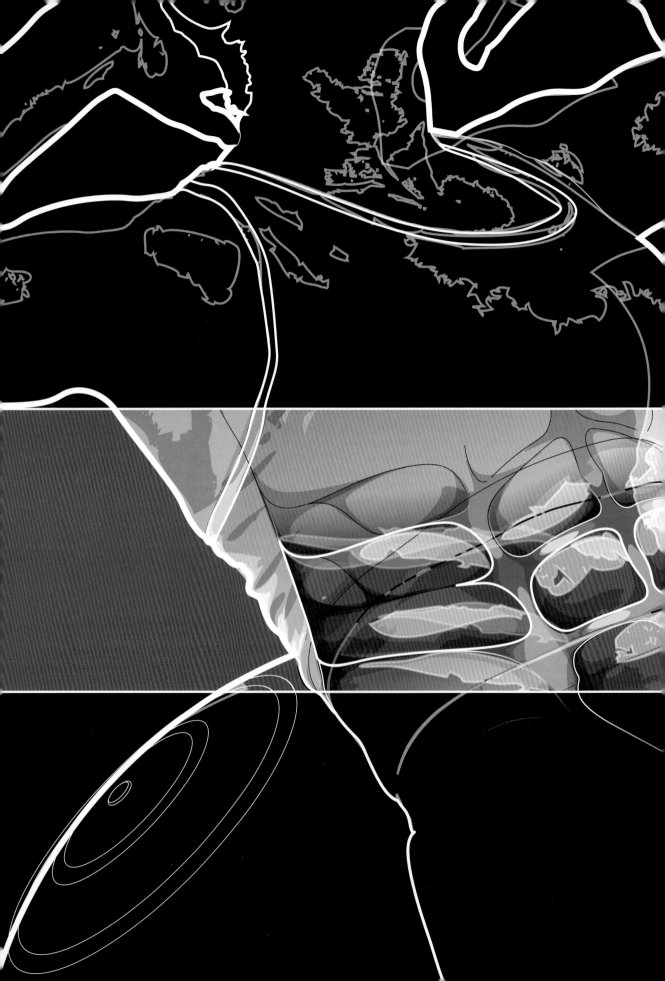

8

核心・腹部

腹部捲體 Abdominal Crunch

目標肌群

- 腹直肌
（Rectus abdominis）
- 腹外斜肌
（External obliques）

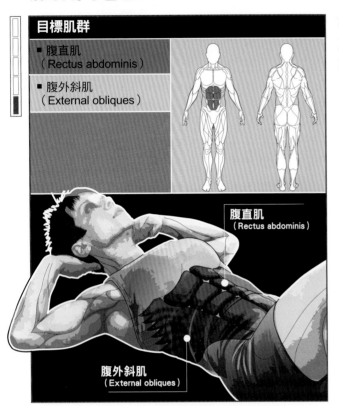

腹直肌
（Rectus abdominis）

腹外斜肌
（External obliques）

基礎腹部捲體是所有運動中最簡單也是最容易實施的。它可使你發展出強壯的核心, 以及增進體態, 但必須確認你的動作是正確的。

1 將膝蓋彎曲仰躺於墊子上, 雙腳平貼地面, 手置於頭的兩側。

保持你的下巴抬高以及延伸你的頸部

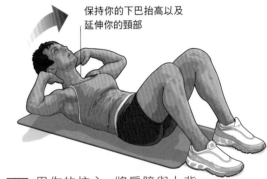

2 用你的核心, 將肩膀與上背部輕輕的抬高並離開地面, 並稍作停留。

臀部要保持穩定

3 將你的上背部慢慢放回地面, 切勿讓地心引力或是身體運動的慣性驅動你的動作。

動作變化

為了有效率的運動到腹部的區域, 我們使用脈動式的動作。在你捲體動作最高點停下來, 然後讓你的手在大腿上下滑動。這個脈動的動作是非常細微的, 但是你應該專注去擠壓腹肌, 使它在每次的擠壓中有一些緊繃感。實施每個捲體大約5次的脈動。

動作變化

為了運動到軀幹兩側的腹外斜肌, 在捲體時加上扭轉的動作。交換實施捲體動作時, 你的左手肘轉向右膝, 然後再將你的右手肘轉向左膝。

仰臥起坐 Sit-Up

目標肌群

- 腹直肌
  （Rectus abdominis）

- 腹外斜肌
  （External obliques）

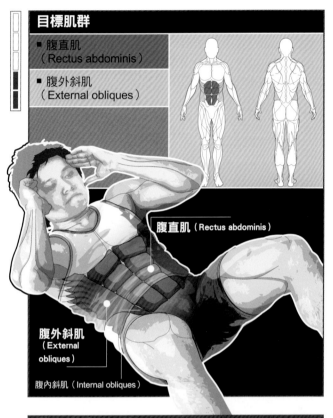

腹直肌（Rectus abdominis）

腹外斜肌
（External obliques）

腹內斜肌（Internal obliques）

仰臥起坐常用於許多訓練課程中。這是很好的腹部運動, 但是如果你有下背痛的問題或是核心肌肉虛弱時, 請避免此運動。

彎曲手肘並將手指置於太陽穴的兩側

1 躺著並將你的背部與雙腳平放於地板, 並將雙膝屈曲以減少脊椎的壓力。

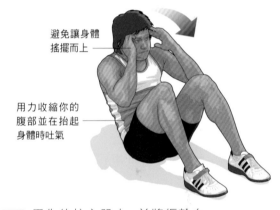

避免讓身體搖擺而上

用力收縮你的腹部並在抬起身體時吐氣

2 用你的核心肌肉, 並將軀幹向上抬起, 直到只有臀部和雙腳在地面上。

動作變化

改變手臂的位置可以改變此運動的難度。將你的手臂延伸至膝前, 阻力最低; 當手臂交叉至於胸前或是手置於頭側, 會增加難度。若要更進階的話, 可在胸前放槓片。

動作變化

在做仰臥起坐時, 雙腳置於提高的板凳或平台, 可以使腹部肌肉與髖關節屈曲肌區隔開來, 將提供更強的腹部運動效果。

肩膀屈曲

3 在身體直立時停止動作, 然後慢慢將上半身放回地面恢復到開始的動作。

保持雙腳平貼地板

反向捲體 Reverse Crunch

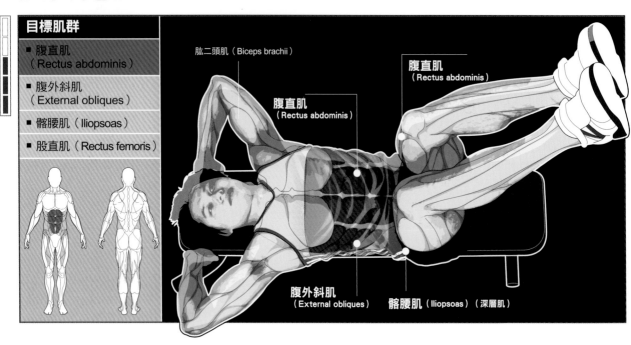

目標肌群

- 腹直肌（Rectus abdominis）
- 腹外斜肌（External obliques）
- 髂腰肌（Iliopsoas）
- 股直肌（Rectus femoris）

肱二頭肌（Biceps brachii）

腹直肌（Rectus abdominis）

腹直肌（Rectus abdominis）

腹外斜肌（External obliques）

髂腰肌（Iliopsoas）（深層肌）

操作此姿勢的腹部捲體時，是移動腿部而不是移動軀幹。這是有效訓練下腹部, 股直肌和髖屈肌（髂腰肌）的動作, 也適用於許多體育項目作為基礎的賽前訓練。

抓握板凳使身體穩定

雙腳屈膝併攏

在動作的頂端稍作暫停

保持雙腳併攏

1 躺在板凳上，並將頭與肩膀及臀部平貼，另外再將髖部和膝關節彎成適當的角度。

2 延伸雙腳並緩慢地將臀部抬離板凳。動作時使用腹部的力量, 而不要利用甩腿的慣性力量。

3 用力收縮你的腹肌，並慢慢放下雙腳回復到開始的動作。動作過程中只能讓臀部輕觸板凳。

4 字形捲體 Figure-4 Crunch

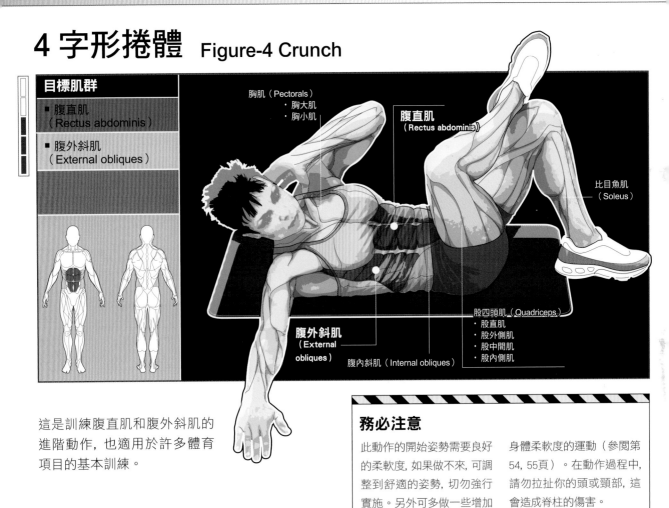

目標肌群

- 腹直肌
  （Rectus abdominis）
- 腹外斜肌
  （External obliques）

胸肌（Pectorals）
· 胸大肌
· 胸小肌

腹直肌
（Rectus abdominis）

比目魚肌
（Soleus）

腹外斜肌
（External
obliques）

腹內斜肌（Internal obliques）

股四頭肌（Quadriceps）
· 股直肌
· 股外側肌
· 股中間肌
· 股內側肌

這是訓練腹直肌和腹外斜肌的進階動作，也適用於許多體育項目的基本訓練。

務必注意

此動作的開始姿勢需要良好的柔軟度，如果做不來，可調整到舒適的姿勢，切勿強行實施。另外可多做一些增加身體柔軟度的運動（參閱第54, 55頁）。在動作過程中，請勿拉扯你的頭或頸部，這會造成脊柱的傷害。

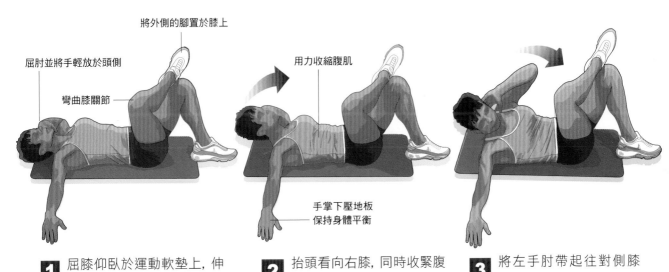

將外側的腳置於膝上

屈肘並將手輕放於頭側

彎曲膝關節

用力收縮腹肌

手掌下壓地板
保持身體平衡

1 屈膝仰臥於運動軟墊上，伸展右手於地面，以保持身體平衡，另外再將右腳穿越左膝並置於其上。

2 抬頭看向右膝，同時收緊腹肌並將左手肘抬起。

3 將左手肘帶起往對側膝移動。稍停並穩定控制地回復到開始姿勢。

90-90 捲體 90-90 Crunch

目標肌群

- 腹直肌
  （Rectus abdominis）

- 腹外斜肌
  （External obliques）

- 腹橫肌
  （Transversus abdominis）

這個相對簡單的腹部捲體動作著重於腹直肌的上部，並且可以減輕下背的壓力。做這項動作時，膝蓋保持彎曲並且將腿部固定好。

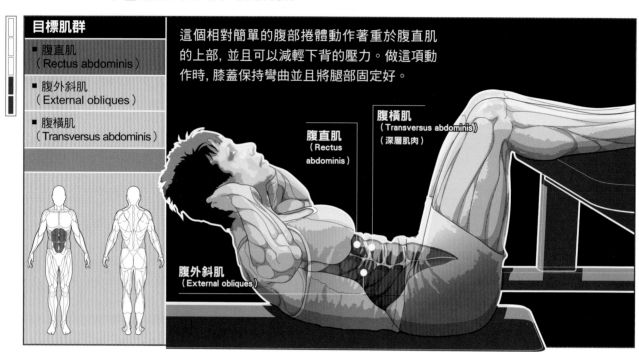

腹橫肌
（Transversus abdominis）
（深層肌肉）

腹直肌
（Rectus abdominis）

腹外斜肌
（External obliques）

抗力球捲體 Ball Crunch

目標肌群

- 腹直肌
  （Rectus abdominis）

- 腹外斜肌
  （External obliques）

在抗力球上實施腹部捲體，可使腹部肌肉在整個運動過程中保持緊收。你必需使用深層的核心肌肉，使身體在不穩定的球上保持穩定。

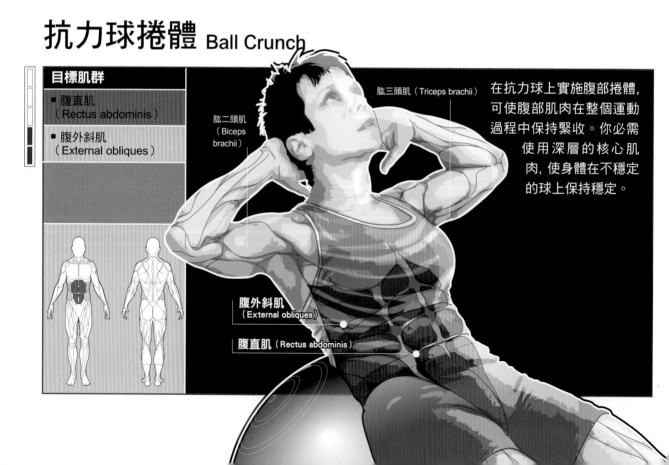

肱二頭肌
（Biceps brachii）

肱三頭肌（Triceps brachii）

腹外斜肌
（External obliques）

腹直肌（Rectus abdominis）

動作變化

試著將此運動加入軀幹旋轉的動作。將你的軀幹抬起時旋轉身體，並將左手肘轉向右膝。這個變化可多訓練到腹斜肌。

務必注意

確定將你的腳放在板凳的上方，不要將腳掛到板凳下緣以增加槓桿作用，這樣會對你的下背產生很大的壓力。動作時不要拉你的頭或頸部，並且確定你的下背和臀部和地面保持接觸。當腹部開始感到疲倦時，不要將頭部或手臂往前彎曲移動。

動作開始時，將頭部、肩膀和臀部與地面接觸。

將手指輕放於頭部兩側。

將腳跟勾緊在板凳的邊緣。

1 平躺並將你的髖與膝關節屈成九十度角。平放小腿於板凳上，並將後腳跟勾在板凳邊緣。

2 深吸一口氣並把肩膀抬離地面，主動收縮腹部肌肉，將軀幹往前捲向你的膝蓋。

3 吐氣並且停在動作的最高點一秒鐘。穩定地控制身體，把身體往下放回開始位置。

務必注意

確定你的身體在球上保持平衡，用足部平貼地面支撐身體。當抬高時不要將頭部往前拉，並且保持動作緩慢且專注。

將手肘張開於頭部的兩側

將手輕放於頭部

維持背部伸直

將下背支撐於球上

1 動作開始時，將腳板平貼於地面，並將膝蓋彎曲 90 度角，將手放置於頭部兩側。

2 將下背推入抗力球，收縮腹部並且略為抬高肩膀，將你的腹部朝臀部捲曲。

3 穩定地向後放下你的軀幹，保持腹部的張力。小心避免癱躺在抗力球上。

抗力球旋轉 Ball Twist

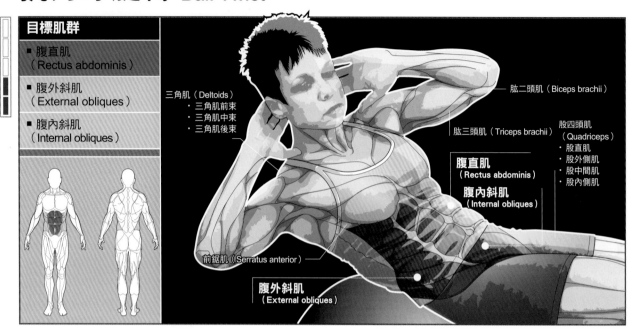

目標肌群

- 腹直肌
  （Rectus abdominis）
- 腹外斜肌
  （External obliques）
- 腹內斜肌
  （Internal obliques）

三角肌（Deltoids）
・三角肌前束
・三角肌中束
・三角肌後束

前鋸肌（Serratus anterior）

腹外斜肌
（External obliques）

肱二頭肌（Biceps brachii）

肱三頭肌（Triceps brachii）

腹直肌
（Rectus abdominis）

腹內斜肌
（Internal obliques）

股四頭肌
（Quadriceps）
・股直肌
・股外側肌
・股中間肌
・股內側肌

這項動作不只是強健你的腹部，並且可以增強你軀幹的旋轉肌肉。在抗力球上運動同時也可以提高平衡力，因此很適合如高爾夫球或衝浪等運動。

避免用手
將頭部往前拉

用腳來協助身體穩定

將手指輕放於頭部兩側

用力收縮
你的腹部

1 躺在抗力球上，下背支撐好。將雙腳平放於地面，並且膝蓋彎曲 90 度。將手放在頭部的兩側。

2 當你覺得身體穩定時才開始收縮動作。大約向上一半時，將身體轉向一側，將手肘打開以協助平衡。

3 停在最高位置大約一秒鐘，然後回到起始的位置。過程中保持下半身固定不動，將上半身放低恢復平放。

抗力球伏地挺身 Ball Press-Up

目標肌群

- 腹直肌
  （Rectus abdominis）
- 胸肌（Pectorals）
- 肱三頭肌（Triceps brachii）

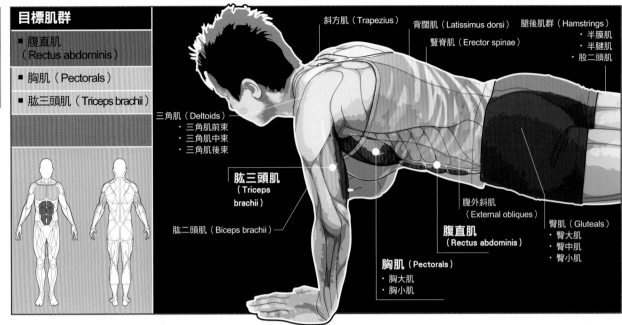

斜方肌（Trapezius）
背闊肌（Latissimus dorsi）
腿後肌群（Hamstrings）
· 半膜肌
· 半腱肌
· 股二頭肌
豎脊肌（Erector spinae）
三角肌（Deltoids）
· 三角肌前束
· 三角肌中束
· 三角肌後束
肱三頭肌（Triceps brachii）
腹外斜肌（External obliques）
臀肌（Gluteals）
· 臀大肌
· 臀中肌
· 臀小肌
肱二頭肌（Biceps brachii）
腹直肌（Rectus abdominis）
胸肌（Pectorals）
· 胸大肌
· 胸小肌

將你的腳放在抗力球上，會比一般的伏地挺身更能刺激到胸部、肩部與上手臂（可參閱第 120 頁）。當你的腳放在不穩定的球上，為了保持身體中心線穩定，將使用核心穩定的肌肉群以及髖關節周圍的肌肉群。

務必注意

運動過程中，必須保持身體中心線穩定，不可讓身體中段往地面凹陷，以避免大大增加下背部壓力。推起身體時吐氣，下放身體時吸氣，將有助於姿勢的穩定。

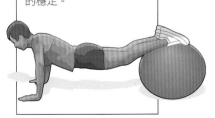

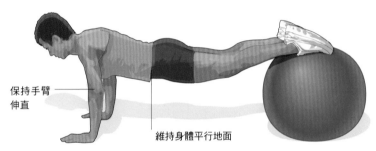

保持手臂伸直

維持身體平行地面

1 將你的腳放在球上，並使腳尖下壓，用雙手支撐身體，此時手掌置於肩關節下方。

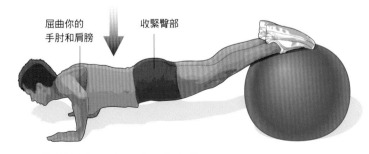

屈曲你的手肘和肩膀

收緊臀部

2 保持核心肌肉用力，在上推回開始位置前，緩慢地儘可能放低身體。

抗力球屈體 Ball Jack Knife

這是一個很有用的進階的動作, 需要很好的平衡感和控制力。它使用你的核心肌肉, 彎曲髖關節, 也刺激到腹部的肌肉。

目標肌群

- 髂腰肌 (Iliopsoas)
- 腹直肌 (Rectus abdominis)

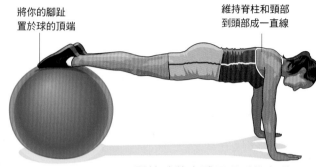

將你的腳趾置於球的頂端

維持脊柱和頸部到頭部成一直線

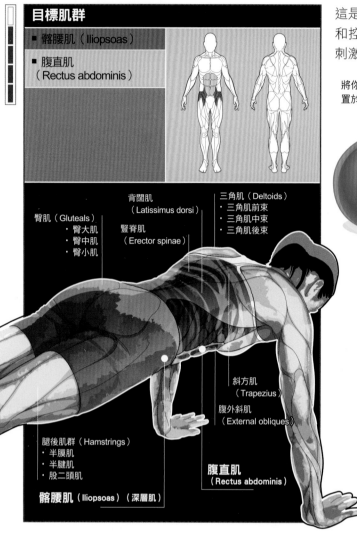

背闊肌 (Latissimus dorsi)

三角肌 (Deltoids)
- 三角肌前束
- 三角肌中束
- 三角肌後束

臀肌 (Gluteals)
- 臀大肌
- 臀中肌
- 臀小肌

豎脊肌 (Erector spinae)

斜方肌 (Trapezius)

腹外斜肌 (External obliques)

腿後肌群 (Hamstrings)
- 半膜肌
- 半腱肌
- 股二頭肌

腹直肌 (Rectus abdominis)

髂腰肌 (Iliopsoas) (深層肌)

1 開始時將身體呈現手推起的姿勢 (可參考第 169 頁的開始姿勢)。保持雙手平放於地面, 雙腳置於球上, 脊柱與頭保持一直線。

保持你的脊柱在中立位置

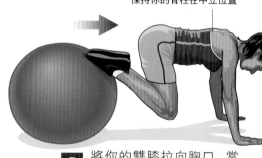

2 將你的雙膝拉向胸口, 當球向前滾動時保持脊柱在中立的位置, 而髖部將會些許抬高。

務必注意

確認你的雙膝沒有下墜, 以及避免手肘彎曲或是讓肩膀向耳朵聳起, 否則這將會造成背部很大的壓力。選擇抗力球的直徑和你的手臂一樣長, 才能使身體在向上推起的姿勢平行地面。

用腳趾保持平衡

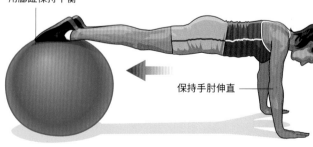

保持手肘伸直

3 保持頸部的延伸, 將球滾回原位時, 把你的腿部伸展, 雙膝伸直。

抗力球背伸展 Ball Back Extension

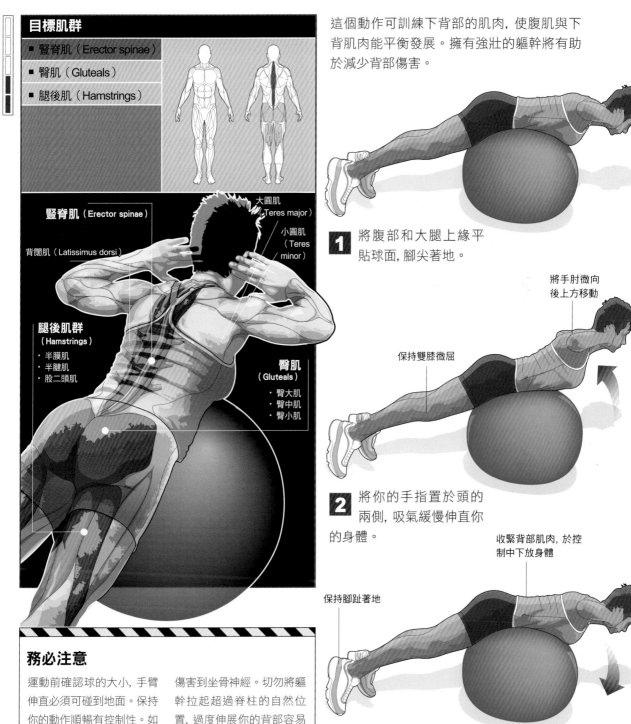

目標肌群

- 豎脊肌（Erector spinae）
- 臀肌（Gluteals）
- 腿後肌（Hamstrings）

豎脊肌（Erector spinae）

背闊肌（Latissimus dorsi）

大圓肌（Teres major）

小圓肌（Teres minor）

腿後肌群（Hamstrings）
- 半膜肌
- 半腱肌
- 股二頭肌

臀肌（Gluteals）
- 臀大肌
- 臀中肌
- 臀小肌

這個動作可訓練下背部的肌肉，使腹肌與下背肌肉能平衡發展。擁有強壯的軀幹將有助於減少背部傷害。

1 將腹部和大腿上緣平貼球面，腳尖著地。

將手肘微向後上方移動

保持雙膝微屈

2 將你的手指置於頭的兩側，吸氣緩慢伸直你的身體。

收緊背部肌肉，於控制中下放身體

保持腳趾著地

3 緩和順暢地放下你的上半身回到開始姿勢並吐氣。

務必注意

運動前確認球的大小，手臂伸直必須可碰到地面。保持你的動作順暢有控制性。如果太快速伸直你的身體，將有擠壓背部椎間盤的風險和傷害到坐骨神經。切勿將軀幹拉起超過脊柱的自然位置，過度伸展你的背部容易發生危險。

側傾 Side Bend

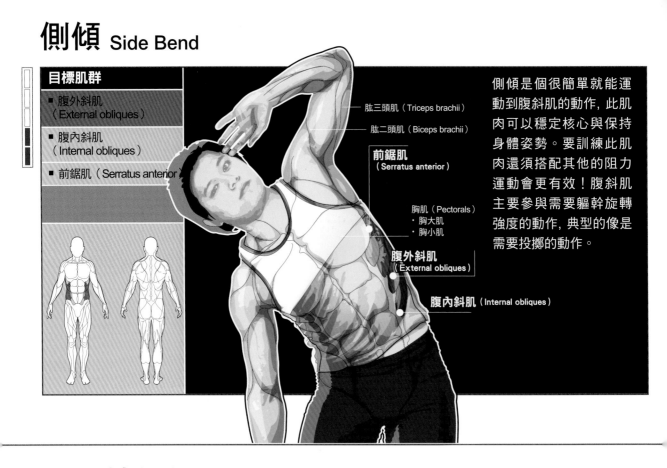

目標肌群

- 腹外斜肌
（External obliques）
- 腹內斜肌
（Internal obliques）
- 前鋸肌（Serratus anterior）

肱三頭肌（Triceps brachii）

肱二頭肌（Biceps brachii）

前鋸肌
（Serratus anterior）

胸肌（Pectorals）
‧胸大肌
‧胸小肌

腹外斜肌
（External obliques）

腹內斜肌（Internal obliques）

側傾是個很簡單就能運動到腹斜肌的動作，此肌肉可以穩定核心與保持身體姿勢。要訓練此肌肉還須搭配其他的阻力運動會更有效！腹斜肌主要參與需要軀幹旋轉強度的動作，典型的像是需要投擲的動作。

羅馬椅側傾 Roman chair Side Bend

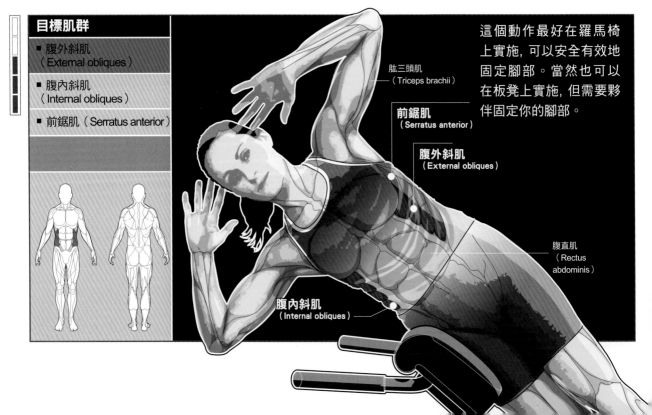

目標肌群

- 腹外斜肌
（External obliques）
- 腹內斜肌
（Internal obliques）
- 前鋸肌（Serratus anterior）

肱三頭肌
（Triceps brachii）

前鋸肌
（Serratus anterior）

腹外斜肌
（External obliques）

腹直肌
（Rectus abdominis）

腹內斜肌
（Internal obliques）

這個動作最好在羅馬椅上實施，可以安全有效地固定腳部。當然也可以在板凳上實施，但需要夥伴固定你的腳部。

手指放在太陽穴旁幫助對齊你的身體

側向移動你的軀幹，而非前向或後向移動

收縮你的腹斜肌，讓軀幹伸直

下放啞鈴至膝蓋

保持膝關節微屈

保持雙腳平貼地面，至少與肩同寬

1 採立姿並微屈膝，持啞鈴手置於腿側並保持伸直。

2 緩慢側傾身體，邊吸氣邊將啞鈴下滑至膝蓋，切勿讓啞鈴晃動。

3 收縮重量對側的腹斜肌讓軀幹伸直。吐氣讓身體回復到直立姿勢。

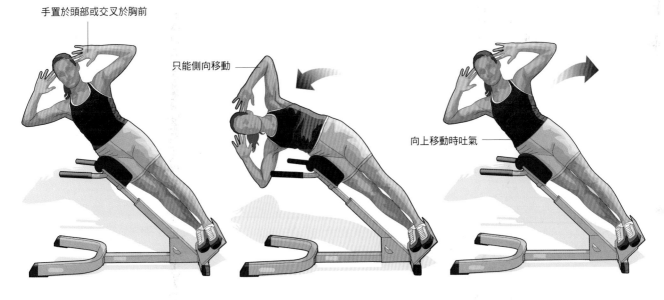

手置於頭部或交叉於胸前

只能側向移動

向上移動時吐氣

1 側躺於羅馬椅上，調整羅馬椅高度，讓上半身以髖關節當轉軸舒適地向地面移動。

2 緩慢地儘可能側傾身體向地面，過程中不可有不適感。動作過程中注意不可讓身體向前或向後傾，下放身體時吸氣。

3 在身體完全伸展時停止，然後溫和地把身體抬高至開始的位置。完成一側後重複另外一側。

前俯棒式 Prone Plank

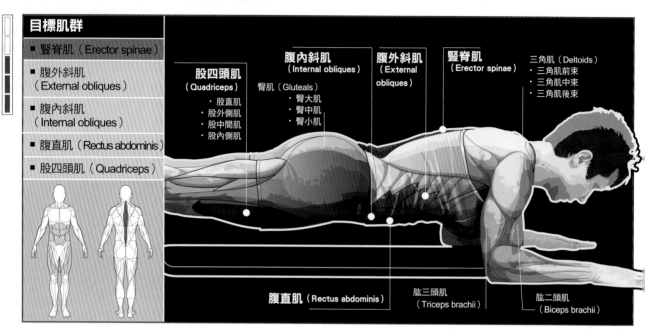

目標肌群

- 豎脊肌（Erector spinae）
- 腹外斜肌（External obliques）
- 腹內斜肌（Internal obliques）
- 腹直肌（Rectus abdominis）
- 股四頭肌（Quadriceps）

這個靜態的地板動作（也叫橋式），使用核心和上下半身的主要肌肉群，來維持姿勢的穩定。這個動作可以預防下背問題。

1 俯身於運動墊上, 手肘置於身體兩側, 雙掌置於頭側, 面貼近地板。

動作變化

你可以在做俯身棒式時, 將一邊手臂和對側腿部伸直, 讓這個動作更有挑戰性。這樣的動作又稱「超人」, 需要很好的平衡能力。若是用腳趾支撐有困難的話, 也可以改用膝蓋為支點, 來讓動作變得簡單些。

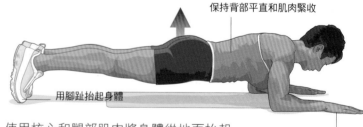

2 使用核心和腿部肌肉將身體從地面抬起, 用前臂和腳趾支撐身體重量並保持呼吸順暢。

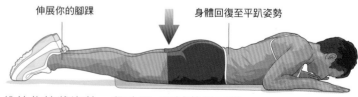

3 維持住棒狀姿勢一段時間, 可試著從20秒開始, 再慢慢地將身體下放回運動墊上。

側棒式　Side Plank

目標肌群

- 腹外斜肌
  （External obliques）
- 腹內斜肌
  （Internal obliques）
- 股四頭肌（Quadriceps）

這是個訓練軀幹兩側的肌肉，有助在許多活動進行時能維持身體良好的姿勢。這也是很容易在家裡操作的腰部緊實動作。

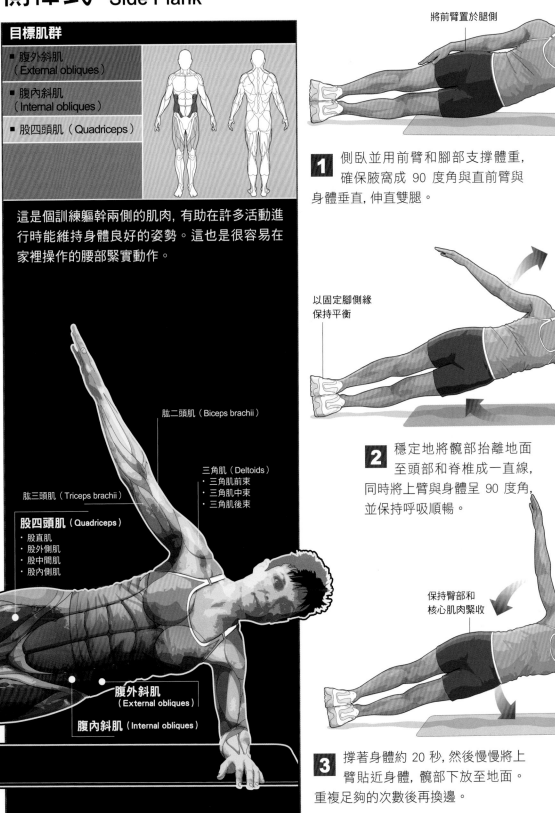

股四頭肌（Quadriceps）
- 股直肌
- 股外側肌
- 股中間肌
- 股內側肌

肱三頭肌（Triceps brachii）

肱二頭肌（Biceps brachii）

三角肌（Deltoids）
- 三角肌前束
- 三角肌中束
- 三角肌後束

腹外斜肌
（External obliques）

腹內斜肌（Internal obliques）

將前臂置於腿側

1 側臥並用前臂和腳部支撐體重，確保腋窩成 90 度角與直前臂與身體垂直，伸直雙腿。

以固定腳側緣保持平衡

2 穩定地將髖部抬離地面至頭部和脊椎成一直線，同時將上臂與身體呈 90 度角，並保持呼吸順暢。

保持臀部和核心肌肉緊收

3 撐著身體約 20 秒，然後慢慢將上臂貼近身體，髖部下放至地面。重複足夠的次數後再換邊。

V 字抬腿 V-Leg Raise

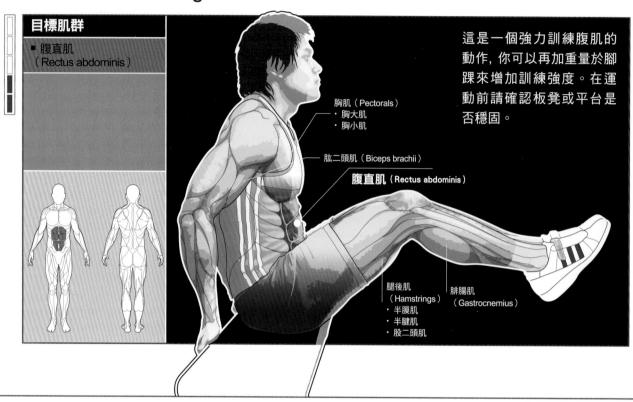

目標肌群

- 腹直肌
  （Rectus abdominis）

胸肌（Pectorals）
- 胸大肌
- 胸小肌

肱二頭肌（Biceps brachii）

腹直肌（Rectus abdominis）

腿後肌
（Hamstrings）
- 半膜肌
- 半腱肌
- 股二頭肌

腓腸肌
（Gastrocnemius）

這是一個強力訓練腹肌的動作，你可以再加重量於腳踝來增加訓練強度。在運動前請確認板凳或平台是否穩固。

單手硬舉 Suitcase Deadlift

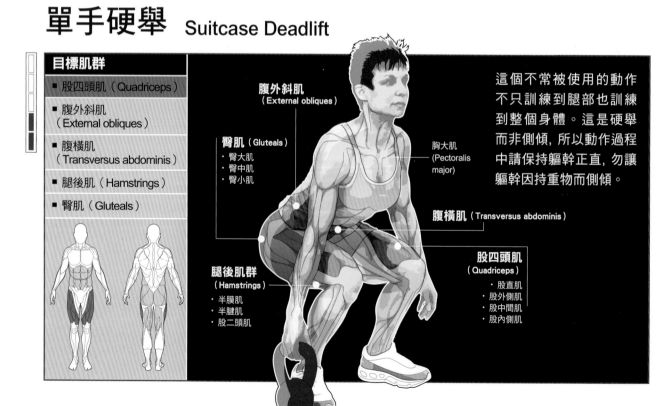

目標肌群

- 股四頭肌（Quadriceps）
- 腹外斜肌
  （External obliques）
- 腹橫肌
  （Transversus abdominis）
- 腿後肌（Hamstrings）
- 臀肌（Gluteals）

腹外斜肌
（External obliques）

臀肌（Gluteals）
- 臀大肌
- 臀中肌
- 臀小肌

胸大肌
（Pectoralis major）

腹橫肌（Transversus abdominis）

腿後肌群
（Hamstrings）
- 半膜肌
- 半腱肌
- 股二頭肌

股四頭肌
（Quadriceps）
- 股直肌
- 股外側肌
- 股中間肌
- 股內側肌

這個不常被使用的動作不只訓練到腿部也訓練到整個身體。這是硬舉而非側傾，所以動作過程中請保持軀幹正直，勿讓軀幹因持重物而側傾。

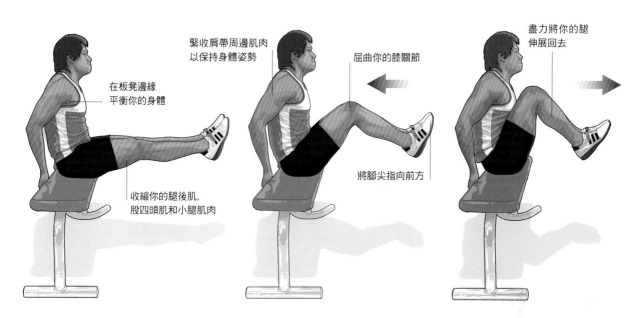

在板凳邊緣
平衡你的身體

緊收肩帶周邊肌肉
以保持身體姿勢

屈曲你的膝關節

盡力將你的腿
伸展回去

收縮你的腿後肌,
股四頭肌和小腿肌肉

將腳尖指向前方

1 坐在板凳上用手抓握住身後的墊子以固定身體抬起雙腳，並保持趾尖向前。

2 保持足部和膝部併攏，屈膝並將膝蓋往胸口靠近，將身體微向前傾以保持平衡。

3 盡可能將膝蓋收近身體。回復動作時將髖部和膝部伸展，同時並微微後傾身體保持平衡。

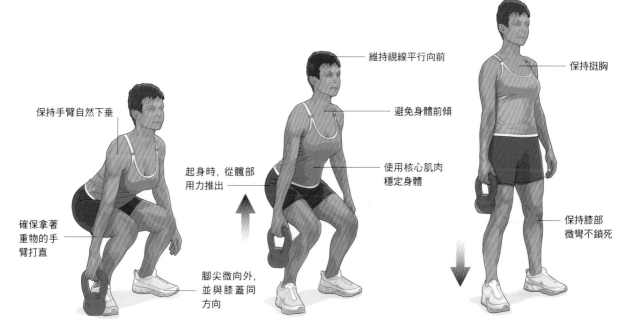

保持手臂自然下垂

維持視線平行向前

保持挺胸

起身時，從髖部用力推出

避免身體前傾

確保拿著重物的手臂打直

使用核心肌肉穩定身體

保持膝部微彎不鎖死

腳尖微向外，並與膝蓋同方向

1 動作開始時，將壺鈴置於足部外緣，髖部在膝部上方，背部打直並緊收。

2 保持良好的身體姿勢，用雙腿強力將身體上推，想像將雙腳推進地面。

3 起身直立並將負重置於腿側。回到開始姿勢反覆操作完一組再換邊。

伐木 Woodchop

目標肌群

- 腹外斜肌（External obliques）
- 胸肌（Pectorals）
- 前鋸肌（Serratus anterior）
- 棘上肌（Supraspinatus）
- 大圓肌（Teres major）
- 小圓肌（Teres minor）

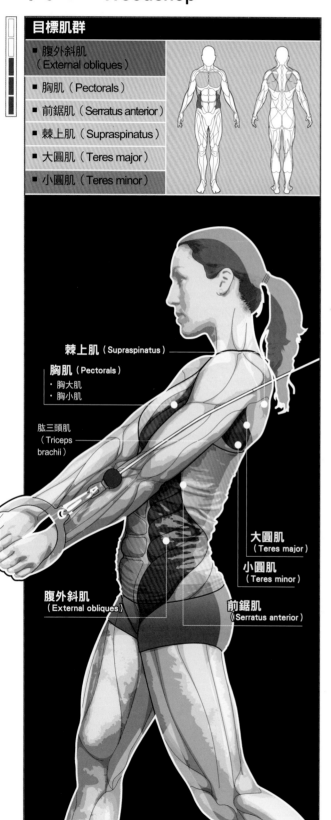

棘上肌（Supraspinatus）

胸肌（Pectorals）
・胸大肌
・胸小肌

肱三頭肌（Triceps brachii）

大圓肌（Teres major）

小圓肌（Teres minor）

腹外斜肌（External obliques）

前鋸肌（Serratus anterior）

這是一個很有效的旋轉動作，可以訓練軀幹的肌肉，很適合用來當作投擲或者球拍和球棒運動的訓練動作。

1 將滑輪固定於比肩稍高的位置，選擇適當重量，側站於滑輪邊，旋轉身體，雙手抓握鞍形手把。

讓雙手高於肩

以舒適為原則打開雙腳

4 在旋轉過程中保持手臂打直。確保肩部和髖部在同一直線上，頭部面向手把。

確保手臂打直

膝部微屈並旋轉

2 將手把拉下穿過身體向髖部移動, 感覺像用斧頭砍樹一般旋轉你的身體。

眼睛看著雙手的位置。

保持軀幹正直

以腳掌當轉軸

3 順暢地下拉手把, 你的髖部和膝部可以稍微旋轉。

保持外側的肩膀高於內側

將把手拉向內側髖部

5 旋轉到頭部, 肩部, 髖部和手部成一直線, 之後再回復至開始位置。完成一組後再換邊。

將手部, 肩膀和纜線排成一線

強力收縮臀肌

以腳趾為轉軸向外旋轉足部

動作變化

試著使用直棒取代鞍形握把。開始動作時臉部向滑輪, 雙腳與髖部同寬, 雙腳穩定, 雙手打直將身體扭轉回滑輪。動作完成時, 你的視線應該能經過一側的肩膀望向滑輪。下拉滑索時, 保持手臂打直, 下拉至內側手與對側髖部同高即可。

務必注意

進行此一動作前請充分暖身, 因為此動作對下背會產生很大的旋轉壓力, 充分暖身可預防傷害發生。此動作可以快速增加力量, 特別是以高速進行時, 請務必確認兩側的訓練量是否一致, 以預防肌力發展不均的傷害。

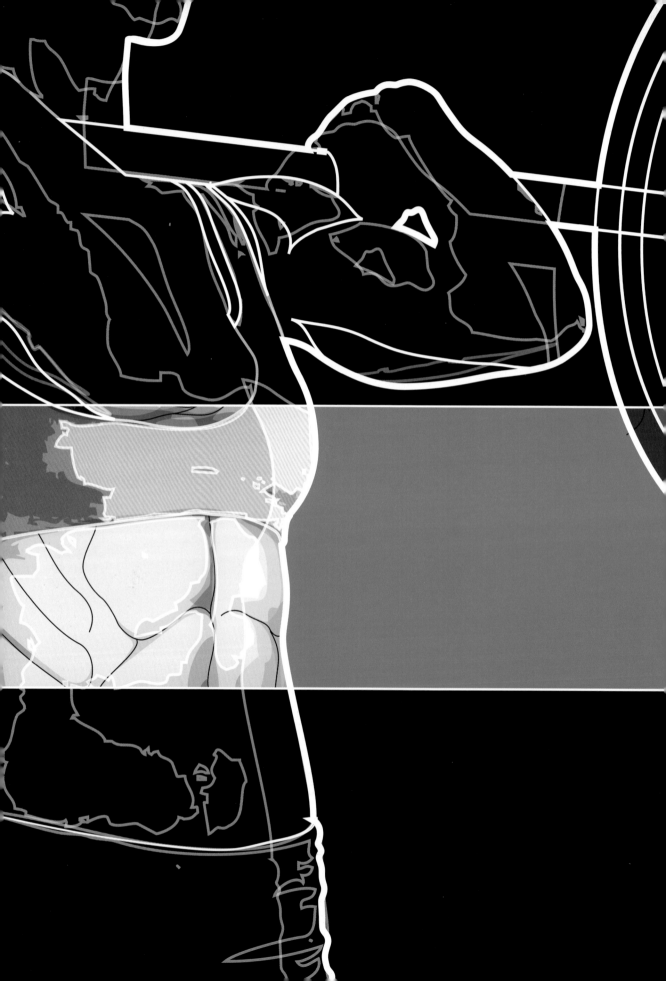

9

動態舉重

爆發式上搏 Power Clean

目標肌群

- 股四頭肌（Quadriceps）
- 腿後肌（Hamstrings）
- 腓腸肌（Gastrocnemius）
- 比目魚肌（Sloeus）
- 臀肌（Gluteals）
- 胸肌（Pectorals）
- 三角肌（Deltoids）

這個爆發性的動作在操作上難度很高，但能極有效地強化全身的肌力。使用輕重量也可以是很好的暖身動作。

1 採蹲姿，雙腳與髖部同寬，並使髖部高於膝部。雙手正握（掌心向身體）槓鈴，握距略大於肩寬。

肱二頭肌（Biceps brachii）

胸肌（Pectorals）
- 胸大肌
- 胸小肌

前鋸肌（Serratus anterior）
背闊肌（Latissimus dorsi）

腹外斜肌（External obliques）
腹直肌（Rectus abdominis）
腹內斜肌（Internal obliques）

肱三頭肌（Triceps brachii）

三角肌（Deltoids）
- 三角肌前束
- 三角肌中束
- 三角肌後束

臀肌（Gluteals）
- 臀大肌
- 臀中肌
- 臀小肌

腿後肌（Hamstrings）
- 半膜肌
- 半腱肌
- 股二頭肌

股四頭肌（Quadriceps）
- 股直肌
- 股外側肌
- 股中間肌
- 股內側肌

順著槓旋轉手臂

腓腸肌（Gastrocnemius）

比目魚肌（Soleus）

4 達到完全伸展時，降低你的身體於槓的下方，並且下放與旋轉手肘。

務必注意

實施所有動態舉重動作時，須在適合的平台上。這是個複雜的動作，需要極佳的技巧、平衡與控制能力。先使用輕重量來練習，直到動作完美。如果可以，請找有舉重認證的教練來練習。

儘可能讓肩膀位於槓的上方

讓槓接觸大腿的上端

2 將槓鈴抬高過膝，雙腳用力把槓鈴向上驅動，此時將髖部向前推進。

保持槓靠近身體

將肩部上升到最高點時，開始放下手肘

3 強力伸展你的髖部，膝部和腳踝，保持槓靠近你的身體，用力向上聳肩。

當用力拉高時，腳趾可能會離開地面

收緊核心肌群以穩定身體

將手肘推向前以穩定槓

身體下降到半蹲位置

5 髖和膝關節彎曲至半蹲狀態，並在肩上抓住槓，伸展腿部站直。

雙腳分開站穩

控制槓鈴的下放

6 保持背部打直，在控制下將槓鈴下放至大腿，再將槓鈴放回地面。

雙腳平貼地板

爆發式抓舉 Power Snatch

目標肌群

- 股四頭肌（Quadriceps）
- 腿後肌（Hamstrings）
- 腓腸肌（Gastrocnemius）
- 比目魚肌（Soleus）
- 臀肌（Gluteals）
- 胸肌（Pectorals）
- 肱三頭肌（Triceps brachii）
- 三角肌（Deltoids）

肱二頭肌（Biceps brachii）

肱三頭肌（Triceps brachii）

三角肌（Deltoids）
- 三角肌前束
- 三角肌中束
- 三角肌後束

前鋸肌（Serratus anterior）
背闊肌（Latissimus dorsi）

臀肌（Gluteals）
- 臀大肌
- 臀中肌
- 臀小肌

腿後肌（Hamstrings）
- 半膜肌
- 半腱肌
- 股二頭肌

胸肌（Pectorals）
- 胸大肌
- 胸小肌

腹直肌（Rectus abdominis）
腹外斜肌（External obliques）
腹橫肌（Transversus abdominis）

股四頭肌（Quadriceps）
- 股直肌
- 股外側肌
- 股中間肌
- 股內側肌

腓腸肌（Gastrocnemius）
比目魚肌（Soleus）

這是個速度快、技巧性高且辛苦的動作，是一項提升全身的爆發力的理想動作。一開始請使用輕重量練習。

保持你的髖部高於膝部

保持手臂伸直

1 採蹲姿，雙腳與髖部同寬，正握槓鈴，雙手儘可能寬握在槓鈴的軸環邊。

鎖住手肘

5 下蹲至伸直手臂可以抓住槓的位置，像出拳般地伸直手臂並用力固定手肘抓住槓。

屈膝淺蹲

將肩膀往後
上方提高

保持槓靠近身體

微曲手肘,
讓槓過頭

保持槓靠近身體

腳掌用力推起

當強力拉起時,
腳趾可能會離開地面

2 將槓鈴抬高過膝, 雙腳用力把
槓鈴向上驅動, 此時將髖部向
前推進。

3 強力伸展你的髖部, 膝部和腳
踝, 保持槓靠近你的身體, 用
力向上聳肩。

4 當槓上升時, 降低你的身體
於槓的下方, 並將手肘向下
旋轉。

伸直雙腿,
將槓鈴舉到
最高點

6 將重量高舉過
肩站立前, 請先
確保槓鈴穩定與平
衡。保持你的背部
緊收, 略微抬頭。

收緊核心肌肉,
穩定身體

保持雙腳與髖部同寬
並平貼於地板

7 下放槓時, 保持
槓靠近身體並
在控制下進行。屈
膝, 先將槓置於腿部
上緣再放回地面。

保持背部
打直穩定

當槓下放至
大腿時屈膝

務必注意

爆發式抓舉是一個具爆發性的舉重動
作, 速度高於爆發式上搏。如果技術不
純熟, 容易引起背部傷害。在運動過程
中, 隨時保持背部打直與肌肉緊收。

懸掛式上搏 Power Clean From Hang

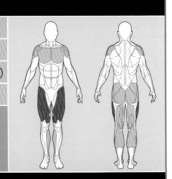

目標肌群

- 股四頭肌（Quadriceps）
- 臀肌（Gluteals）
- 腿後肌（Hamstrings）
- 胸肌（Pectorals）
- 腓腸肌（Gastrocnemius）
- 三角肌（Deltoids）
- 比目魚肌（Soleus）

這個動態舉重的動作需要很好的協調能力和爆發力，它能夠非常有效地增進舉重和大部分運動所需的爆發力。

頭部稍微
面向下方

1 採蹲姿，雙腳與髖部同寬，雙手正握槓鈴，握距與肩同寬。髖部應該高於膝部，而肩部應在槓的前方。

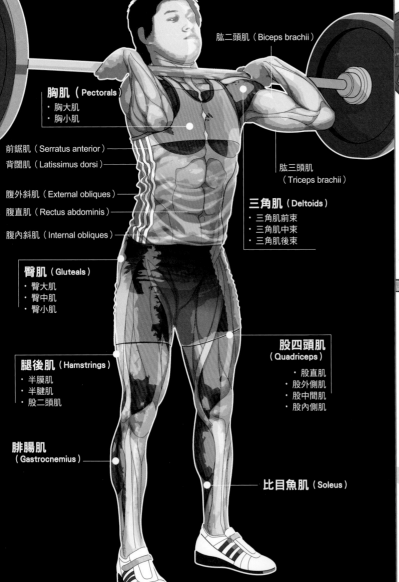

肱二頭肌（Biceps brachii）

胸肌（Pectorals）
· 胸大肌
· 胸小肌

前鋸肌（Serratus anterior）
背闊肌（Latissimus dorsi）

腹外斜肌（External obliques）
腹直肌（Rectus abdominis）
腹內斜肌（Internal obliques）

肱三頭肌
（Triceps brachii）

三角肌（Deltoids）
· 三角肌前束
· 三角肌中束
· 三角肌後束

臀肌（Gluteals）
· 臀大肌
· 臀中肌
· 臀小肌

股四頭肌
（Quadriceps）
· 股直肌
· 股外側肌
· 股中間肌
· 股內側肌

腿後肌（Hamstrings）
· 半膜肌
· 半腱肌
· 股二頭肌

腓腸肌
（Gastrocnemius）

比目魚肌（Soleus）

開始旋轉雙手
並讓手肘順著槓旋轉

4 持續上提槓鈴，儘可能給予向上的動力。當槓鈴抬起時，開始讓身體下沈低於槓鈴。

務必注意

這是一個會給予下背很重負荷的進階動作，所以運動前請充分暖身，並量力而為，切勿有重量迷思，以致於失去動作的精準度。切勿先讓手拉起重量，應使用腿和髖部伸展的力量來帶動。

保持背部打直與肌肉緊收

將槓置於膝蓋上方

保持槓鈴平衡

向上拉高時，伸展你的腿肌

提高你的肩部

舉起過程中，儘可能保持槓靠近身體

腳趾用力，讓身體完全伸展

2 雙手伸直，將槓鈴抬高過膝並輕輕地置於腿上，保持背部打直。這是開始動作的「懸掛」姿勢。

3 動作開始時保持手臂伸直，將髖部移向槓鈴後強力地伸直腿部給予槓鈴向上的動力。

保持抬頭並打直背部

將手肘指向前方

保持髖部高於膝部的半蹲位置

使用核心肌肉穩定身體

下放重量時，膝部和髖部彎曲

5 當槓到達肩高時，將手肘往前推出並於肩部頂端抓住槓。屈膝吸收衝擊力後再將腿伸直回到立姿。

6 要將槓鈴放下回到動作 2 的姿勢時，靠近身體沿著槓把旋轉你的手肘和手腕，在控制下慢慢放下槓把於雙腿。

懸掛式抓舉 Power Snatch From Hang

目標肌群

- 股四頭肌（Quadriceps）
- 腿後肌（Hamstrings）
- 腓腸肌（Gastrocnemius）
- 比目魚肌（Soleus）
- 臀肌（Gluteals）
- 胸肌（Pectorals）
- 三角肌（Deltoids）
- 肱三頭肌（Triceps brachii）

這個爆發性的動作需要很高的技巧性, 但是可以幫助全身爆發力和運動能力的提升。

肱二頭肌（Biceps brachii）

肱三頭肌
（Triceps brachii）

三角肌（Deltoids）
· 三角肌前束
· 三角肌中束
· 三角肌後束

前鋸肌（Serratus anterior）
背闊肌（Latissimus dorsi）

臀肌
（Gluteals）
· 臀大肌
· 臀中肌
· 臀小肌

腿後肌
（Hamstrings）
· 半膜肌
· 半腱肌
· 股二頭肌

胸肌（Pectorals）
· 胸大肌
· 胸小肌

腹直肌（Rectus abdominis）
腹外斜肌（External obliques）
腹橫肌（Transversus abdominis）

股四頭肌（Quadriceps）
· 股直肌
· 股外側肌
· 股中間肌
· 股內側肌

腓腸肌（Gastrocnemius）
比目魚肌（Soleus）

保持你的髖部高於膝部

1 採蹲姿, 雙腳與髖部同寬, 雙手採抓舉式寬握（見第184 頁）, 並讓頭部直視斜下方, 伸直雙手, 打直背部。

5 將手肘往外上方持續拉起槓把。當槓把上升時, 開始將身體下沈, 屈膝並將手肘和手腕轉到槓把下方。

將手肘指向
槓把的末端

肩膀和胸部
位置維持在
槓把的上方

用你的髖部和
雙腳開始動作
而非手臂

用力
拉起槓把

用腿的力量拉起槓鈴

腳趾指向下蹬

2 將槓鈴抬起略高於膝，此時微微屈膝，將槓把置於雙腿下緣。這是開始動作的「懸掛」姿勢。

3 開始爆發動作，將髖部推向槓把，伸展雙腿並將肩部聳起。

4 持續向上強力拉起，用力伸展你的髖部、膝部、腳踝並用力提肩，給予槓鈴向上的驅力。

向上與向外
推出槓把

在舉起動作結束時，
鎖住你的手肘

保持背部肌肉
收緊和挺胸

屈膝到半蹲姿勢

解開鎖住的
手肘，準備
下放槓把

使用核心肌肉
穩定身體

下放槓把時屈膝

6 下沉身體至半蹲姿勢並保持背部打直，雙腳平貼地面。在頭頂上一個手臂長的距離抓握槓把，然後起身站直。

7 要將槓鈴下放回到動作 2 的姿勢時，保持背部肌肉緊收，槓把靠近身體並在控制下放低至大腿。

下蹲式上搏 Squat Clean

這是一個兼具流暢性與爆發性的動作，需要將重量下放至深蹲的位置。這個動作可以有效發展動態的肌力。

目標肌群

- 股四頭肌（Quadriceps）
- 腿後肌（Hamstrings）
- 腓腸肌（Gastrocnemius）
- 比目魚肌（Soleus）
- 臀肌（Gluteals）
- 胸肌（Pectorals）
- 三角肌（Deltoids）

肱二頭肌（Biceps brachii）

胸肌（Pectorals）
・胸大肌
・胸小肌

前鋸肌（Serratus anterior）
背闊肌（Latissimus dorsi）

腹外斜肌（External obliques）
腹直肌（Rectus abdominis）
腹內斜肌（Internal obliques）

肱三頭肌
（Triceps brachii）

三角肌（Deltoids）
・三角肌前束
・三角肌中束
・三角肌後束

臀肌（Gluteals）
・臀大肌
・臀中肌
・臀小肌

腿後肌（Hamstrings）
・半膜肌
・半腱肌
・股二頭肌

股四頭肌（Quadriceps）
・股直肌
・股外側肌
・股中間肌
・股內側肌

腓腸肌（Gastrocnemius）

比目魚肌（Soleus）

1 雙腳與髖部同寬並屈膝，打直背部，頭部向前。手與肩寬握住槓把。

將槓把置於肩部上緣，保持挺胸

蹲下並讓髖部低於膝蓋

4 下降身體至深蹲姿勢，保持軀幹直立，膝蓋與腳在同一直線，提高手肘。

聳肩向上

用腿部肌肉向上推

腳趾用力將腿部完全伸展並將槓鈴拉起

腳向下蹬

在槓把下方，將手肘上推維持姿勢的固定

保持你膝蓋和腳在同一直線上

2 爆發性地用腿向上推起，將槓把靠近身體並用力拉起。當槓把經過膝蓋時，將髖部推近槓把。

3 下沈身體並屈膝，使你可以在胸部上緣抓住槓把。保持聳肩並讓膝蓋和腳在同一直線上

保持手肘抬高

保持身體直立和背部肌肉緊收

使用核心肌肉穩定身體

手肘轉到下方以準備放下槓把

在放下槓把前解開固定的膝關節

5 從深蹲姿式站起。先將臀部抬起，然後強力驅動你的腿部並保持挺胸。

6 緩慢並在控制下放低槓把於雙腿上。保持背部平直，將槓鈴放置地面回到開始姿勢。

前槓鈴深蹲 Heavy Front Squat

這個單純的爆發力訓練動作可發展許多種運動所需的體格, 特別是那些需要動態跳躍或推動的運動。

目標肌群

- 股四頭肌 （Quadriceps）
- 腿後肌 （Hamstrings）
- 臀肌 （Gluteals）
- 腓腸肌 （Gastrocnemius）
- 比目魚肌 （Soleus）
- 胸肌 （Pectorals）
- 三角肌 （Deltoids）

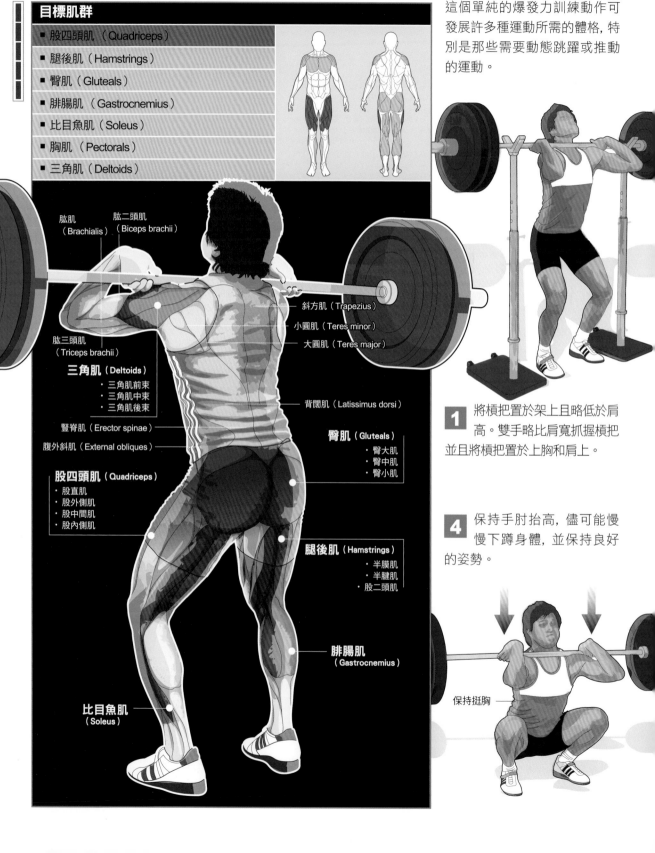

肱肌 （Brachialis）
肱二頭肌 （Biceps brachii）
肱三頭肌 （Triceps brachii）

三角肌 （Deltoids）
- 三角肌前束
- 三角肌中束
- 三角肌後束

豎脊肌 （Erector spinae）
腹外斜肌 （External obliques）

股四頭肌 （Quadriceps）
- 股直肌
- 股外側肌
- 股中間肌
- 股內側肌

斜方肌 （Trapezius）
小圓肌 （Teres minor）
大圓肌 （Teres major）
背闊肌 （Latissimus dorsi）

臀肌 （Gluteals）
- 臀大肌
- 臀中肌
- 臀小肌

腿後肌 （Hamstrings）
- 半膜肌
- 半腱肌
- 股二頭肌

腓腸肌 （Gastrocnemius）

比目魚肌 （Soleus）

1 將槓把置於架上且略低於肩高。雙手略比肩寬抓握槓把並且將槓把置於上胸和肩上。

4 保持手肘抬高, 儘可能慢慢下蹲身體, 並保持良好的姿勢。

保持挺胸

務必注意

當使用高重量做蹲舉的動作時，找個好的護槓者協助是有必要的，特別是將槓把拿起或放回架上的時候。當身體下降到底部時速度儘量放慢，且避免彈震。運動過程中，全程保持背部肌肉緊收與直立。

過程中保持抬頭

採正握並讓手掌朝上，手肘抬高

讓髖部剛好位於槓把的下方

雙腳與髖部同寬，腳尖微微向外

抬高手肘以固定置於上胸和肩部的槓把

2 將槓把從架上舉起，後退兩三步離開架子，直立身體。

3 髖和膝關節彎曲讓身體下蹲。保持背部肌肉緊收和打直，膝蓋和腳尖在同一直線上。

使用你的核心肌肉來穩定身體

用腿部肌肉推起身體

將槓把放回架上時保持槓把的平衡和穩定

5 伸展髖部和膝關節使身體站立，持續保持手肘抬高以固定槓把。當身體直立時，將手肘向前和向上推出。

6 重複動作 3 到 5，直到達到要做的次數。然後向前跨步到架子之間，下放槓把，保持抬頭、背部直立和肌肉緊收。

過頭蹲舉 Overhead Squat

過頭蹲舉這個動作有助於發展腿部、上半身和肩帶的肌力、平衡性與柔軟度。這是一個值得採用並適合所有體育項目的訓練動作。

目標肌群

- 股四頭肌（Quadriceps）
- 腿後肌（Hamstrings）
- 腓腸肌（Gastrocnemius）
- 比目魚肌（Soleus）
- 臀肌（Gluteals）
- 肱三頭肌（Triceps brachii）
- 三角肌（Deltoids）

肱二頭肌（Biceps brachii）
斜方肌（Trapezius）

三角肌（Deltoids）
・三角肌前束
・三角肌中束
・三角肌後束

肱三頭肌（Triceps brachii）

小圓肌（Teres minor）
大圓肌（Teres major）
前鋸肌（Serratus anterior）
背闊肌（Latissimus dorsi）

胸肌（Pectorals）
・胸大肌
・胸小肌

腹外斜肌（External obliques）
腹內斜肌（Internal obliques）

腹直肌（Rectus abdominis）

臀肌（Gluteals）
・臀大肌
・臀中肌
・臀小肌

股四頭肌（Quadriceps）
・股直肌
・股外側肌
・股中間肌
・股內側肌

腿後肌（Hamstrings）
・半膜肌
・半腱肌
・股二頭肌

腓腸肌（Gastrocnemius）

比目魚肌（Soleus）

在下蹲前確保槓鈴的穩定和抓緊槓把

伸直固定你的手肘

收縮核心肌群，以穩定身體

腳趾微微向外

3 將槓把從背部上緣推舉過頭，並讓手肘伸直固定，運動過程中，背部肌肉保持緊收。

1 跨步向前於槓把下方並屈膝；將槓把置於背部上方，雙手距離比肩稍寬抓住槓把。

將槓把置於三角肌後束與斜方肌上段

2 直立身體，雙腳與髖部同寬，腳趾微微向外。從架上取槓，向後跨步，增加雙手距離至抓舉位置（見第 184 頁），並將手肘屈曲約 90 度。

確定與槓鈴架保持適當距離

保持背部打直和核心肌肉用力

保持抬頭挺胸

保持槓在腳的正上方

4 保持背部肌肉緊收，屈曲髖和膝關節到深蹲的位置，當下降身體時，腳跟用力下推。

將臀部後推時，膝關節彎曲

將膝蓋微微向外並與腳尖同向

5 從深蹲姿式，藉著伸展髖和膝關節用力上推，回到開始姿勢（動作 3）。完成組數後再將槓把放回架上。

務必注意

這個動作被認為是最有挑戰性的肌力訓練之一，它同時考驗你的穩定度與平衡。開始練習此動作時最好使用輕重量或空槓。當實施動作時，確保有能力的護槓者從旁協助。

挺舉接槓 Jerk Balance

目標肌群

- 股四頭肌（Quadriceps）
- 腿後肌（Hamstrings）
- 臀肌（Gluteals）
- 胸肌（Pectorals）
- 肱三頭肌（Triceps brachii）
- 腓腸肌（Gastrocnemius）
- 比目魚肌（Soleus）

挺舉接槓是一個複合式的動作，可以發展全身的肌力並增進穩定度和平衡性。

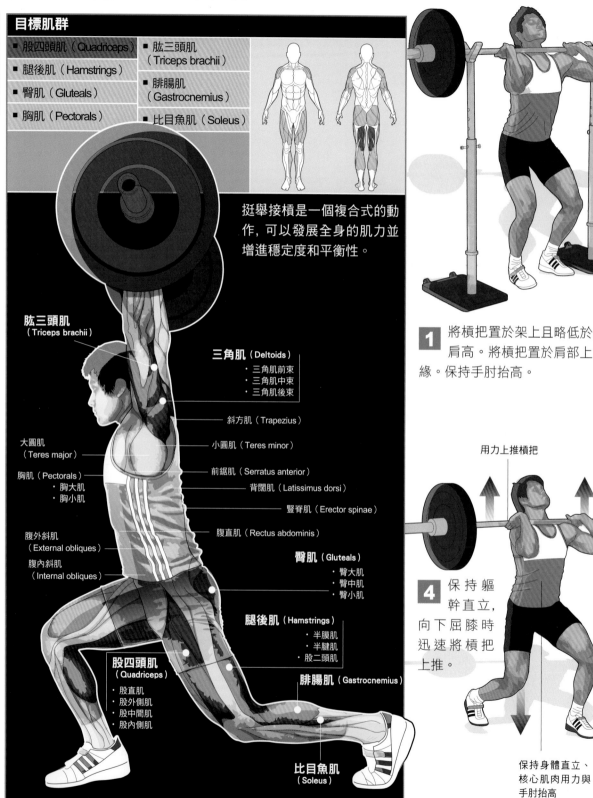

肱三頭肌（Triceps brachii）

三角肌（Deltoids）
- 三角肌前束
- 三角肌中束
- 三角肌後束

斜方肌（Trapezius）

小圓肌（Teres minor）

前鋸肌（Serratus anterior）

背闊肌（Latissimus dorsi）

豎脊肌（Erector spinae）

腹直肌（Rectus abdominis）

大圓肌（Teres major）

胸肌（Pectorals）
- 胸大肌
- 胸小肌

腹外斜肌（External obliques）

腹內斜肌（Internal obliques）

臀肌（Gluteals）
- 臀大肌
- 臀中肌
- 臀小肌

腿後肌（Hamstrings）
- 半膜肌
- 半腱肌
- 股二頭肌

股四頭肌（Quadriceps）
- 股直肌
- 股外側肌
- 股中間肌
- 股內側肌

腓腸肌（Gastrocnemius）

比目魚肌（Soleus）

1 將槓把置於架上且略低於肩高。將槓把置於肩部上緣。保持手肘抬高。

用力上推槓把

4 保持軀幹直立，向下屈膝時迅速將槓把上推。

保持身體直立、核心肌肉用力與手肘抬高

略比肩寬抓握槍把

2 將置於肩部上緣的槍鈴扛起,與架子取適當距離往後退。

將槍把置於
胸上緣和肩部

將重量放在
後腳的腳掌上

保持前腳
平貼於地板

3 採立姿且雙腳與髖部同寬。保持手肘抬高,背部打直且肌肉緊收,向前跨出一大步,此為挺舉接槍的開始姿勢。

伸直固定手肘

保持膝部在腳
的上方並且在
同一直線上

5 前腳向前小步跨出,同時將槍把高舉過頭並伸直固定手肘。此時槍把、肩部和髖部應在同一直線上。

腳跟抬高並與
小腿成一直線

在控制下
開始放低槍把

保持核心肌
肉收緊與身
體的穩定

6 保持雙腳固定,伸直前腿且回復到開始姿勢。緩慢地在控制下將槍把下放至於胸部上緣與肩部。重複動作 3 ~ 6直到完成一組動作後,再將槍把置回架上。

穩定保持
雙腳位置

抓舉接槓 Snatch Balance

目標肌群

- 股四頭肌（Quadriceps）
- 腿後肌（Hamstrings）
- 臀肌（Gluteals）
- 胸肌（Pectorals）
- 肱三頭肌（Triceps brachii）
- 腓腸肌（Gastrocnemius）
- 比目魚肌（Soleus）

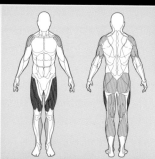

斜方肌（Trapezius）

肱三頭肌（Triceps brachii）

豎脊肌（Erector spinae）

腹外斜肌（External obliques）

臀肌（Gluteals）
· 臀大肌
· 臀中肌
· 臀小肌

三角肌（Deltoids）
· 三角肌前束
· 三角肌中束
· 三角肌後束

背闊肌（Latissimus dorsi）

這個多關節的全身性動作是由過頭蹲舉衍生而來，可以強化肩帶、上背部以及腿部的肌力。

股四頭肌（Quadriceps）
· 股直肌
· 股外側肌
· 股中間肌
· 股內側肌

腿後肌（Hamstrings）
· 半膜肌
· 半腱肌
· 股二頭肌

腓腸肌（Gastrocnemius）

比目魚肌（Soleus）

微微屈膝

1 將槓把置於架上且略低於肩高。置槓把於背部上緣。

4 持續下蹲到深蹲的位置。保持身體直立、背部打直、核心用力以及頭部在槓把前方且垂直地面。

保持槓把、肩部和腳部在同一直線上

手肘伸直固定

保持膝部於腳趾上方

收縮核心肌肉

腳尖微微向外

2 向後跨步離開架子，並使雙腳與髖部同寬。小心地移動雙手到抓舉的寬度（見第 184 頁）。

避免拱背

將髖部後推，核心肌肉用力

保持膝部和腳在同一直線上

腳尖向外，雙腳距離加寬

3 將槓把向上驅動，並在槓把落下前快速下蹲，使得手臂能伸直抓握槓把。

手臂持續用力支撐槓鈴

手肘伸直固定

保持軀幹直立，收緊核心

輕微抬起臀部

5 從深蹲姿勢，用腿部將身體向上用力驅動。調整肩部的角度使身體保持平衡。將槓把高舉過頭並完全站直。

維持背部打直

保持核心肌肉用力來穩定身體

6 控制上背部肌肉，緩緩下放重量，並且將雙腳回復與髖部同寬的位置。重複動作 3 ~ 6，完成一組後再將槓把置回架上。

分腿式抓舉 Split Snatch

目標肌群

- 股四頭肌（Quadriceps）
- 腿後肌（Hamstrings）
- 臀肌（Gluteals）
- 三角肌（Deltoids）

肱二頭肌（Biceps brachii）

肱三頭肌（Triceps brachii）

小圓肌（Teres minor）
大圓肌（Teres major）

三角肌（Deltoids）
- 三角肌前束
- 三角肌中束
- 三角肌後束

臀肌（Gluteals）
- 臀大肌
- 臀中肌
- 臀小肌

腿後肌（Hamstrings）
- 半膜肌
- 半腱肌
- 股二頭肌

胸肌（Pectorals）
- 胸大肌
- 胸小肌

前鋸肌（Serratus anterior）

腹直肌（Rectus abdominis）

腹外斜肌（External obliques）

腹內斜肌（Internal obliques）

股四頭肌（Quadriceps）
- 股直肌
- 股外側肌
- 股中間肌
- 股內側肌

腓腸肌（Gastrocnemius）

比目魚肌（Soleus）

這一項舉重動作要求速度，並可以增進身體的敏捷度。訓練過程須交替前後腳以確保肌肉的平衡發展。

1 雙腳打開與髖部同寬。雙手正握槓鈴且握距大於肩寬，保持髖部高於膝部。

保持背部打直且頭看向前方

開始時槓把在腳尖上方

4 當槓把向上提起時，快速分開雙腿，一腳向前，一腳向後。開始屈曲手肘和手腕，將手臂轉至槓把下方。

將腿分開

保持手臂打直

當槓把提起高於膝蓋時,將髖部推近槓把

挺胸並用力提肩

保持槓把靠近身體

2 用力推出雙腳給予槓把向上的動力。保持槓把靠近身體,並打直背部。

3 持續伸展雙腿,並保持手臂打直。用力提肩給予槓把向上的驅力。

保持槓把在身體上方,與髖部成一直線

伸直固定手肘

保持後腳膝部微屈,腳跟微抬

使用核心肌肉來穩定軀幹

5 在頭上抓住槓把,伸直並固定手肘。腿部應保持箭步姿勢,並且兩腳相隔一個髖部距離。回復姿勢時,先將前腳伸直,再伸直後腳,然後小心地將槓鈴下放於雙腿。蹲下將槓鈴置於地面。

務必注意

分腿式抓舉需要在適合的舉重平台上操作,使用的槓片也要為全尺寸的(包括 2.5 公斤或 5 公斤,即 5.5 磅或 11 磅的槓片)。因為舉起失敗時,槓把掉落會有很大的危險性。因此當舉起失敗時,將身體立刻移開掉落的動線是最重要的。

你可以試著在槓把落下時,手仍然握住槓把以穩定其落地的位置。一旦落地後就立刻鬆手。在嘗試舉下一次之前,先將槓把擺好位置。確定在自己的能力範圍內訓練,並先使用輕重量練習直到動作完美。

急推 Push Press

目標肌群

- 肱三頭肌（Triceps brachii）
- 三角肌（Deltoids）
- 股四頭肌（Quadriceps）
- 臀肌（Gluteals）
- 腿後肌（Hamstrings）
- 腓腸肌（Gastrocnemius）
- 比目魚肌（Soleus）

這個動作在使用輕重量時, 是很好的暖身動作; 高重量時, 則能夠有效增進全身的爆發力。

1 下蹲身體, 雙腳與髖部同寬且置於槓把下方。保持臀部高於膝部, 背部打直和雙肩於槓把上方。

正握槓把

三角肌（Deltoids）
- 三角肌前束
- 三角肌中束
- 三角肌後束

胸肌（Pectorals）
- 胸大肌
- 胸小肌

前鋸肌（Serratus anterior）

背闊肌（Latissimus dorsi）

腹外斜肌（External obliques）

腹內斜肌（Internal obliques）

肱三頭肌（Triceps brachii）

肱二頭肌（Biceps brachii）

腹直肌（Rectus abdominis）

臀肌（Gluteals）
- 臀大肌
- 臀中肌
- 臀小肌

腿後肌（Hamstrings）
- 半膜肌
- 半腱肌
- 股二頭肌

股四頭肌（Quadriceps）
- 股直肌
- 股外側肌
- 股中間肌
- 股內側肌

腓腸肌（Gastrocnemius）

比目魚肌（Soleus）

保持槓把置於雙肩

保持軀幹直立, 切勿弓背

4 快速屈曲膝和髖部, 使身體下沉到淺蹲的位置。當蹲下時保持槓把置於雙肩。

向前推出
手肘，穩
定槓把

收縮核心肌肉

保持槓把
靠近身體

2 實施上搏動作將槓把置於肩上（見第 182 ～ 183頁）。或者也可直接從架上將槓鈴置於肩上。

3 挺起胸膛來穩定置於肩部上緣的槓把，伸直腿部。此為急推的開始姿勢。

當槓把上升到最高點，伸直固定手肘

舉起槓把，在雙腳的正上方

保持核心肌肉用力

伸展髖部和膝部

維持核心強力收縮，以穩定身體

5 達到淺蹲姿勢後，稍微蹲低並隨即爆發性地以腳趾為支點伸展髖部與腿部，迅速將槓鈴高舉過頭，手肘伸直固定槓把並站立。

6 緩慢地在控制下將槓把下放至肩部（動作 3）。重複動作 3 ～ 6直到完成一組動作後，將槓鈴置於雙腿，蹲下，再把槓鈴放回地面。

壺鈴高拉 Kettlebell High-Pull

目標肌群

- 股四頭肌（Quadriceps）
- 臀肌（Gluteals）
- 斜方肌（Trapezius）
- 三角肌（Triceps brachii）
- 肱二頭肌（Biceps brachii）
- 豎脊肌（Erector spinae）
- 腿後肌（Hamstrings）
- 腓腸肌（Gastrocnemius）
- 比目魚肌（Soleus）

壺鈴高拉是一項強化爆發力的全身性運動，適合用以訓練衝刺、跳躍、拳擊和空手道等運動中的爆發性動作。

1 保持脊柱於中立位置下蹲，雙肩於壺鈴前方，雙腳與肩同寬，且髖部高於膝部。

保持抬頭並直視前方

確保肩部在壺鈴的前方

在拉起動作的前段，保持手臂伸直

2 雙腳用力下推向斜前方驅動髖部，開始將壺鈴拉起。

手肘高於壺鈴

保持背部打直

3 用腿的力量讓身體向上驅動。將壺鈴提至胸前。讓動力將你的身體往上驅動直到腳尖，然後蹲下到開始位置。

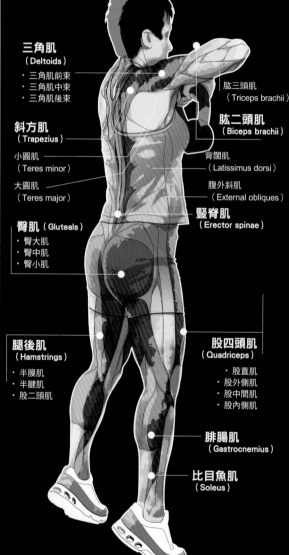

三角肌
（Deltoids）
・三角肌前束
・三角肌中束
・三角肌後束

肱三頭肌
（Triceps brachii）

斜方肌
（Trapezius）

肱二頭肌
（Biceps brachii）

小圓肌
（Teres minor）

背闊肌
（Latissimus dorsi）

大圓肌
（Teres major）

腹外斜肌
（External obliques）

臀肌（Gluteals）
・臀大肌
・臀中肌
・臀小肌

豎脊肌
（Erector spinae）

腿後肌
（Hamstrings）
・半膜肌
・半腱肌
・股二頭肌

股四頭肌
（Quadriceps）
・股直肌
・股外側肌
・股中間肌
・股內側肌

腓腸肌
（Gastrocnemius）

比目魚肌
（Soleus）

槓鈴蹲跳 Barbell Jump Squat

目標肌群

- 股四頭肌（Quadriceps）
- 腿後肌（Hamstrings）
- 臀肌（Gluteals）
- 腓腸肌（Gastrocnemius）
- 比目魚肌（Soleus）

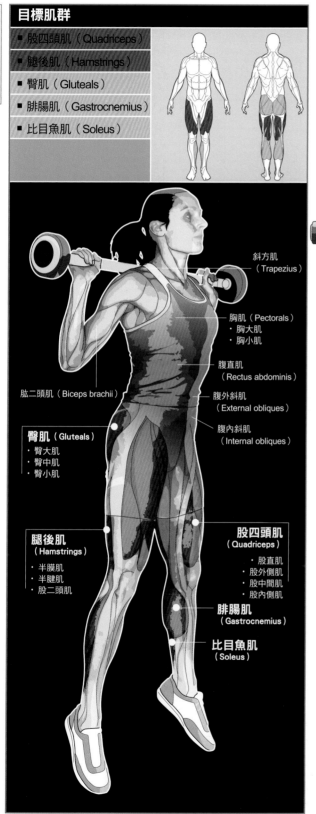

斜方肌
（Trapezius）

胸肌（Pectorals）
・胸大肌
・胸小肌

腹直肌
（Rectus abdominis）

肱二頭肌（Biceps brachii）

腹外斜肌
（External obliques）

腹內斜肌
（Internal obliques）

臀肌（Gluteals）
・臀大肌
・臀中肌
・臀小肌

腿後肌
（Hamstrings）
・半膜肌
・半腱肌
・股二頭肌

股四頭肌
（Quadriceps）
・股直肌
・股外側肌
・股中間肌
・股內側肌

腓腸肌
（Gastrocnemius）

比目魚肌
（Soleus）

這個爆發性的動作運動到你全身的肌肉，可以增進腿部肌耐力與平衡性。請先確認你能夠以輕重量或徒手流暢地動作。

1 以上背部扛起槓鈴。雙腿打開與肩同寬並站穩腳跟。

2 屈膝並將髖部後移進行四分之一蹲，保持挺胸和直視前方。

保持手肘低於槓把

從蹲姿垂直跳起

3 使用腿部肌力從蹲姿用力向上跳起。關節伸展的力量會將身體帶離地面。藉由微微的屈膝和髖部後移來緩衝落地的衝擊力。回復到動作 2 的蹲姿。

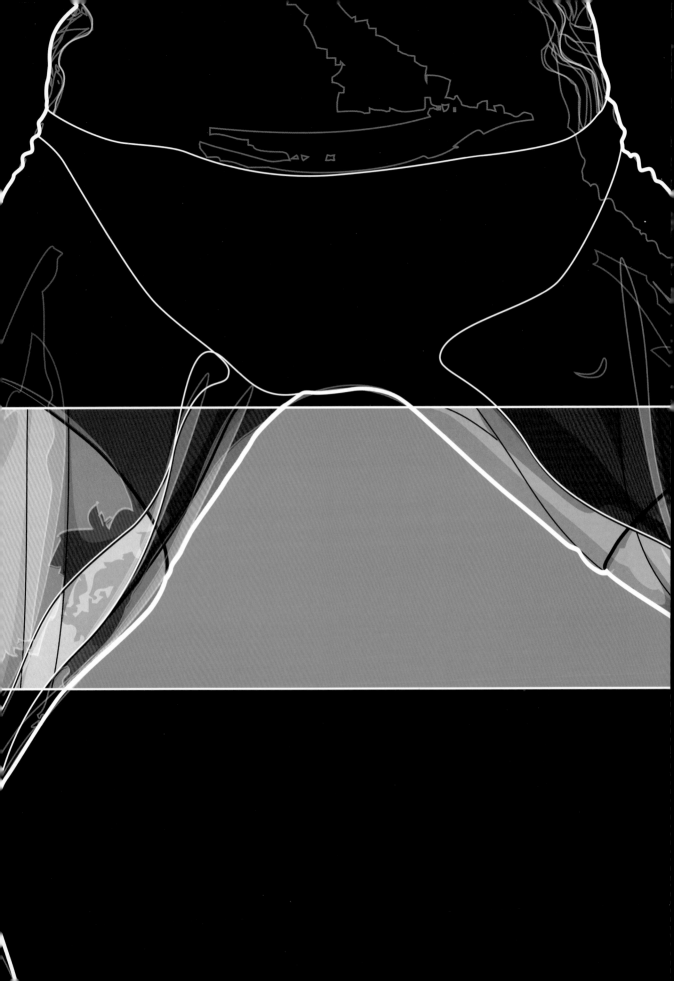

10

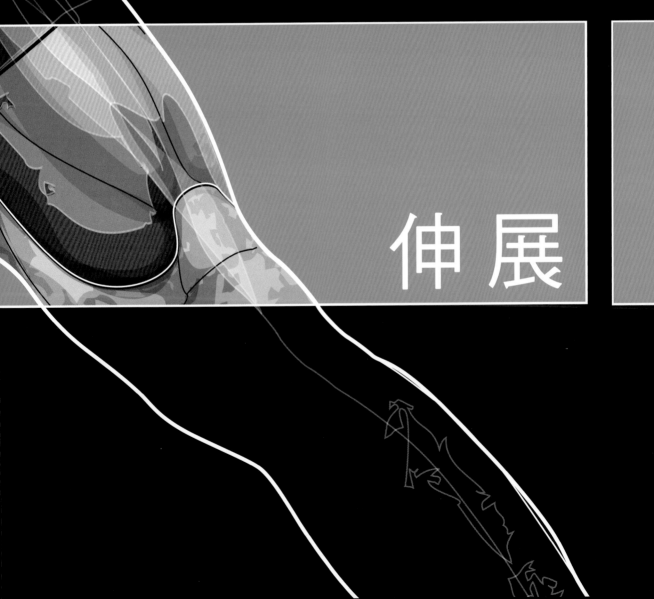

伸展

肱二頭肌伸展
Biceps Stretch

這是一項簡單而具有特殊性的動作,對於體操和游泳運動特別有幫助。緩慢並控制移動的步調,可避免受傷。

感覺伸展處在你的肱二頭肌上

開始時先將雙臂伸直與肩同高,然後慢慢將雙臂往後推。要達到最好的伸展效果,在每一次伸展之前將手往前,並逐漸加大伸展範圍。切勿將手臂快速向後方甩動。

上背部伸展
Upper Back Stretch

這個簡單的伸展動作主要是伸展上背部的肌肉,對於投擲性的運動特別有幫助。

將雙臂向前推出,感覺伸展處在你的上背部

手指交扣,掌心向外。將雙手帶到胸前高度並伸直手臂,鎖住手肘並將肩部向前推出。

肩部伸展 Shoulder Stretch

這是個簡單且有效的伸展動作,特別是伸展肩關節周圍的肌肉。此伸展對於舉重和投擲性運動特別有幫助。

將一手打直越過身體,並以另一隻手的前臂扣在伸直手肘上溫和加壓,直到伸直手的肩部感到緊繃。換邊再重複。

豎脊肌伸展
Erector Stretch

這個動作可以伸展後背雙側從頭部延伸至骨盆的豎脊肌群。

輕柔地將雙膝拉向胸前

仰躺於運動軟墊上,將雙膝帶向胸前並以雙手環抱。輕柔地拉起雙膝直到背部感覺伸展的張力。

背闊肌伸展
Lat Stretch

這是一項很有效的背闊肌伸展動作，適用於舉重、划船、田賽選手。

在背闊肌處有伸展的感覺

將髖部向後推

保持膝蓋微彎

使用足以支撐體重的穩定物體，以雙手抓握並將身體往後傾，屈曲你的膝部。雙腿向地面推出，雙臂拉住支撐物。

ITB伸展1
（髂脛束伸展1）
ITB Stretch 1

髂脛束（iliotibial band）是位於腿部下方外緣的帶狀結締組織。跑步、健走、體操和舞蹈運動員應該經常做此伸展動作，有助於預防膝部上方的發炎和疼痛。

在後腿的外側感到伸展的張力

將前腿跨越後腿

身體直立，雙腳打開與髖部同寬。將一腳跨過另一腳同時再將對側的手臂抬於頭上以保持平衡。換邊再重複。

胸大肌伸展
Pec Stretch

這個動作主要是伸展胸部上緣的肌肉，可以放鬆緊繃並增加柔軟度。此伸展也有助於投擲性動作訓練後的恢復。

另一手置於髖部

站在穩定的直立支撐物旁。將一手置於支撐物後，上臂與地面平行。將身體慢慢地向前推出，直到胸部有伸展的感覺。

ITB伸展 2 ITB Stretch 2

這個坐姿的髂脛束伸展動作比上面介紹的還要進階，因為此動作需要較佳的髖關節柔軟度才能正確。

雙腿伸直坐在地面。將一腿屈膝並跨過另一腿，被跨過的腿保持伸直平貼地面。一手撐地使身體穩定，另一手環抱膝蓋的外側，然後慢慢加壓直到髂脛束有被伸展的感覺。

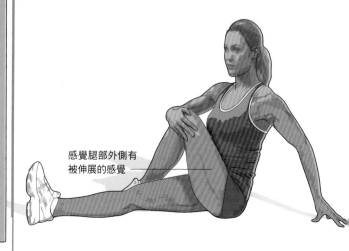

感覺腿部外側有被伸展的感覺

股四頭肌 3 點伸展 3-Point Quad Stretch

此動作的目的是伸展大腿的股四頭肌與增加膝關節的柔軟度。這是個比較簡單的伸展動作, 適用於任何腿部訓練。

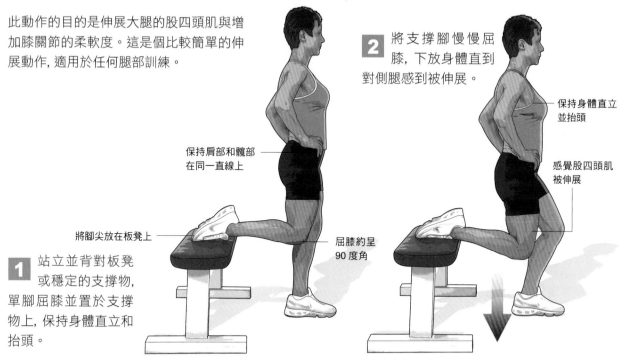

2 將支撐腳慢慢屈膝, 下放身體直到對側腿感到被伸展。

保持身體直立並抬頭

感覺股四頭肌被伸展

保持肩部和髖部在同一直線上

將腳尖放在板凳上

屈膝約呈 90 度角

1 站立並背對板凳或穩定的支撐物, 單腳屈膝並置於支撐物上, 保持身體直立和抬頭。

腿後肌伸展 1
Hamstring Stretch 1

重複膝關節屈曲的運動, 像是跑步和飛輪, 會造成腿後肌的緊繃。這個伸展動作有助於預防腿後肌的傷害。

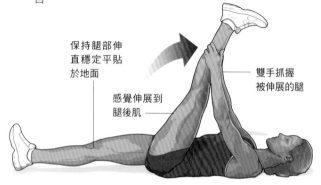

保持腿部伸直穩定平貼於地面

雙手抓握被伸展的腿

感覺伸展到腿後肌

躺下並伸直雙腳。輪流抬起一腳並保持膝關節伸直固定, 腳趾向後拉往身體。如果柔軟度很好, 可將大腿拉近身體, 增加伸展強度。

腿後肌伸展 2
Hamstring Stretch 2

這是個簡單伸展大腿後側肌肉群的動作, 可放鬆腿後緊繃的肌肉, 並減輕下背部的壓力。緩慢地伸展並且避免在肌肉完全伸展時彈震。

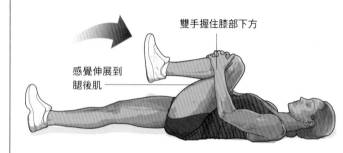

雙手握住膝部下方

感覺伸展到腿後肌

仰躺並伸直雙腿。單腳彎曲並温和地拉向身體, 直到肌肉有伸展的感覺。保持頭部後側頂住地板。

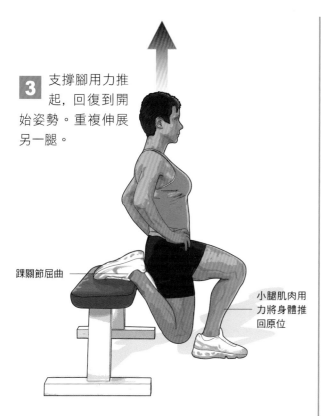

3 支撐腳用力推起，回復到開始姿勢。重複伸展另一腿。

踝關節屈曲

小腿肌肉用力將身體推回原位

股四頭肌伸展 1
Quad Stretch 1

伸展腿部前側的肌肉有助於避免傷害與減輕酸痛。此伸展可以一次伸展單腳，也可以同時伸展兩腳。

面朝下趴臥於運動墊上，並使單腳屈膝。將手往後抓住屈腿的腳踝，溫和地往後拉，直到大腿前側有被伸展的感覺。

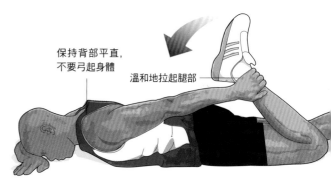

保持背部平直，不要弓起身體

溫和地拉起腿部

腿後肌伸展 3
Hamstring Stretch 3

此種腿後肌的伸展，可以在很小的空間、操場或是在比賽場地實施。

先將單腳向前跨出一步，然後將支撐腳屈膝。保持前腿伸直繃緊，雙腳平貼地面。微微前傾骨盆。停留幾秒後再換邊。

保持抬頭、背部打直、腹部緊收

感覺伸展到腿後肌

保持雙腳平貼地面

股四頭肌伸展 2
Quad Stretch 2

這個進階的伸展動作有助增加髖關節的柔軟度。它也可伸展到大腿內側的內收肌群。

採坐姿，軀幹打直。屈膝將兩腳掌相對並靠近身體。用雙手抓住腳尖並將身體往前傾。

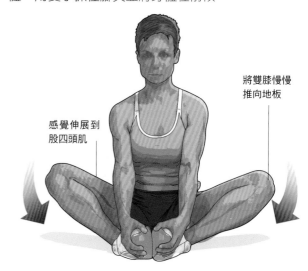

將雙膝慢慢推向地板

感覺伸展到股四頭肌

內收肌群伸展 1
Adductor Stretch 1

伸展內收肌群或鼠蹊部的肌肉, 是很多運動維持髖關節柔軟度的方法。

保持身體直立, 雙手置於髖部。屈曲前腿, 使膝蓋位於腳的正上方。保持後腳伸展與腳掌貼地。將身體慢慢移向側邊。

感覺伸展到內收肌群

內收肌群伸展 2
Adductor Stretch 2

這是進階的內收肌群伸展動作, 需要較高的敏捷度才能達到標準的伸展姿勢。此為體操和跨欄選手理想的伸展動作。

蹲下後將一腳向外伸出, 腳跟貼地。慢慢坐下伸展內收肌群, 但切勿上下彈震。

將腳趾拉向身體方向

感覺伸展到內收肌群

腿後肌伸展 Hamstring Stretch

運動後緊繃的臀肌容易引起下背疼痛。這項相當進階的伸展動作可以伸展到臀肌、下背部和腿後肌。

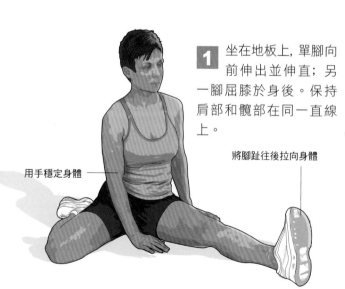

1 坐在地板上, 單腳向前伸出並伸直; 另一腳屈膝於身後。保持肩部和髖部在同一直線上。

用手穩定身體

將腳趾往後拉向身體

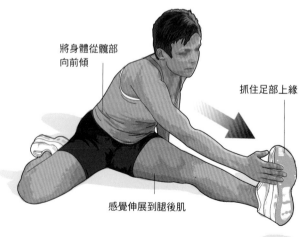

將身體從髖部向前傾

抓住足部上緣

感覺伸展到腿後肌

2 慢慢前傾身體來伸展腿部。如果可以抓到足部的話, 將它輕輕拉向身體來增加伸展的強度。

小腿伸展 Calf Stretch

緊繃的小腿很容易在進行爆發性動作時（如衝刺）造成傷害，這個簡單的伸展動作對於跑步選手是非常需要的。

採取站姿，然後向前跨一步讓雙腳相隔一個髖部距離。將前腳屈膝，並保持膝蓋位於腳掌的上方。

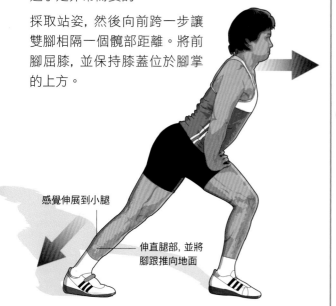

感覺伸展到小腿

伸直腿部，並將腳跟推向地面

直膝小腿伸展
Pike Calf Stretch

這項進階的伸展動作能夠伸展小腿的腓腸肌和深層的比目魚肌。

保持臀部抬高

感覺伸展到小腿

將腳跟推向地面

保持腿部打直，將身體從髖部向前屈，使身體呈現箭頭姿勢。將右腳置於左腳踝後方。保持雙腳伸直，將腳跟推向地面。換邊重複實施。

行進弓步伸展 Walking Lunge Stretch

這是一個非常有效而又簡單的多功能伸展運動，可以讓整個髖部區域得到舒緩。

1 採立姿，雙腳與髖部同寬，肩部、髖部和足部在同一直線上。

保持身體直立並抬頭

感覺伸展到臀部

用後腳推起身體

2 直立身體且大步向前，蹲下且屈膝。

蹲低使大腿平行地面

3 將後腳向前跨步，保持身體直立和抬頭。

將後腳向前跨出一大步

保持後腳跟抬起

4 換腳向前跨步，全程維持上半身姿勢穩定。

向前跨步，讓膝蓋位於腳掌上方

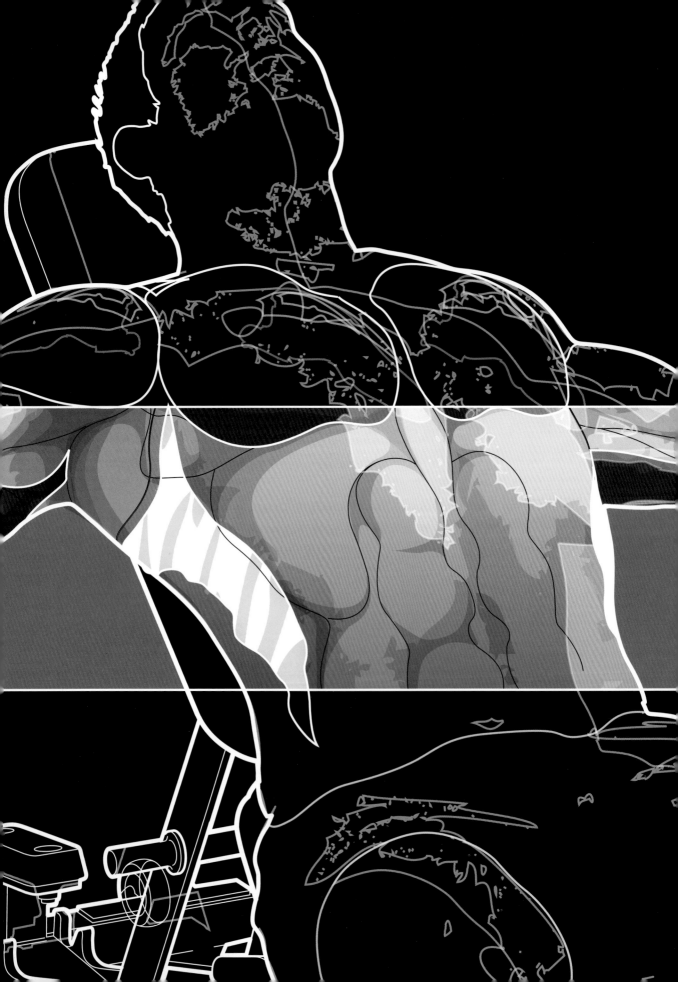

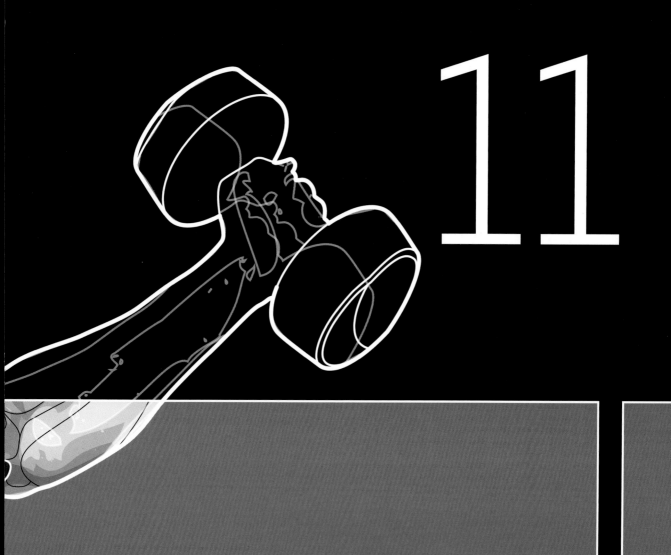

11

課表

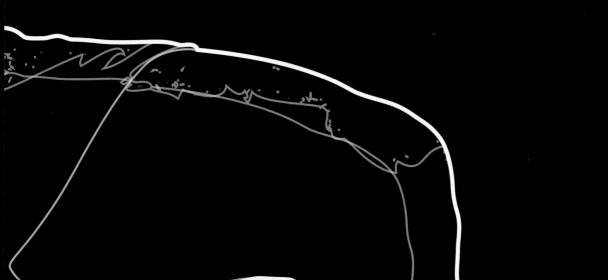

課表介紹

無論你的目標是增加肌力、鍛鍊身材、健美或者為了特定體育競賽，本章針對你的各種需求設計出適合所有性別、年齡、運動類型、肌力現況的課表，它們將幫助你以最高的效率達成目標。這些經過千錘百鍊的課表，針對三項主要的阻力訓練目標—肌力、體格雕塑及健美，提供從基礎到進階的一系列課程。課表內容採用少數的主要動作設計出 30 – 40 分鐘內即可完成的阻力練習，有效避免過度訓練。

務必注意

不要超過課表所建議的訓練量，否則可能因為過度訓練而造成疾病與傷害。在開始訓練前請先諮詢合格的臨床醫師。

Q｜本章所提供的課表有什麼好處？

A｜本章提供符合「特殊性」（見第 33 頁）的課表，幫助你設定適合自己的訓練方式以達到最好的成果。

本章的基礎課表包含自由重量、體重或阻力器材的變化模式，訓練時間都不會太長。以大量艱澀動作進行訓練的方式已成為過去式了，運動科學家發現，以每週 2 – 3 次進行兼具特殊性與功能性的簡單課表，能更有效率並更省時地幫助你達成目標。

課表的設計上也儘可能考量功能性（見第 43 頁），而並非孤立性地訓練單一肌群。功能性高的課程可以應用到真實生活上的一般活動，無論是在家、在工作環境、或在運動場上。高功能性的運動讓身體以自然狀態下的方式活動，而能夠在更快的時間達到更好的效果。

基本原則

以下基本原則是所有訓練課表的基礎：

- **超負荷（overload）**：訓練中肌肉所承受的負荷應該超出日常活動所需。
- **恢復（recovery）**：即休息。適當的休息在任何訓練都是必要的。超負荷之後，肌肉會在身體休息時進行調整以及強化，並為下一階段的超負荷做好準備。
- **漸進（progression）**：身體會隨著負重的需求進行調整。如果不增加額外的需求，肌力是不會進步的。因此你需循序漸進地，並小心地增加組數、次數以及負重（或三者一起），才能獲得持續的進步。

Q｜訓練時，使用自由重量、體重及阻力機械的差別為何？

A｜自由重量沒有阻力器材的支撐和制式動作，而是採取接近真實生活的肢體動作進行訓練，是三者之中功能性最高的訓練方式。身體在缺乏外力支撐的狀態下，需要伴隨其他小型肌群的運動以保持活動時的穩定性，因此使用自由重量具有訓練到目標肌群以外更多肌肉的附加價值。

使用自己的體重也是另一個兼具功能性與效率的訓練方式。儘管這種方式的最高負重顯然侷限於自己的體重，但好處是可以在任何地點操作，並且只需徒手或者少量的器材輔助，不過使用體重的訓練未必比其他方式簡單。

阻力機械通常在設計上會提供有護墊的身體支撐，並讓操作者能夠以坐姿進行訓練。這樣的訓練能夠單獨針對目標肌群，因此對於初學者或是訓練特定肌肉的人是尤其有用的。本章使用機械式動作的課表則是盡可能考量功能性而設計的。

Q｜為何需要熱身與緩和？

A｜熱身（warm up）是訓練前幫助身體做好準備的重要步驟，它可以減少受傷的風險並且有助於學習與進步。緩和（cool down）具有同樣的重要性，它能夠控制身體的步調回復到休息狀態。因此請不要省略運動前後的熱身與緩和動作，以防止運動傷害並避免下次訓練時飽受來自肌肉緊繃與酸痛的動作約束。

■ 基礎熱身由 10 分鐘的跳繩、慢跑或交叉訓練機開始，之後再進行 10 分鐘的柔軟度運動（見第 46-47 頁），也可以採用與訓練目標比較相關的熱身動作以提高整體的特殊性。請向合格的教練或健身指導員尋求建議。

■ 與熱身類似，緩和動作可採取 5-10 分鐘溫和的慢跑或步行以降低體溫與心跳率，並幫助肌肉排出乳酸等廢產物。

■ 最後，進行 5-10 分鐘的延伸性伸展以幫助肌肉放鬆，讓肌纖維重新排列並回復到休息狀態的長度與正常的活動範圍。

Q | 訓練結果是否會因人而異？

A | 是的。每個人都是獨特的，因此許多因素都會影響個人進步的速度，例如：

■ **年齡：** 無論是實際年齡、心智或生物年齡，當然也包括「訓練年齡」，即練了多少年。

■ **性別：** 男性與女性有不同的生理機能與體能。

■ **遺傳：** 先天的能力，由基因所決定的。

■ **身體能力：** 由兩項因素決定—遺傳及訓練經歷。

■ **生活方式：** 訓練以外是否把自己照顧好。這項因素對於整體的訓練成果有著顯著的影響力。

課表關鍵字

為了有效利用課表，你必需先理解以下專有名詞：

■ **組數：** 一個動作連續操作數次為一組。例如，做 2 組，每組 5 次。

■ **次數：** 完成一下動作稱為一次。

■ **重量：** 所要舉起的重量，用 RM 表示。例如 1 RM 代表只能舉起一次的最大重量，12 RM 代表力竭前能夠舉 12 次的重量。

■ **肌肉力竭：** 某項訓練動作，無法再完成下一個次數的臨界點。

■ **課程期間：** 某項課表進行的期間，以週數表示。進行某項課程不應該超過預定的週數。

■ **課程頻率：** 每週應該訓練的次數以及讓身體休息的天數。

■ **恢復時間：** 每個動作之間讓身體休息的時間，通常為幾秒或幾分鐘。

■ **分段課程時間表：** 出現在分段課程中的表格，以兩週交替的時間表顯示各分段課程在每週當中應該執行的日期。分段課程以 A 或 B 表示。

Q | 每一個課表應該進行多久？

A | 每個課表都有預設的時間（6-14 週），你應該跟隨課表所示，在該時間內進行訓練。如果你進行某個課表的時間超過了規定，身體可能會過度適應該課程而導致訓練效果不如預期，甚至可能會退步而變弱。

「以下課表幫助你設定適合自己的訓練方式以達到最好的訓練成果」

訓練動作的功能性一覽表

每一項訓練動作都具有不同的功能性級數。功能性較高的動作能夠同時訓練好幾個肌群而不是孤立地訓練單一肌肉，因此訓練的成果可以應用在現實生活中日復一日的拉、推、舉、站立或爬樓梯等動作。

Q｜這個表格說明什麼？

A｜ 本頁與第 220 － 221 頁的表格列出了本書所有的訓練動作（並標示其頁數和變化），並根據每個動作的功能性級數排列。列於表格最右側的是功能性最高的動作，能夠同時運動到數個肌群；表格最左邊的則是孤立性最高的動作，只針對單一肌肉進行訓練；其餘全部的動作項目皆依照不同的功能性級數散布在表格的中間區域。

身體部位	＜　孤立性最高
腿	■ 機器式大腿彎舉（80-81）　　　　■ 45 度角腿推舉（78-79） ■ 滑索大腿彎舉（81 變化）　　　　■ 單腳 45 度角腿推舉（79 變化） ■ 機器式大腿伸展（80-81）　　　　■ 機械舉踵（84 變化） ■ 臀部外展（82-83） ■ 臀部內收（82-83）
背	■ 滑輪下拉（93） ■ 坐姿划船（96-97） ■ 下背伸展（104-05） ■ 前俯划船（106-07） ■ 直臂下拉（106-07）
胸	■ 滑索飛鳥（116-17）　　　　■ 上斜飛鳥（114-15） ■ 下滑索飛鳥（116 變化）　　■ 平胸飛鳥（114 變化） ■ 中滑索飛鳥（116 變化）　　■ 機械推舉（118-19） ■ 機械飛鳥（118-19）　　　　■ 抗力球伏地挺身（120 變化）

功能性最高的動作適用於全面性的肌力訓練，而孤立性最高的動作則適合針對弱點的補強，或基於審美考量強化特定部位的肌肉，例如應用在體格雕塑或健美等。兩種類型的訓練動作皆涵蓋於本書的課表中。

為了方便查詢，下表根據動作所針對的身體部位分成六列，外加一列動態舉重。由於動態舉重通常同時運動多個身體部位，這一欄的動作幾乎全部位於功能性最高的表格右側。

功能性最高 ＞

保加利亞槓鈴分腿蹲（70）	相撲式蹲舉 (64 變化)	槓鈴蹲舉（64-65）
保加利亞啞鈴分腿蹲（71）	槓鈴哈克蹲舉（67）	前槓鈴蹲舉（66）
槓鈴上跨步（76-77）		啞鈴分腿蹲（68）
啞鈴上跨步（76變化）		過頭分腿蹲（69）
舉踵（84）		槓鈴弓步蹲（72-73）
直腿硬舉（85）		過頭槓鈴弓步蹲（73）
羅馬尼亞硬舉（88-89）		前跨步弓步蹲（74）
架式羅馬尼亞硬舉（88 變化）		側跨部弓步蹲（75）
		槓鈴硬舉（86-87）
		啞鈴硬舉（87 變化）
站姿划船（98-99）		輔助引體向上（92）
單臂划船（98-99）		引體向上（94-95）
槓鈴肩伸（102-03）		正反握引體向上（94 變化）
EZ槓肩伸（102 變化）		屈體划船（100-01）
啞鈴肩伸（102 變化）		
槓鈴早安（104-05）		
槓鈴仰臥推舉（110-11）		伏地挺身（120）
啞鈴仰臥推舉（110-11）		輔助架伏地挺身（121）
上斜槓鈴推舉（112）		下斜輔助架伏地挺身（121變化）
上斜啞鈴推舉（113）		

身體部位	孤立性最高
肩	■ 前俯反向肩側舉（133變化）　■ 啞鈴聳肩（128） ■ 稻草人外旋（134-35）　　　■ 懸掛式聳肩（129） ■ 前俯稻草人外旋（135變化）　■ 啞鈴肩前舉（130） ■ 啞鈴肩側舉（131） ■ 反向肩側舉（132-133） ■ 機械肩推（125變化）
手臂	■ 上斜啞鈴彎舉（152-53）　　■ 肱三頭肌下拉（148-49） ■ 集中彎舉（152-53）　　　　■ 肱三頭肌過頭伸展（148-49） ■ 斜板彎舉（154-55）　　　　■ 肱二頭肌彎舉（150-51） ■ 腕彎舉（158-59）　　　　　■ 槌式彎舉（150-51） ■ 腕伸展（158-59）　　　　　■ 滑索彎舉（154-55） ■ 啞鈴肱三頭肌伸展（142）　■ 反握槓鈴彎舉（156-57） ■ 肱三頭肌屈伸（144-45）　　■ 反握滑索彎舉（156-57） ■ 槓鈴肱三頭肌伸展（143） ■ 仰臥肱三頭肌伸展（144-45）
核心與腹部	■ 腹部捲體（162）　　　　　　■ 4 字形捲體（165） ■ 腹部捲體變化（162 變化 1）　■ 抗力球旋轉（168） ■ 90-90 捲體（166-67）　　　 ■ 抗力球伏地挺身（169） ■ 90-90 旋轉式捲體（167 變化）■ 抗力球屈體（170） ■ 抗力球捲體（166-67）　　　■ 抗力球背伸展（171） ■ 羅馬椅側傾（172-73） ■ 旋轉式腹部捲體（162 變化 2） ■ 仰臥起坐（163） ■ 仰臥起坐變化 2（163）
動態舉重	

功能性最高 ⟩

- 直立划船（126-27）
- 啞鈴直立划船（126 變化）
- 滑索直立划船（126 變化）
- 啞鈴肩外旋（135）
- 滑索肩內旋（136-37）
- 滑索肩外旋（136-37）
- 坐姿槓鈴肩推（124 變化）

- 槓鈴肩推（124）
- 啞鈴肩推（125）

- 板凳體撐（140）
- 窄握仰臥推舉（146-47）
- 窄握槓鈴仰臥推舉（147 變化）

- 雙槓體撐（141）
- 窄握伏地挺身（146 變化）

- 前俯棒式（174）
- 前俯棒式變化（174 變化）
- 側棒式（175）
- V 字抬腿（176-77）

- 側傾（172-73）

- 單手硬舉（176-77）
- 伐木（178-79）
- 低滑索伐木（179 變化）

- 壺鈴高拉（204）

- 爆發式上搏（182-83）
- 爆發式抓舉（184-85）
- 懸掛式上搏（186-87）
- 懸掛式抓舉（188-89）
- 下蹲式上搏（190-91）
- 前槓鈴深蹲（192-93）
- 過頭蹲舉（194-95）
- 挺舉接槓（196-97）
- 抓舉接槓（198-99）
- 分腿式抓舉（200-01）
- 急推（202-03）
- 槓鈴蹲跳（205）

肌耐力

在基礎等級, 肌力訓練的目的是為了確保我們有足夠的體能以應付日常生活中拉、推、舉、站立或爬樓梯等動作需求, 而不會太容易疲累或受傷。

Q｜本章能讓我學到什麼樣的技巧？

A｜以下課表的設計目標是幫助培養肌耐力, 也就是特定動作以較小的負重多次進行的能力。

Q｜這個表格說明什麼？

A｜表格提供的訓練課程包括三種模式—使用阻力機械、體重或是自由重量。你僅需要根據個人偏好、經驗或是手邊的資源選擇其中一種訓練模式。請依照課表操作, 不要同時進行超過一種訓練模式, 也不要混搭不同模式的動作。

Q｜我要如何按照課表訓練？

A｜熱身之後, 以由上而下的順序進行課表上的動作。課表的每個動作都可以在本書對應的頁數找到逐步教學的動作指南, 並在表格上詳細列出組數、次數、所需重量, 以及完成課表之後的常規緩和動作。重量的標示方式有兩種, 機械或自由重量模式使用個人的 RM（最大反覆重量）, 體重模式則使用 NMF（接近肌肉力竭）。表格的最下方顯示大約的訓練期間、頻率以及每組之間的恢復時間。

Q｜我要如何進步？

A｜阻力訓練的兩個重要概念是超負荷與漸進。一旦感覺完成一組動作變得比較容易了, 你可以少量地增加重量, 例如上半身動作增加 1-2kg ／ 2.2-4.4 lb, 下半身動作增加 2-4kg（4.4-8.8 lb）。你也可以逐漸增加每一組的次數, 以 20 次為限。另外, 你還可以 5 秒鐘為一個單位逐漸減少每個動作或是組數之間的恢復時間, 然而以 30 秒為下限。在 6 週的訓練期結束後, 回顧你的進步狀態, 再決定是否繼續另外一個課表。

機械				
柔軟度運動熱身(46-47)10 分鐘				
動作項目	頁數	組數		重量 (RM)
機械推舉	118-19	2-3	12+	12
坐姿划船	96-97	2-3	12+	12
或機械肩推	125（變化）	2-3	12+	12
滑輪直立划船	126	2-3	12+	12
滑輪下拉	92-93	2-3	12+	12
45 度角腿推舉	78-79	2-3	12+	12
舉踵	84	2-3	12+	12
常規緩和				
緩和運動 5 分鐘				
延伸性的伸展(208-13)15 分鐘				

■ **課程期間**
6 週
■ **課程頻率**
一週 3 回, 每回之間休息 1-2 天
■ **恢復時間**
每項動作之間 30 秒 - 1 分鐘

體重				自由重量				
柔軟度運動熱身(46-47）10 分鐘				柔軟度運動熱身(46-47）10 分鐘				
動作項目	頁數	組數	重量	動作項目	頁數	組數	次數	重量 (RM)
伏地挺身	120	2-3	NMF*	槓鈴蹲舉	64-65	2-3	12+	12
引體向上 或輔助引體向上	94-95 92	2-3	NMF*	啞鈴仰臥推舉	110-11	2-3	12+	12
徒手蹲舉	58	2-3	NMF*	引體向上 (寬握)	94 (變化)	2-3	12+	12
反向捲體	164	2-3	NMF*	啞鈴肩推	125	2-3	12+	12
前俯棒式	174	2-3	NMF*	單臂划船	98-99	2-3	12+	12
側棒式	175	2-3	NMF*	槓鈴硬舉	86-87	2-3	12+	12
仰臥起坐	163	2-3	NMF*					

* NMF-接近肌肉力竭

常規緩和　　　　　　　　　　　　　　常規緩和

緩和運動 5 分鐘	緩和運動 5 分鐘
延伸性的伸展(208-13）15 分鐘	延伸性的伸展(208-13）15 分鐘

■ 課程期間
6 週
■ 課程頻率
一週 3 回, 每回之間休息 1-2 天
■ 恢復時間
每項動作之間 30 秒 - 1 分鐘

■ 課程期間
6 週
■ 課程頻率
一週 3 回, 每回之間休息 1-2 天
■ 恢復時間
每項動作之間 30 秒 - 1 分鐘

體格雕塑

很多人是為了改善體格而開始阻力訓練的，他們期望的是健壯的身形與分明的肌肉線條，要達到這個目的不僅需要增加肌肉量，還必需降低體脂肪。肌肉少而脂肪多的外觀可以比喻成包覆在棉被下的高爾夫球，肌肉增加而脂肪減少後則有如包覆在薄床單下的足球，輪廓將更壯碩而明顯。以下課表的目標就是幫你練就「適合夏日海灘的體格」。

Q｜這個表格說明什麼？

A｜表格提供三種基礎課程—使用阻力機械、體重或是自由重量（第 224-227 頁），以及兩種分段課程（第 228-229 頁）。分段課程根據不同身體部位，將訓練分作不同日進行。

Q｜我該如何使用基礎課表？

A｜熱身之後，以由上而下的順序進行課表上的動作。課表的每個動作都可以在本書對應的頁數找到逐步教學的動作指南，並在表格上詳細列出組數、次數、所需重量，以及完成課表之後的常規緩和動作。重量的標示方式有兩種，機械或自由重量模式使用個人的 RM（最大反覆重量），體重模式則使用 NMF（接近肌肉力竭）。表格的最下方顯示大約的訓練期間、頻率以及每組之間的恢復時間。

Q｜如何使用自由重量課表中的「任選動作」？

A｜「任選動作」課表按照身體部位將動作分類，依序從胸部運動到肱二頭肌運動，你可以建立自己特有的課表，在每個分類當中任選一個動作並按照所標示的組數與次數進行。課程期間、頻率以及恢復時間顯示於表格的最下方。你可以任意在每回訓練選擇不同的動作。此外一如常例，訓練前後需進行熱身與緩和動作。

Q｜什麼是分段課程？

A｜分段課程的理論是為了增加訓練的強度而把原本放在同一回的訓練分成兩日以上進行。例如第一天練胸、肩與手臂，第二天練背與腿並同時讓前一次訓練的部位進入恢復期。第 228-229 頁提供兩種分段課程。

Q｜如何使用分段課程（選擇1）？

A｜選擇 1 將課程分成兩日進行。課表的顯示方式與基礎課程大致相同，不過每週訓練日與恢復日的配置則是另外顯示於兩週交替的時間表中。針對不同部位的兩段課程分別由字母 A 與 B 表示。請重複進行兩週的時間表直到完成訓練期。

Q｜如何使用分段課程（選擇2）？

A｜選擇 2 將課程分為「功能性」與「孤立性」。功能性的動作同時訓練一種以上的肌肉，孤立性的動作則一次只訓練一種肌肉，因此兩段課程交替進行也能提供足夠的恢復時間。課表的顯示方式與選擇 1 一樣，在表格最下方以交替的兩週時間表列出訓練日以及恢復日。功能性或孤立性的訓練課程分別以字母 A 與 B 表示。請重複進行兩週的時間表直到完成訓練期。

Q｜我將達到什麼成果？

A｜本課表能夠幫助你增加肌肉量並減少體脂肪。

Q｜體格訓練所採用的動作是否具有功能性？

A｜是的，本課程在設計上儘可能考量功能性。訓練所採用的動作最好能夠增加身體的功能性表現，以避免孤立性的訓練造成姿勢或肌肉失衡。一般來說，訓練動作如果針對單一肌肉的「孤立性」越高，則「功能性」就越低。例如阻力機械在本質上所提供的功能性是比較低的，而複合式的多關節運動如推、拉、蹲舉等則具有較高的功能性。雖然課表當中也使用了部分孤立性的動作，只要在課程的設計上確實考量其動作性質，仍然可以顧及整體的功能性。

基礎課表

機械					體重			
柔軟度運動熱身 (46-47) 10 分鐘					柔軟度運動熱身 (46-47) 10 分鐘			
動作項目	頁數	組數	次數	重量(RM)	動作項目	頁數	組數	重量
機械推舉 或機械飛鳥*	118-19	3-6	6-12	12	伏地挺身	120	3-6	NMF*
坐姿划船	96-97	3-6	6-12	12	引體向上 或輔助引體向上	94-95 92	3-6 3-6	NMF* NMF*
機械肩推 或站姿划船*	125 98-99	3-6 3-6	6-12 6-12	12 12	徒手蹲舉	58	3-6	NMF*
滑輪下拉	93	3-6	6-12	12	雙槓體撐	141	3-6	NMF*
機械式大腿伸展 或 45 度角腿推舉*	80-81 78-79	3-6	6-12	12	反向捲體	164	3-6	NMF*
機械舉踵	84	3-6	6-12	12	前俯棒式	174	3-6	NMF*
滑索彎舉 或反握滑索彎舉*	154-55 156-57	3-6	6-12	12	側棒式	175	3-6	NMF*
肱三頭肌下拉	148-49	3-6	6-12	12	仰臥起坐	163	3-6	NMF*

* 每回訓練之間替換

常規緩和

* NMF-接近肌肉力竭

常規緩和

緩和運動 5 分鐘	緩和運動 5 分鐘
延伸性的伸展 (208-13) 15 分鐘	延伸性的伸展 (208-13) 15 分鐘

- 課程期間
  6-8 週
- 課程頻率
  一週 3 回, 每回之間休息 2 天
- 恢復時間
  每項動作之間 30 秒 - 1 分 30 秒

- 課程期間
  6-8 週
- 課程頻率
  一週 3 回, 每回之間休息 2 天
- 恢復時間
  每項動作之間 30 秒 - 1 分 30 秒

基礎課表（續）

柔軟度運動熱身 (46-47)10 分鐘					自由重量」任選動作」(續)				
動作項目	**頁數**	**組數**	**次數**	**重量** (RM)	**動作項目**	**頁數**	**組數**	**次數**	**重量** (RM)
胸部運動(任選一項)					腿部運動(任選一項)				
啞鈴仰臥推舉	110 - 11	3 - 6	6 - 12	12 - 14	槓鈴蹲舉	64 - 65	3 - 6	6 - 12	12 - 14
槓鈴仰臥推舉	110 - 11	3 - 6	6 - 12	12 - 14	前槓鈴蹲舉	66	3 - 6	6 - 12	12 - 14
平胸飛鳥	114 (變化)	3 - 6	6 - 12	12 - 14	前跨步弓步蹲 或啞鈴分腿蹲	74 68	3 - 6	6 - 12	12 - 14
上斜飛鳥	114-15	3 - 6	6 - 12	12 - 14	槓鈴上跨步	76-77	3 - 6	6 - 12	12 - 14
背部運動 (任選一項)					下背運動 (任選一項)				
單臂划船	98-99	3 - 6	6 - 12	12 - 14	槓鈴早安	104 - 05	3 - 6	6 - 12	12 - 14
屈體划船	100 - 01	3 - 6	6 - 12	12 - 14	下背伸展	104 - 05	3 - 6	6 - 12	12 - 14
滑輪下拉	93	3 - 6	6 - 12	12 - 14	直腿硬舉	85	3 - 6	6 - 12	12 - 14
槓鈴肩伸	102- 03	3 - 6	6 - 12	12 - 14	抗力球背伸展	171	3 - 6	6 - 12	12 - 14
肩部運動 (任選一項)					軀幹運動(任選一項)				
啞鈴肩推	125	3 - 6	6 - 12	12 - 14	腹部捲體或仰臥起坐	162-63	3 - 6	6 - 12	12 - 14
槓鈴肩推	124	3 - 6	6 - 12	12 - 14	前俯棒式	174	3 - 6	6 - 12	12 - 14
直立划船變化	126 (變化)	3 - 6	6 - 12	12 - 14	側棒式	175	3 - 6	6 - 12	12 - 14
肩舉動作任一種	130 - 33	3 - 6	6 - 12	12 - 14	V 字抬腿	176	3 - 6	6 - 12	12 - 14

動作項目	頁數	組數	次數	重量(RM)

「自由重量」任選動作」(續)

肱三頭肌運動(任選一項)

動作項目	頁數	組數	次數	重量(RM)
啞鈴肱三頭肌伸展或槓鈴肱三頭肌伸展	142-43	3-6	10-12	12-14
窄握仰臥推舉	146-47	3-6	10-12	12-14
肱三頭肌下拉	148-49	3-6	10-12	12-14
板凳或雙槓體撐	140-41	3-6	10-12	12-14

肱二頭肌運動 (任選一項)

動作項目	頁數	組數	次數	重量(RM)
肱二頭肌彎舉任一種	150-57	3-6	10-12	12-14

常規緩和

緩和運動 5 分鐘

延伸性的伸展 (208-13) 15 分鐘

- 課程期間
  8 週
- 課程頻率
  一週 3 回, 每回之間休息 1-2 天
- 恢復時間
  每項動作之間 30 秒 - 1 分 30 秒

Q | 體格雕塑與「緊實」的外觀, 指的是同一件事嗎?

A | 不盡然。針對體格的訓練通常被視為一種比較溫和的健美形式。多數體格訓練的目標是增加肌肉量並減少體脂肪, 而造就肌肉線條清楚可見的「緊實」外觀。然而事實上, 任何型式的阻力訓練都可以加強肌肉的緊實, 因此把線條分明而體脂肪低的外觀稱為「緊實」其實是一種誤用。例如相撲選手通常肌肉緊實度是相當高的, 但是很少人會用「緊實」來形容他們。

Q | 我會不會練得過度強壯?

A | 很多人都深怕阻力訓練的結果會造成肌肉過度發達。事實上只有非常少的人得天獨厚擁有能夠練就龐大肌肉量的基因, 對於進行一般訓練課程的普羅大眾而言, 這並不成問題。女性則是更難以練壯的, 因為她們體內有助肌肉成長的賀爾蒙量比起男性更少, 例如睪固酮。

Q | 我將減去多少體脂肪?

A | 透過阻力訓練增加肌肉量能夠有效提升基礎代謝率, 而幫助你保持較低的體脂肪。對於目前體脂肪含量過高的人, 阻力訓練將提供根本上的協助。

Q | 我要如何變化訓練課程?

A | 本課程相當有彈性。在能夠運動到表格中每一身體部位的前提下, 你可以在每回訓練間轉換不同的動作。這樣能夠避免你的肌肉太過於熟悉任何一組動作, 並幫助你更快的成長, 尤其是功能性的訓練。

進階- 分段課表

分段課表（選擇 1）									
課程 A ─ 胸、肩與手臂					課程 B ─ 腿及背				
柔軟度運動熱身 (46-47) 10 分鐘s					柔軟度運動熱身 (46-47) 10 分鐘				
動作項目	頁數	組數	次數	重量(RM)	動作項目	頁數	組數	次數	重量(RM)
啞鈴仰臥推舉	110 - 11	3 - 6	6 - 12	12 - 14	槓鈴蹲舉	64 - 65	3 - 6	6 - 12	12 - 14
上斜飛鳥	114 - 15	3 - 6	6 - 12	12 - 14	滑輪下拉	93	3 - 6	6 - 12	12 - 14
啞鈴肩推	125	3 - 6	6 - 12	12 - 14	直腿硬舉	85	3 - 6	6 - 12	12 - 14
反向肩側舉	132 - 33	3 - 6	6 - 12	12 - 14	坐姿划船	96 - 97	3 - 6	6 - 12	12 - 14
槓鈴早安	104 - 05	3 - 6	6 - 12	12 - 14	舉踵	84	3 - 6	6 - 12	12 - 14
槓鈴二頭肌彎舉	150 - 51	3 - 6	6 - 12	12 - 14	槓鈴肩伸	102 - 03	3 - 6	10 - 12	12 - 14
板凳或雙槓體撐	140 - 41	3 - 6	6 - 12	12 - 14	下背伸展	104 - 05	3 - 6	6 - 12	12 - 14
常規緩和					常規緩和				
緩和運動 5 分鐘					緩和運動 5 分鐘				
延伸性的伸展 (208-13) 15 分鐘					延伸性的伸展 (208-13) 15 分鐘				

- 課程期間
  8 週
- 恢復時間
  每項動作之間 30 秒 - 1 分 30 秒

分段課程時間表

每週時間	禮拜一	禮拜二	禮拜三	禮拜四	禮拜五	禮拜六	禮拜天
單數週 1,3,5…週	A	B	休息	A	B	休息	A
雙數週 2,4,6…週	B	A	休息	B	A	休息	B

分段課表（選擇 2）

課程 A ─ 功能性訓練日	課程B─孤立性訓練日

柔軟度運動熱身 (46-47) 10 分鐘 柔軟度運動熱身 (46-47) 10 分鐘

動作項目	頁數	組數	次數	重量 (RM)	動作項目	頁數	組數	次數	重量 (RM)
槓鈴仰臥推舉	110-11	2	10-12	12-14	滑索飛鳥	116-17	2	10-12	12-14
引體向上	94-95	2	10-12	12-14	直臂下拉	106-07	2	10-12	12-14
啞鈴肩推	125	2	10-12	12-14	肩舉動作任一種	130-33	2	10-12	12-14
槓鈴蹲舉	64-65	2	10-12	12-14	機械大腿伸展	80-81	2	10-12	12-14
直腿硬舉	85	2	10-12	12-14	機械大腿彎舉	80-81	2	10-12	12-14
直立划船任一種	126-27	2	10-12	12-14	啞鈴聳肩	128	2	10-12	12-14
					肱二頭肌彎舉任一種	150-57	2	10-12	12-14
					肱三頭肌下拉	148-49	2	10-12	12-14
					舉踵	84	2	10-12	12-14

常規緩和 常規緩和

緩和運動 5 分鐘 緩和運動 5 分鐘

延伸性的伸展 (208-13) 15 分鐘 延伸性的伸展 (208-13) 15 分鐘

- 課程期間
  8 週
- 恢復時間
  每項動作之間 30 秒 - 1 分 30 秒

分段課程時間表

每週時間	禮拜一	禮拜二	禮拜三	禮拜四	禮拜五	禮拜六	禮拜天
單數週 1,3,5…週	A	B	休息	A	B	休息	A
雙數週 2,4,6…週	B	A	休息	B	A	休息	B

健美

健美是一個將肌肉量增加到極致的訓練過程,增加肌肉的同時也必需減少體脂肪以使得皮膚下的肌肉線條更加明顯。健美是一種增進身體外觀的方法,也是一種競賽,其中最為大家所熟知的健美冠軍應該就是前環球先生(Mr. Universe)與奧林匹亞先生(Mr. Olympia)—阿諾史瓦辛格(Arnold Schwarzenegger)。

務必注意

以實際的態度看待你所能鍛鍊的肌肉量,因為只有少數人擁有能夠練到非常壯的遺傳基因。事實上,資質平均的一般人如果試著使用頂級健美選手的訓練課程,可能會嚴重導致過度訓練。即使他們能夠負荷這樣的訓練而不造成生理傷害,他們仍然難以充分增加肌肉量。這是因為多數人的肌肉無法從頻率與強度過高的訓練中很快地恢復,更遑論促進肌肥大了。

Q | 這個表格說明什麼?

A | 以下課程使用高強度而短時間的方式進行健美訓練。基礎課程提供使用阻力機械或是自由重量兩種效果優異的課表。此外亦附上兩項分段課程。

Q | 我該如何使用基礎課表?

A | 熱身之後,以由上而下的順序進行課表上的動作。課表的每個動作都可以在本書對應的頁數找到逐步教學的動作指南,並在表格上詳細列出組數、次數、所需重量,以及完成課表之後的常規緩和動作。使用機械或自由重量的負重標示為個人的 RM(最大反覆重量)。表格的最下方顯示大約的訓練期間、頻率以及每組之間的恢復時間。

Q | 什麼是分段課程?

A | 分段課程是基礎課程的進階版,採用更專注與更高技巧性的動作。你可能會注意到,本課程雖然採用比較進階的方法針對特定肌群訓練,整體訓練量卻沒有增加。在開始進行分段課程之前你必需先完成基礎課表。

Q | 如何使用分段課程(選擇 1)?

A | 選擇 1 就像一般例行的分段課程,以專注特定肌群為目的,但是使用較多的孤立性動作。課表的顯示方式與基礎課程大致相同,不過每週訓練日與恢復日的配置則是另外顯示於兩週交替的時間表中。針對不同部位的兩段課程分別由字母 A 與 B 表示。請重複進行兩週的時間表直到完成訓練期。

Q | 如何使用分段課程(選擇 2)?

A | 選擇 2 的分段課程比起選擇 1 更具挑戰性,採用功能性較高的訓練動作。

Q | 我應該練得更努力以獲得更多的肌肉嗎?

A | 不。健美的成功關鍵在於訓練得要領,而不是更努力。求好心切的健美訓練者常犯的錯誤並不是練得不夠,而是練得太多了。

Q | 為何本課程沒有使用體重的模式?

A | 任何健美的訓練課表通常不會有利用體重的訓練方法,因為這種方式所能使用的重量僅限於自己的體重而難以增加,這對於健美訓練顯然是不夠的。

基礎課表

機械					自由重量				
柔軟度運動熱身 (46-47) 10 分鐘					柔軟度運動熱身 (46-47) 10 分鐘				
動作項目	頁數	組數	次數	重量(RM)	動作項目	頁數	組數	次數	重量(RM)
機械推舉	118-19	3-6	6-12	12	窄握仰臥推舉	146-47	3-6	6-12	12
坐姿划船	96-97	3-6	6-12	12	槓鈴蹲舉	64-65	3-6	6-12	12
機械肩推 或直立划船	125 127	3-6 3-6	6-12 6-12	12 12	屈體划船	100-01	3-6	6-12	12
滑輪下拉	92-93	3-6	6-12	12	上斜飛鳥	114-15	3-6	6-12	12
45 度角腿推舉	78-79	3-6	6-12	12	引體向上(寬握)	94 (變化)	3-6	6-12	12
舉踵	84	3-6	6-12	12	槓鈴肩推	124	3-6	6-12	12
滑索彎舉	154-55	3-6	6-12	12	舉踵	84	3-6	6-12	12
肱三頭肌下拉 或雙槓體撐	148-49 141	3-6 3-6	6-12 6-12	12 12	肱二頭肌彎舉	150-51	3-6	6-12	12
常規緩和					常規緩和				
緩和運動 5 分鐘					緩和運動 5 分鐘				
延伸性的伸展 (208-13) 15 分鐘					延伸性的伸展 (208-13) 15 分鐘				

- **課程期間**
  6-8 週
- **課程頻率**
  一週 2-3 回, 每回之間休息 1-2 天
- **恢復時間**
  每項動作之間 30 秒 - 1分30秒

- **課程期間**
  6-8 週
- **課程頻率**
  一週 2-3 回, 每回之間休息 1-2 天
- **恢復時間**
  每項動作之間 30 秒 - 1分30秒

分段課表

基礎分段課表（選擇 1）									
課程 A—胸、肩與手臂					課程 B—腿及背				
柔軟度運動熱身 (46-47) 10 分鐘					柔軟度運動熱身 (46-47) 10 分鐘				
動作項目	頁數	組數	次數	重量 (RM)	動作項目	頁數	組數	次數	重量 (RM)
機械推舉	118-19	3-6	6-12	10-12	機械大腿伸展	80-81	3-6	6-12	10-12
機械肩推	125 (變化)	3-6	6-12	10-12	坐姿划船	96-97	3-6	6-12	10-12
滑索飛鳥	116-17	3-6	6-12	10-12	機械大腿彎舉	80-81	3-6	6-12	10-12
肩側舉動作任一種	131-33	3-6	6-12	10-12	啞鈴肩伸	102 (變化)	3-6	6-12	10-12
斜板彎舉	154-55	3-6	6-12	10-12	舉踵	84	3-6	6-12	10-12
肱三頭肌屈伸	144-45	3-6	6-12	10-12	單臂划船	98-99	3-6	6-12	10-12
常規緩和					常規緩和				
緩和運動 5 分鐘					緩和運動 5 分鐘				
延伸性的伸展 (208-13) 15 分鐘					延伸性的伸展 (208-13) 15 分鐘				

■ 課程期間
6-8 週

■ 恢復時間
每項動作之間 30 秒 - 1 分 30 秒

分段課程時間表

每週時間	禮拜一	禮拜二	禮拜三	禮拜四	禮拜五	禮拜六	禮拜天
單數週 1,3,5…週	A	B	休息	A	B	休息	A
雙數週 2,4,6…週	B	A	休息	B	A	休息	B

進階分段課表（選擇 2）

課程 A—胸、肩與手臂

課程 B—腿及背

柔軟度運動熱身 (46-47) 10 分鐘

柔軟度運動熱身 (46-47) 10 分鐘

動作項目	頁數	組數	次數	重量(RM)	動作項目	頁數	組數	次數	重量(RM)
槓鈴仰臥推舉	110-11	3-6	6-12	10-12	槓鈴蹲舉	64-65	3-6	6-12	10-12
槓鈴肩推	124	3-6	6-12	10-12	槓鈴肩伸	102-03	3-6	6-12	10-12
上斜飛鳥	114-15	3-6	6-12	10-12	羅馬尼亞硬舉	88-89	3-6	6-12	10-12
直立划船	126-27	3-6	6-12	10-12	屈體划船	100-01	3-6	6-12	10-12
集中彎舉	152-53	3-6	6-12	10-12	舉踵	84	3-6	6-12	10-12
肱二頭肌彎舉	150-51	3-6	6-12	10-12					

常規緩和

常規緩和

緩和運動 5 分鐘

緩和運動 5 分鐘

延伸性的伸展 (208-13) 15 分鐘

延伸性的伸展 (208-13) 15 分鐘

- 課程期間
  6-8 週
- 恢復時間
  每項動作之間 30 秒 - 1 分 30 秒

分段課程時間表

每週時間	禮拜一	禮拜二	禮拜三	禮拜四	禮拜五	禮拜六	禮拜天
單數週 1,3,5…週	A	B	休息	A	B	休息	A
雙數週 2,4,6…週	B	A	休息	B	A	休息	B

最大肌力

以下的課表將透過一系列的功能性運動幫助你從頭到腳強化肌力, 而增加你應付現實生活中任何動作的能力。本課程是接續在第 222-223 頁肌耐力的訓練之後, 總共 14 週的訓練能夠增強你的最大肌力。

Q | 這個表格說明什麼？

A | 以下有兩種課表, 第一種是針對全身的基礎課程, 第二種是進階的分段課程。兩種課程同樣能夠有效達到增加肌力的目標, 只是分段課程採用專注於特定肌群的訓練方法而具有更高的特異性。分段課表的顯示方式與基礎課程大致相同, 不過每週訓練日與恢復日的配置則是另外顯示於兩週交替的時間表中。針對不同部位的兩段課程分別由字母 A 與 B 表示。請重複進行兩週的時間表直到完成訓練期。

Q | 我要如何按照課表訓練？

A | 從「具挑戰性, 但仍能在舒適範圍內完成 6 次」的重量開始, 逐漸進展到只能完成一次動作的最大重量。以兩週的間隔逐漸減少每組次數, 但是每週都增加負重:上半身動作增加 1-2kg（2.2-4.4 lb）, 下半身動作增加 2-4kg（4.4-8.8 lb）。你的目標是在最後一週（第14週）達到只能完成一次的最大重量。

全身訓練課表			
柔軟度運動熱身 (46-47) 10 分鐘			
動作項目	頁數	組數	次數	重量 (RM)
啞鈴仰臥推舉	110-11	3	6	6
槓鈴蹲舉	64-65	3	6	6
滑輪下拉	93	3	6	
槓鈴肩推	124	3	6	6
屈體划船	100-01	3	6	6

重量與強度			
週	組數	次數	重量 (RM)
第 1-2 週	3	6	6
第 3-4 週	3	4	4
第 5-6 週	4	3	3
第 7-8 週	4	1-2	2

常規緩和
緩和運動 5 分鐘
延伸性的伸展 (208-13) 15 分鐘

- **課程期間**
  8 週
- **課程頻率**
  一週 3 回, 每回之間休息 2 天
- **恢復時間**
  每項動作之間 2-5 分鐘

進階分段課程

課程 A ─ 胸、肩與手臂

柔軟度運動熱身 (46-47) 10 分鐘

動作項目	頁數	組數	次數	重量 (RM)
啞鈴仰臥推舉	110 - 11	3	6	6
懸掛式聳肩	129	3	6	6
上斜飛鳥	114 - 15	3	6	6
上斜啞鈴彎舉	152	3	6	6
仰臥肱三頭肌伸展	144	3	6	6

重量與強度

週	組數	次數	重量 (RM)
第 1-2 週	3	6	6
第 3-4 週	3	4	4
第 5-6 週	4	3	3
第 7-8 週	4	1 - 2	2

常規緩和

緩和運動 5 分鐘

延伸性的伸展 (208-13) 15 分鐘

課程 B ─ 腿及背

柔軟度運動熱身 (46-47) 10 分鐘

動作項目	頁數	組數	次數	重量 (RM)
直臂下拉	106 - 07	3	6	6
前槓鈴蹲舉	66	3	6	6
槓鈴早安	104 - 05	3	6	6
槓鈴上跨步	76-77	3	6	6
前俯划船	106 - 07	3	6	6

重量與強度

週	組數	次數	重量 (RM)
第 1-2 週	3	6	6
第 3-4 週	3	4	4
第 5-6 週	4	3	3
第 7-8 週	4	2	2

常規緩和

緩和運動 5 分鐘

延伸性的伸展 (208-13) 15 分鐘

- **課程期間**
  8 週
- **恢復時間**
  每項動作之間 2- 5 分鐘

分段課程時間表

每週時間	禮拜一	禮拜二	禮拜三	禮拜四	禮拜五	禮拜六	禮拜天
單數週 1,3,5…週	A	B	休息	A	B	休息	A
雙數週 2,4,6…週	B	A	休息	B	A	休息	B

核心肌力

「核心」（或稱「軀幹」）意指身體中段的肌群。在很多人心目中，核心就是人人追求的那「六塊肌」，實際上可不只如此。核心肌群其實有兩層，分別是在精瘦的人身上輪廓清楚可見的淺層肌群（例如腹直肌）與埋藏在深層的穩定肌群。

Q｜這個表格說明什麼？

A｜以下有兩種不同模式的課表，第一種模式採用孤立性的核心運動，第二種模式則採用整體性的動作而提供兩項同樣有效的課表作為選擇。

Q｜孤立性的課表如何訓練核心？

A｜本模式將核心視為分離的區域而採用孤立性的訓練動作。一開始先進行每個動作 1-2 組、每組 10次，接著在維持標準姿勢的前提下，每回增加 2 個次數，直到能夠完成 2 組，每組 50 次的訓練動作。在準備好之前不要增加任何的次數，請記得「質」比「量」更加重要。

Q｜功能性的課表如何訓練核心？

A｜這種模式屬於整體性的訓練方法，是許多資深教練所偏好的。整體性的核心訓練動作並不針對核心本身，而是藉由提升訓練動作的全面表現來加強核心的肌力。

Q｜我應該選擇哪一個模式？

A｜總括來說，功能性核心訓練是比較好的選擇。舉重選手就是藉由功能性的強力腿部運動訓練出驚人的核心肌力。不過這種訓練並不侷限在運動員，任何人都能夠利用蹲舉、上搏、抓舉及硬舉等動作的學習成果。孤立性的核心課程在本質上比較缺乏功能性，乍看之下似乎不太實用，然而對於體格雕塑或是健美等以孤立肌肉而增加肌肉量為目標的訓練來說，則是直接而有效的。

孤立性核心課表			
柔軟度運動熱身 (46-47) 10 分鐘			
動作項目	頁數	組數	次數
腹部捲體或仰臥起坐	162-63 167	1-2	10-50
反向捲體	164	1-2	10-50
4 字形捲體	165	1-2	10-50
抗力球屈體	170	1-2	10-50
側傾	172	1-2	10-50
V 字抬腿	176-77	1-2	10-50
前俯棒式	174	1	NMF*
側棒式	175	1	NMF*
常規緩和			
緩和運動 5 分鐘			
延伸性的伸展 (208-13) 15 分鐘			

*NMF-接近肌肉力竭

- **課程期間**
  4-6 週
- **課程頻率**
  週 2-3 回，每回之間休息1-2 天
- **恢復時間**
  每項動作之間 30 秒 - 1 分鐘

功能性核心課表

選擇 1					選擇 2				
柔軟度運動熱身 (46-47) 10 分鐘					柔軟度運動熱身 (46-47) 10 分鐘				
動作項目	頁數	組數	次數	重量 (RM)	動作項目	頁數	組數	次數	重量 (RM)
爆發式上搏	182-83	2-6	6	6	爆發式抓舉	184-85	2-6	6	6
站姿划船	98-99	2-6	6	6	輔助架伏地挺身	121	2-6	6	6
槓鈴仰臥推舉	110-11	2-6	6	6	單臂划船	98-99	2-6	6	6
屈體划船	100-01	2-6	6	6	單手硬舉	176-77	2-6	6	6
槓鈴肩推	124-25	2-6	6	6	槓鈴蹲舉	64-65	2-6	6	6
過頭蹲舉	194-95	2-6	6	6	過頭槓鈴弓步蹲	73	2-6	6	6
前槓鈴蹲舉	66-67	2-6	6	6	直腿硬舉	85	2-6	6	6
槓鈴硬舉	86-87	2-6	6	6					
常規緩和					常規緩和				
緩和運動 5 分鐘					緩和運動 5 分鐘				
延伸性的伸展 (208-13) 15 分鐘					延伸性的伸展 (208-13) 15 分鐘				

- **課程期間**
  4-6 週
- **課程頻率**
  週 2-3 回, 每回之間休息 1-2 天
- **恢復時間**
  每項動作之間 2-5 分鐘

重量與訓練量的增加方式

在維持動作技巧的前提下, 以下列方式增加重量:

上半身動作 1-2kg (2.2-4.4 lb)

下半身動作 2-4kg (4.4-8.8 lb)

或逐漸增加組數, 但總組數以 6 組為限。

體育特殊性訓練

本書所介紹的訓練動作在本質上都能夠提供良好的肌力訓練, 其中更有許多項目非常適合應用在體育訓練。無論何種體育項目, 幾乎所有的運動員都會花一些時間在健身房中, 進行能夠幫助他們在各領域登峰造極的特殊性強化與訓練。

Q｜這個表格說明什麼？

A｜本書的每一項體育特殊性訓練動作都依照其特性歸類至各「動作組別」中, 逐項列出各「類型」並附上頁數以方便查閱。每個動作組別的說明都包括三個面向: 對於肌肉的作用、在體育活動的重要性, 以及適用的體育項目。

動作組別:
蹲舉

類型
槓鈴蹲舉 (64-65)
相撲式蹲舉 (64 變化)
前槓鈴蹲舉 (66-67)
槓鈴哈克蹲舉 (66-67)
前槓鈴深蹲 (192-93)
過頭蹲舉 (194-95)

Q｜蹲舉如何作用於肌肉？

A｜蹲舉是重要的全身肌力訓練動作, 雖然經常被視為腿部運動, 甚至更精確地定義為股四頭肌運動, 蹲舉實際上廣泛地訓練到腿肌、踝部穩定肌、腿後肌、外展肌與內收肌、鼠蹊、臀肌, 以及幾乎全部的核心肌群。

動作組別:
分腿蹲與弓步蹲

類型
啞鈴分腿蹲 (68)
過頭分腿蹲 (69)
保加利亞槓鈴分腿蹲 (70)
保加利亞啞鈴分腿蹲 (71)
槓鈴弓步蹲 (72)
過頭槓鈴弓步蹲 (73)
前跨步弓步蹲 (74)
側跨步弓步蹲 (75)
槓鈴上跨步 (76-77)

Q｜分腿蹲與弓步蹲如何作用於肌肉？

A｜分腿蹲與弓步蹲能夠訓練單腳的肌力。大部分的體育項目都需要瞬間以單腳承接體重減速, 接著馬上朝反方向折返加速的動作(「剪」的動作)。這種動作需要強大的單腳肌力與爆發力, 因此本訓練是不可或缺的。

動作組別:
屈膝式硬舉

類型
槓鈴硬舉 (86-87)
啞鈴硬舉 (87 變化)
單手硬舉 (176-77)

Q｜屈膝式硬舉如何作用於肌肉？

A｜屈膝式硬舉的作用與蹲舉類似, 但是槓的位置不同。硬舉的動作是將重量由地面舉起, 因此所需的膝關節彎曲與軀幹前傾角度皆不同於蹲舉。硬舉動作中, 負重位置在於運動員平衡中心的前方。

Q | 這個課程只適合運動員嗎？

A | 不。本課程適用於任何想要加強運動表現的人，從初學者到高級運動員皆可。

Q | 為什麼課程命名為體育特殊性訓練？

A | 意指具功能性的、能再現體育項目關節活動方式的訓練動作。例如動態舉重能夠應用在高度爆發性的體育項目如美式足球與田徑，因此經常是這類運動的高等級選手與教練所偏好的。

Q | 蹲舉的重要性為何？

A | 蹲舉是培養體育相關腿部肌力的重要訓練動作，此外更是跳躍或短跑等爆發性動作的基礎。蹲舉的訓練讓你更強壯且更具爆發力，並改善體態，它也是其中一項最好的核心訓練動作。

蹲舉有許多種變化型，你可以根據特定體育項目的需要作選擇。

Q | 蹲舉可以應用在哪些體育項目？

A | 蹲舉訓練有助於幾乎所有存在過的體育項目，每個運動員必定要在訓練課表中加入蹲舉項目。（見第 246 - 247 頁所有相關運動）

Q | 分腿蹲與弓步蹲的重要性為何？

A | 在任何的跑步運動，運動員交替地以單腳承受體重，因此單腳的肌力與穩定度是關鍵。例如，缺乏踝、膝、髖三關節肌力與穩定度訓練的選手，在運動場上短跑時（跑道或球場上）比較容易發生效率不佳、體能消耗與受傷的狀況。此外如果是運用多方向動作的體育項目，則通常需要進行各種方向的弓步蹲訓練。

Q | 分腿蹲與弓步蹲可以應用在哪些體育項目？

A | 很少體育項目會不需要應用單腳肌力（划船與健力應該是主要的兩個例外）。本訓練可以廣泛應用在足球、橄欖球、籃球、網球，以及澳式足球。此外曲棍球選手，以及美式足球的外接員（wide receivers）、角衛（cornerbacks）與跑衛（running backs）等需要經常進行變速動作的角色，也同樣能夠利用本訓練增進表現。（見第 246-247 頁所有相關運動）

Q | 屈膝式硬舉的重要性為何？

A | 如同蹲舉，屈膝式硬舉是一種適用於所有的體育項目的重要訓練，尤其是對於需要大量抓、舉、拉等動作的運動而言。

其他的變化型如單手硬舉則是非常有效的核心運動，因為在大部分的體育項目，負重都不會是恰好平衡的，單手硬舉能夠有效訓練舉起不平衡的重量所需的核心穩定力。

Q | 屈膝式硬舉可以應用在哪些體育項目？

A | 硬舉的訓練被廣泛應用在柔道、擲鏈球，對於需要培養拉力的划船以及需要與對手進行拉、舉等肢體動作的橄欖球也有所助益。（見第 246-247 頁所有相關運動）

動作組別：
直腿式硬舉

類型
直腿硬舉 (85)
羅馬尼亞硬舉 (88-89)
槓鈴早安 (104-05)

Q｜直腿式硬舉如何作用於肌肉？

A｜腿部打直的硬舉動作能夠強化腿後肌、下背以及臀肌（「槓鈴早安」其實是介於蹲舉和直腿硬舉之間的一項動作）。然而直腿式硬舉缺乏膝關節的彎曲動作，因此功能性略遜於蹲舉或是屈膝式硬舉。

動作組別：
下拉與引體向上

類型
輔助引體向上 (92)
滑輪下拉 (93)
寬握滑輪下拉 (93 變化)
引體向上 (94-95)
正反握引體向上 (94 變化)

Q｜下拉與引體向上如何作用於肌肉？

A｜下拉與引體向上能夠有效強化手臂及背部執行拉力動作的肌肉，同時增加抓握的肌力。

動作組別：
坐姿划船

類型
坐姿划船 (96-97)
站姿划船 (98-99)
前俯划船 (106-07)

Q｜坐姿划船如何作用於肌肉？

A｜坐姿划船訓練上半身，特別是背肌與抓握肌力的訓練。

動作組別：
站姿划船

類型
站姿划船 (98-99)
單臂划船 (98-99)
屈體划船 (100-01)
直立划船 (126-27)
啞鈴直立划船 (126 變化)

Q 站姿划船如何作用於肌肉？

A｜站姿划船訓練上半身與下半身透過核心連結的整體拉力動作，同時也能增加抓握的肌力。

Q｜直腿式硬舉的重要性為何？

A｜直腿式硬舉的主要功用在於增強腿後肌以預防膝蓋受傷，對於女性運動員尤其重要。健美選手也經常使用此類動作加強腿後肌的線條。

Q｜直腿式硬舉可以應用在哪些體育項目？

A｜不同於健美的美觀目的，體育訓練採用直腿式硬舉的目標是加強腿後肌肌力與關節穩定度的相關運動表現，如綜合武術、柔道，以及擲鏈球等。(見第 246-247 頁所有相關運動)

Q｜下拉與引體向上的重要性為何？

A｜此類動作的體育特殊性雖然並不強(很少體育項目會需要運動員抬起自己的體重)，但是在攀岩或體操等需要相關肌力的運動則是重要的訓練。此類動作也可以有效矯正運動員過度鍛鍊胸肌造成的失衡。

Q｜下拉與引體向上可以應用在哪些體育項目？

A｜攀岩或體操運動員需要經常地舉起自己的體重，是此類訓練最實用的體育項目。下拉與引體向上也可以利用在需要大量抓握力或是拉力的運動，例如擲鏈球、摔角、柔道、划船以及聯合式橄欖球。本動作也可以廣泛應用於其他體育項目的基礎訓練階段。

Q｜坐姿划船的重要性為何？

A｜此類動作訓練背部與上半身的肌力，尤其是對於任何運動員都相當重要的拉力動作。

Q｜坐姿划船可以應用在哪些體育項目？

A｜划船是最直接運用本訓練的體育項目。此外如同下拉與引體向上一樣，本動作也能應用在需要抓握力與拉力動作的運動，例如擲鏈球、摔角、柔道、划船以及聯合式橄欖球。然而對於拉力動作時，上半身與下半身透過核心連結的整體動作機制則需要另外的訓練。

Q 站姿划船的重要性為何？

A｜在許多的體育競賽中，運動員必需以直立的姿勢進行抬舉和拉力動作，對於此類運動站姿划船是非常有用的訓練。

單臂划船如果移除膝蓋與手的支撐，則會更加有效。因為現實生活中，身體是需要自己提供穩定力的。

Q｜站姿划船可以應用在哪些體育項目？

A｜站姿划船能夠提供全身性的肌力訓練，適用於許多體育項目。尤其是需要以站姿進行拉、舉動作的項目，例如擲鏈球、柔道、綜合武術、划船以及聯合式橄欖球。站姿划船也適用於大部分運動員的基礎肌力訓練。

動作組別：
直臂下拉

類型

槓鈴肩伸 (102-03)
EZ槓肩伸 (102 變化)
啞鈴肩伸 (102 變化)
直臂下拉 (106-07)

Q｜直臂下拉如何作用於肌肉？

A｜直臂下拉訓練手臂從過頭位置順著身體矢狀面（從頭到腳的方向）進行下拉動作的肌力。

動作組別：
推舉動作：胸部

類型

槓鈴仰臥推舉 (110-11)
啞鈴仰臥推舉 (110-11)
上斜槓鈴推舉 (112)
上斜啞鈴推舉 (113)
伏地挺身 (120)
抗力球伏地挺身 (120 變化)
輔助架伏地挺身 (121)
窄握仰臥推舉 (146-47)
窄握直槓仰臥推舉 (146 變化)
窄握伏地挺身 (146 變化)

Q｜推舉動作如何作用於肌肉？

A｜仰臥姿勢的推舉動作，例如廣受歡迎的仰臥推舉等，能夠強化胸部、肩部以及肱三頭肌等肌群。

動作組別：
肩推／過頭推舉

類型

槓鈴肩推 (124)
啞鈴肩推 (125)
急推 (202-03)

Q｜肩推／過頭推舉如何作用於肌肉？

A｜過頭推舉與仰臥推舉類似，但採用不同的肩關節角度，它能夠有效訓練推舉過頭動作以及肩部的基本肌力培養。

本動作以站姿進行是比較好的，坐姿是比較適合健美的變化型。

Q | 直臂下拉的重要性為何？

A | 訓練手臂打直施力的體育項目,同時有效預防受傷。

Q | 直臂下拉可以應用在哪些體育項目？

A | 直臂下拉相關的體育項目有游泳(蝶式與自由式)、板球、網球的發球等。然而上述運動的手臂動作通常是複雜的, 因此也需要搭配其他動作以達到完整的肌力訓練。

Q | 推舉動作的重要性為何？

A | 推舉動作的訓練適用在需要以單手或雙手進行推的動作的體育項目, 無論是從地面上推動, 或是與對手之間的推擋動作。

Q | 推舉動作可以應用在哪些體育項目？

A | 本訓練適用於摔角、綜合武術、足球(守門員)以及橄欖球中需要進行推擋動作的球員, 也可以應用在其他例如拳擊、推鉛球等許多需要肩部肌力、穩定力與傷害預防的體育項目。

Q | 肩推／過頭推舉的重要性為何？

A | 以站姿進行肩推／過頭推舉動作能夠訓練到全身, 包括手指與腳尖。不同於單純的推舉動作, 過頭推舉的動作是相當具有爆發力的。急推等動作是一種爆發性的過頭推舉, 能夠訓練到包括腿部、軀幹、肩部與手臂的幾乎每一束肌肉。

Q | 肩推／過頭推舉可以應用在哪些體育項目？

A | 過頭推舉動作適用於大部分體育項目的基礎訓練, 尤其在技擊性運動的拳擊動作與推鉛球等更是直接受用。在聯合式橄欖球爭邊球時, 負責舉起隊友的前鋒也能夠有效利用本項訓練。

動作組別：**肩部旋轉**	**Q│肩部旋轉如何作用於肌肉？**
類型 啞鈴肩外旋 (134-35) 滑索肩內旋 (136-37) 滑索肩外旋 (136-37)	**A│**肩膀是一個活動範圍很廣的關節，也正因為如此肩關節很容易受傷，尤其是旋轉肌袖 (rotator cuff)一由四條肌肉連結球面肩關節頭與關節窩，並控制所有的肩關節動作，例如肩內旋與肩外旋。
動作組別：**滑索伐木**	**Q│滑索伐木如何作用於肌肉？**
類型 伐木 (178) 低滑索伐木 (179 變化)	**A│**滑索伐木動作能夠加強身體旋轉動作的爆發力與肌力，或是相反的，抵抗旋轉的力量。滑索機械能夠提供有效且多種變化型態的訓練，幾乎適用於所有形式的旋轉運動。
動作組別：**動態舉重**	**Q│動態舉重如何作用於肌肉？**
類型 爆發式上搏 (182-83) 爆發式抓舉 (184-85) 懸掛式上搏 (186-87) 懸掛式抓舉 (188-89) 下蹲式上搏 (190-91) 分腿式抓舉 (200-01) 壺鈴高拉 (204)	**A│**動態舉重的訓練能夠培養最大爆發力，這項因素可能是許多運動成敗的關鍵。動態舉重的動作涉及踝、膝及髖關節充滿爆發性而幾乎同時進行的「三關節伸展動作」。
動作組別：**蹲跳**	**Q│蹲跳如何作用於肌肉？**
槓鈴蹲跳 (205)	**A│**蹲跳具有動態舉重動作的多項好處，但是不需要太高的技巧性。

Q｜肩部旋轉的重要性為何？

A｜ 肩部肌肉的強化對於運動表現與傷害的預防是很重要的，也因此肩部旋轉是許多教練與物理治療師都會指定的運動。此外尚有其他如爆發式抓舉（184-85）等功能性的自由重量運動也是非常有效的旋轉肌袖強化運動。

Q｜肩部旋轉可以應用在哪些體育項目？

A｜ 幾乎所有牽涉到肩部活動的體育項目都能夠應用本訓練對於傷害的預防效果。即使訓練計畫中已包含其他活動到肩關節的動作，還是值得將肩部旋轉加入課表。本訓練直接適用在腕力比賽或球拍運動等。

Q｜滑索伐木的重要性為何？

A｜ 本訓練廣泛適用於任何訓練課程，因為很少運動是不需要用到旋轉力的。如果該體育項目所需要的是爆發性的旋轉，則可以用爆發性的伐木動作進行訓練；如果所需要的是穩定度與抵抗旋轉的力量，則可以僅活動手臂而固定身體中柱（腿與核心）。

Q｜滑索伐木可以應用在哪些體育項目？

A｜ 幾乎所有的體育項目都需要使用身體橫切面方向（旋轉）的動作。有些運動如高爾夫球、拳擊、推鉛球以及球拍運動則幾乎完全依賴這種動作模式。即使是跑步動作，運動員的身體也需要抵抗跑步的機轉下產生的旋轉力量。至於旋轉動作很少的運動例如健力，本訓練就比較不實用了。

Q｜動態舉重的重要性為何？

A｜ 許多體育項目都可以依靠本訓練增強三關節伸展動作，例如跳躍與短跑。動作中與上舉步驟同樣重要的是」抓」的步驟，即讓握槓減速的過程。幾乎所有的體育項目中運動員都需要進行減速的動作，例如改變方向或是著地的瞬間，因此減速的訓練也是很重要的。

Q｜動態舉重可以應用在哪些體育項目？

A｜ 顯然與本項訓練最直接相關的就是舉重，但也能廣泛應用在其他需要速度、爆發力、穩定力、平衡與控制的體育項目。此外本類動作的分腿變化型能夠藉由快速的分腿動作訓練有效強化腿部的速度與敏捷度。

Q｜蹲跳的重要性為何？

A｜ 上述動態舉重是非常重要的訓練動作，但是技巧性較高，運動員可能花費了很多的時間熟習動作卻還不能承受有意義的負重。蹲跳相對來說比較容易學習，對於「三關節伸展動作」也能提供類似的幫助。

Q｜蹲跳可以應用在哪些體育項目？

A｜ 一如動態舉重，蹲跳適合任何需要速度、爆發力、穩定力、平衡與控制的體育項目。

體育特殊性一覽表

「體育特殊性」意指能夠再現體育項目中運動員活動方式的訓練動作。我們必需先分析各體育項目的基本動作模式，再針對各項動作進行訓練以增進整體表現。

Q｜這個表格說明什麼？

A｜表格分析各體育項目的動作模式並列出與前述各動作組別的相關性：「直接相關」（實心方塊）、「部分／一般相關」（空心方塊）或「無相關」（空白）。例如對於壁球／短柄牆球，蹲舉動作只有部分／一般相關，分腿蹲或弓步蹲則是直接

Key

右側是第 238-245 頁所介紹的所有運動種類，下方列出各種體育項目以及其相關性。

相關性表示：

■　直接相關
□　部分／一般相關

	蹲舉	分腿蹲與弓步蹲	屈膝式硬舉	直腿式硬舉	下拉與引體向上	坐姿划船	站姿划船	直臂下拉	推舉動作：胸部	肩推／過頭推舉	肩部旋轉	滑索伐木	動態舉重	蹲跳
美式足球／加拿大式足球	■	■	□	□	□		□		□	■			■	■
澳洲式橄欖球	■	■	□	□	□		■		□	□	□		■	■
羽毛球	□	■					□	□			□	□		□
棒球／壘球	■	■					□				■	■	■	■
籃球	■	■			□		□				■		■	■
拳擊	■	■			□	□			■		■		■	■
獨木舟(單葉槳)			□		□	■	■	□				■	■	
攀岩	□	□	□		■		□					■	■	
板球	■	■			□		□	□			■	■	■	■
自行車	■	□	□										■	■
長跑	■		□									□	□	□
擊劍	□	■										□	□	□
草地曲棍球	■	■		□								■	■	■
愛爾蘭式足球	■	■			□	□	■		□	□		■	■	■
高爾夫球	□	□									■	■		■
體操	■	■			■	□						■	■	■
鏈球	■	□	■	■	□		■			□		■	■	■
板棍球	■	■			□		□				□	■	■	■
冰上曲棍球	■											■	■	■
溜冰	□	□											■	■
標槍	■	■			□	□	■			□		■	■	■
柔道	■	■	■	■	□	□	□			□		■	■	■
各種跳躍運動	■			□									□	■
獨木舟(雙葉槳)			□		□	■	■				□	■	■	

相關的；雖然在基礎訓練階段，蹲舉能夠強化雙腿的肌力而有其重要性(因此標示為「一般相關」)，然而分腿蹲或弓步蹲所訓練的單腳肌力能夠應用在加速與撲球的多方向爆發力動作，毫無疑問地是更重要而更直接的。蹲舉相關動作最有代表性的就是需要雙腳穩定度的動作如滑雪及風帆衝浪，或是特定技巧的雙腳動作如聯合式橄欖球的正集團，或是足球中頂球的跳躍動作。

Key

右側是第 238-245 頁所介紹的所有運動種類，下方列出各種體育項目以及其相關性。

相關性表示：

■ 直接相關
□ 部分／一般相關

	蹲舉	分腿蹲與弓步蹲	屈膝式硬舉	直腿式硬舉	下拉與引體向上	坐姿划船	站姿划船	直臂下拉	推舉動作：胸部	肩推／過頭推舉	肩部旋轉	滑索伐木	動態舉重	蹲跳
長曲棍球	■	■			□	□	□					■	■	■
中距離長跑	■	■		□								□	■	■
綜合格鬥	■	■	■	■	□	□	■		■	■		■	■	■
籃網球	□	■									■	□	□	□
健力	■	■	■										■	
划船	■	■	■		□	■	■						□	
聯盟式橄欖球	■	■	□		□	□	■		■			■	■	■
聯合式橄欖球	■	■	■	□	□	■	■		■			■	■	□
滑雪	■	□												■
足球	■	■		□										■
壁球／短柄牆球	□	■			□	□	□	□			□	■	■	
技擊性武術		■			□	□			■	■	■	■		
衝浪	■	■												
游泳	□	□		□	□	□	□	□			□		■	■
桌球		■												
網球	■	■	■		□	□					□	■	■	■
推鉛球&擲鐵餅	■	■	□	□									□	■
短跑	■	■										□		■
排球	■	■			□	□		□		□	□	□	■	■
滑水				□	□	□	■					□	□	
水球	□				□	□	□				□	□	□	□
舉重	■	■	■		□	□				■			■	■
風帆衝浪	■		□		□	□	□					□		
摔角	■	■		□	□		■		■	■	■	■	■	■

詞彙表

（%1RM）
某項訓練動作所使用的重量相對於1RM（一次最大反覆）的百分比。

一次最大反覆（1RM）
某項訓練動作夠更舉起一次的最大重量。

外展肌（Abductor）
負責牽動肢端遠離身體的肌肉。

阿基里斯腱／
跟腱（Achilles tendon）
將小腿肌肉附著於跟骨的一條長肌腱。

內收肌（Adductor）
負責牽動肢端移近身體的肌肉。

有氧的（Aerobic）
需要氧氣的過程。有氧代謝發生於長時間的低強度運動，例如長跑與游泳。

正反握（Alternating grip）
以一手正面一手反向的方式握住槓。這種方式可以避免槓在手中滾動，建議使用在非常重的訓練時，尤其在硬舉。

無氧的（Anaerobic）
不需氧氣的過程。無氧代謝發生於短時間的高強度運動，例如舉重與短跑。

拮抗肌（Antagonistic muscles）
分別負責關節伸展與彎曲的成對肌肉；例如其中一肌肉收縮時會牽引肢端往某方向移動，而另一肌肉則將肢端拉至反方向。

前側（Anterior）
前方部分或前方表面，與「後側」相反。

槓鈴（Barbell）
一種自由重量，組成有一個槓（通常是金屬）與裝置在兩端的重量。槓的長度足以讓訓練者至少肩寬的距離抓握。槓鈴上的重量可以是固定的或是使用扣環的移動式槓片。

基本能量需求（BER）
身體在休息狀態時所消耗的卡路里。

二頭肌（Biceps）
任何兩頭或有兩個端點的肌肉。但通常為上臂「肱二頭肌（biceps brachii）」的簡稱。

血糖濃度（Blood sugar level）
血液中的葡萄糖濃度。

基礎代謝率（BMR）
生物體維持生命每日所需的最低能量（卡路里）。BMR約佔一般人每日總能量消耗的 2／3。

體脂肪比率（Body fat percentage）
脂肪的重量除以總體重，以百分比表示。

身體質量指數（BMI）
應用在成年男女，以身高與體重計算出的體脂肪評估數值。BMI 值應該視個體狀況斟酌使用，尤其對於肌肉量較大的人，例如運動員。

骨質密度（Bone density）
單位體積骨頭之中骨頭組織的量。

滑索機械（Cable pulley machine）
一種阻力訓練的器械，以各種的握把、握環、繩經由金屬滑索連結重量。施力經由滑輪系統傳遞而舉起重量。滑索機械適用於多種運動，能夠在動作的全程供應阻力。

卡路里（Calorie）
能量攝取或消耗的常用單位。

碳水化合物（Carbohydrates）
一種有機化合物，包括糖、澱粉及纖維素，是一般人膳食的必要成分，也是生物體最普遍的能量來源。

心肌（Cardiac muscle）
是一種構成心臟壁的不隨意肌。

循環訓練（Circuit training）
好幾項運動以一定的順序，以固定的次數與組數進行。每項運動由休息時間隔開，每個循環之間也以較長的休息期隔開。

挺舉（Clean and jerk）
技巧性的兩階段舉重動作，與抓舉（snatch）同為奧運舉重比賽的兩個類型。挺舉的動作方式是先將槓鈴舉到肩高，再上挺過頭到手臂的長度。

緩和（Cool-down）
在主要訓練結束後進行，動作包括慢跑、步行與主要肌肉的伸展。緩和的目的是幫助身體回復到運動前的狀態。

賽前訓練（Conditioning）
為了提升選手表現以參加某項體育比賽而設計的訓練課程。

肌酸（Creatine）
一種由身體所製造或從食物中攝取（主要來源為肉類）的化合物，可以用來儲存能量並供能給肌肉組織。

遞減訓練法（Drop set）
一種重量訓練的型式，方法是以特定運動先訓練至力竭後，稍減重量並馬上進行下一組至力竭。

啞鈴（Dumbbell）
一種自由重量，短柄而重量位於柄的兩邊，可以單手操控。

動態運動（Dynamic exercise）
任何能夠活動到關節與肌肉的運動。

豎立肌（Erector）
使身體部位豎立或維持這種狀態的肌肉。

伸肌（Extensor）
讓關節角度變大（如伸直手肘）的肌肉。通常與屈肌前後成對。

脂質（Fats）
一種有機化合物，包括動物脂質如奶油與豬油、植物脂質如植物油與豆油。脂質是膳食中重要的能量來源，多種脂質在身體化學反應中扮演必要的角色。

屈肌（Flexor）
讓關節角度變小（如彎曲手肘）的肌肉。通常與伸肌前後成對。

自由重量（Free weight）
一種不連結滑索也不附著於任何器械的重量，常見的有槓鈴、啞鈴或壺鈴等。

升糖指數（GI）
一種從 0－100 的指數，將特定碳水化合物對血液濃度的效應量化。高升糖指數的食物分解得很快而在消化後迅速釋放能量；低升糖指數的食物分解較慢而以較長時間緩緩釋出能量。

葡萄糖（Glucose）
一種簡單的糖份，是身體細胞主要的能量來源。

肝糖（Glycogen）
一種存在於肌肉與肝臟中的碳水化合物，可以在肌力訓練的過程提供能量。肝糖由單位葡萄糖組合而成，體內沒有被利用的葡萄糖將轉化成肝糖儲存。

（肌肉的）頭／端點（Head）
肌肉的起點。

恆定狀態（Homeostasis）
身體調節內部環境以保持穩定的過程。

肥大（Hypertrophy）
身體組織或細胞大小增加，本書意指肌肥大。

間歇訓練（Interval training）
一種訓練型式，接近最大強度的短時間運動與休息或低強度運動（如健走、慢跑等）交替進行。

等長收縮（Isometric）
一種肌肉無顯著收縮的訓練型式，例如推擠不移動的物體。

等張收縮（Isotonic）
一種固定阻力的訓練型式，在肌肉收縮的過程阻力維持不變。

髂脛束（ITB）
位於大腿的外側的一束堅固的纖維組織，能在跑步過程幫助保持穩定。

壺鈴（Kettlebell）
一種鐵製的重量，形狀像附有握把的球。

乳酸（Lactic acid）
無氧呼吸過程的廢產物，在高強度的運動後累積在肌肉中。乳酸與引起抽筋的化學反應有關。

外側（Lateral）
身體或身體部位的外邊位置。外側平面（lateral plane）的動作表示從一側到另一側的動作。

韌帶（Ligament）
一種堅固的纖維結締組織，負責骨骼與關節的連結。

新陳代謝（Metabolism）
身體化學反應的總稱；包括合成反應（組成化合物）與異化反應（分解化合物）。

礦物質（Mineral）
一種無機物元素（不含碳），對於正常身體的功能是必需的而必需從食物中獲得。

神經適應（Neural adaptation）
神經系統對於肌力訓練的反應。增加肌肉的神經活動能夠在肌肉量不變的狀況下明顯增加肌力，尤其在訓練課程的初期。

脊柱中立（Neutral spine）
最理想的脊椎姿勢。此時脊椎並非完全打直，而是在上部與下部區域稍微造成彎曲。這種姿勢是脊椎最有力與最平衡的狀態，許多運動過程都必需維持脊柱中立。

奧林匹克舉重（Olympic weightlifting）
一項猛力舉起最高負重槓鈴為目標的比賽。舉重分為兩種不同型式—挺舉與抓舉。

超負荷（Overload）
逐漸增加某項訓練動作的重量，目的在於促進身體對於訓練的適應作用。

分期（Periodization）
一種規劃訓練的方式，通常是為了在重要活動達到最佳體能而進行的準備。使用不同的項目、負重與強度進行週期性的交替訓練。是一種高等級運動員準備比賽或賽季所使用的技巧。

後側（Posterior）
後方部分或後方表面，與「前側」相反。

爆發力（Power）
在特定時間內產生的力量，是肌力與速度的結合。

健力（Powerlifting）
一項以舉起最高負重槓鈴為目標的比賽，包含三個項目—蹲舉、仰臥推舉及硬舉。

預先疲勞（Pre-exhaustion）
一種訓練型式，在單關節運動之後接著進行同樣位置高負重的複合式運動，以求在實際訓練前先讓目標肌肉適度勞累。

蛋白質（Protein）
提供身體能量的三種主要營養素之一（其餘兩種為脂質與碳水化合物）。蛋白質是肌肉成長與修復所必需的。

四頭肌（Quadriceps）
任何四頭的肌肉。但通常意旨位於大腿的大塊肌肉群。

訓練方案（Regimen）
為達成預定成果而設計的課程，包含運動與飲食規劃。

次數（Repetition）
某訓練動作完成一次，從開始、結束到回復起始動作。

阻力訓練（Resistance training）
讓肌肉抵抗阻力而動作的任何訓練；阻力的來源可能是重量、橡皮圈、或是自己的體重。

休息間隔（rest interval）
某訓練動作每組之間讓肌肉恢復的停頓時間。

旋轉肌袖（Rotator cuff）
由四條肌肉（棘上肌、棘下肌、小圓肌與肩胛下肌）與相關肌腱所組成，將肱骨（上臂的長骨）固定於肩關節並控制其轉動。旋轉肌袖的傷害經常發生於投擲動作相關運動。

組數（Set）
特定的次數構成一組。

肩帶（Shoulder girdle）
位於肩部的環狀骨骼（實際上並非完整的環形），許多的肌肉附著於此，讓肩膀／肩胛骨動作。

骨骼肌（Skeletal muscle）
又稱橫紋肌。此種肌肉附著於骨骼且能受意識控制。藉由骨骼肌的收縮能夠控制身體行動。

史密斯機（Smith machine）
健身房常見的器材，由槓鈴與平行的金屬軌道組成，固定的軌道讓槓鈴移動侷限於垂直方向。

平滑肌（Smooth muscle）
組成身體內臟器官而不受意識控制的肌肉。

抓舉（Snatch）
技巧性的舉重動作，與挺舉（clean and jerk）同為奧運舉重比賽的兩個類型。抓舉的進行方式是將槓鈴由地板（或通常從舉重平台上）以連續動作舉起並固定於過頭的高度。

分段課程（Split routine）
一種交替訓練不同身體部位的課程模式。例如一回針對上半身進行肌力訓練，下一回則針對下半身，而不是每一回都涵蓋全身。

護槓者（Spotter）
在訓練時進行輔助的夥伴，提供鼓勵與動作上的協助，例如當該次數快要失敗時視需要性介入動作。

靜態運動（Static exercise）
維持某一姿態的運動，例如推擋一個靜止的物體。

肌力訓練（Strength training）
一種阻力訓練的型式，目的是增加骨骼肌的肌力。

超級組（Superset）
一種訓練型式，兩項訓練動作連續而無休息間隔，前後動作可以針對同樣的或不同的身體部位。

補充品（Supplement）
藥片、液體、粉末或任何型式含有營養素的製品。

腱（Tendon）
一種將肌肉附著於骨骼的結締組織，能傳導肌肉收縮的力量而牽動骨骼。

訓練至力竭（Training to failure）
進行某項訓練動作，在沒有協助的情況下無法再舉起下一個次數的臨界點。

三頭肌（Triceps）
任何三頭或有三個端點的肌肉。但通常為可伸展軸關節的上臂「肱三頭肌（triceps brachii）」的簡稱。

維生素（Vitamin）
一種身體維持健康的成長發育所必需的化合物，通常僅需要少量。大部分的維生素無法由身體製造而必需從食物中攝取。

熱身（Warm-up）
在訓練前幫身體做好準備的一系列低強度運動，它能夠適度地促進心肺與肌肉的活動。

致謝

關於本書作者

Len Williams 是一位國際舉重裁判，也是大英舉重協會的資深教練，並在各大學與學院教授多種訓練課程。Len 也擔任 2012 倫敦奧運的官方籌備小組成員之一。

Derek Groves 是一位專業的體育教練，也是大英舉重協會的教練，並擔任沙烏地阿拉伯體育聯盟肢體障礙舉重的顧問教練。他擁有超過 30 年為高等級運動員進行肌力訓練與賽前訓練的經驗。Derek 現任 IPC 肢體障礙者奧運會 (Paralympic) 健力比賽的國際級別鑑定師。

Glen Thurgood 是大英舉重協會教練，以及北安普敦足球俱樂部的肌力與賽前訓練首長。他擁有超過 10 年身為高等級選手兼教練的經驗，歷經學校、職業與國家隊的聯合式橄欖球隊、足球隊與棒球隊。

出版者致謝

Dorling Kindersley 想要感謝 Jillian Burr, Joanna Edwards, Michael Duffy, Conor Kilgallon, Phil Gamble。

Cobalt id 想要感謝以下協助的機構與個人：

書中示範的模特兒：Chris Chea, Caroline Pearce, William Smith, Michelle Grey, Sam Bias Ferrar, Sean Newton, Anouska Hipperson。在拍攝期間提供設備與指導的人員：Anouska Hipperson, Roscoe Hipperson, Matt, Jon, Fit Club staff。Jackie Waite and staff (Working Leisure Center & Pool in the Park), Karen Pearce and staff (劍橋大學 Fenner's Fitness Suite)。以及繪製插畫的 Mark Walker, Mike Garland, Darren R. Awuah, Debajyoti Dutta, Richard Tibbitts, Jon Rogers, Phil Gamble 與製作對照表的 Patricia Hymans。

關於大英舉重協會 (The British Weight Lifters' Association; BWLA)

大英舉重協會是英國舉重與重量訓練的管理機關，創立於 100 年前。雖然主要是英國奧林匹克運動會舉重項目的管理者，該協會仍然深度投入於任何型式的重量訓練的發展，特別是用來加強特定體育項目表現的訓練課程。協會的目標除了舉重及重量訓練的發展之外，過往也大量地投入教育活動。在 1940 年代末，協會的第一位專業教練 Al Murray 率先將阻力訓練運用在其他的體育項目，與其他幾位有名的教練一同合作，如 Bert Kinner（游泳項目），Geoff Dyson（運動競技），並引入來自俄羅斯教練的訓練知識。他的課程培養出許多優秀的教練，一同促進科學化舉重與重量訓練的蓬勃發展。今日，大英舉重協會的專業教練團不僅學術背景雄厚，更重要的是擁有無論在實做上或教學上皆無可比擬的實用技巧。

安全資訊

所有的體育項目以及身體活動都伴隨有受傷的風險，任何參與者都應該先確定身體狀況是否適合進行舉重、重量訓練，或任何型式的阻力運動。

本書的發行者與作者有十足的信心，只要在適當的操作下，舉重與重量訓練都是安全的，此外本書所涵蓋之訓練動作，只要在適當的指導下正確操作並循序漸進地增加阻力，也是安全無虞的。然而，任何的舉重與重量訓練器材的使用者必需有責任小心地判斷並確認當下的環境如地板、設備、通風與衛生狀況是否合宜。而指導者必需具有足夠的安全保證以及最新的相關資格證明，包括急救能力。例如，大英舉重協會是英國政府單位與機構所認可的舉重與重量訓練國家管理機構。訓練的參與者必需確認他們的教練屬於此類公信力組織的會員，如果是屬於其他組織，也應該確認是否有足夠的安全保證。

雖然運動科學家的研究已經大大增加了大眾對於訓練課程組成、阻力的選擇與其他各種因素的知識，然而世事無絕對，不同的運動組成、順序、以及各種量與強度等都會影響運動成效。訓練課表的效果會大幅度地受到使用者本身以及跟隨時間長短的影響，教練會持續地觀察運動員表現並在課程效果變差的時候變化課表。奧林匹克舉重以外的體育項目訓練，肌力與賽前訓練的教練與該體育項目的教練兩者密切合作顯然是必要的。

目前的研究顯示，如果相較於傳統的學校體育課程，適當的舉重與肌力訓練對於兒童亦是安全的，只是兒童需要更加小心的監護。

請讀者小心使用本書，若在操作時造成受傷或是財務損失，本書發行者與作者恕不負任何責任。

旗　標　事　業　群

好書能增進知識　提高學習效率　卓越的品質是旗標的信念與堅持

Flag Publishing

http://www.flag.com.tw